200 JAHRE LANDKREIS BAD KREUZNACH

EIN FESTBUCH

Herausgeber: Landkreis Bad Kreuznach

1. Auflage 2016

© Verlag Matthias Ess
Bleichstraße 25,
55543 Bad Kreuznach

ISBN 978-3-945676-18-9

1816-2016

200 JAHRE LANDKREIS BAD KREUZNACH

GESTERN UND HEUTE

EIN FESTBUCH

Herausgegeben von der
Kreisverwaltung Bad Kreuznach

2016

◢Verlag Matthias Ess

Sehr geehrte Leserinnen und Leser,

„Chronik" stammt von dem griechischen Wort „Chronos", das ins Deutsche übertragen „die Zeit" bedeutet. Die Zeit ist ohne Anfang und ohne Ende und der Zeitabschnitt eines Menschenlebens ist so klein und winzig wie der einzelne Mensch selbst. Eine Chronik wird geschrieben, um Zeitabschnitte zu beschreiben. Sie bietet der jeweils lebenden Generation die Möglichkeit, die Vergangenheit zu studieren und aus ihr gewisse Lehren zu ziehen, um in der Gegenwart für die Zukunft zu schaffen.

Europa ging 1816 als das „Jahr ohne Sommer" in die Wettergeschichte ein. Von April bis September fielen unablässig Regen-, Graupel- und Schneeschauer. Ernteausfälle, Seuchen und Hungersnöte rafften hunderttausende Menschen dahin. Ursache war der Ausbruch des Tambora, der auf der indonesischen Insel Sumbawa liegt. Über 100 Kubikkilometer Staub, Asche und Geröll wurden in einer der stärksten Eruptionen in der Menschheitsgeschichte in die Luft geschleudert.

Das Ende der napoleonischen Ära und die Folgen der staatlichen Neuaufteilung durch die Beschlüsse des Wiener Kongresses 1815 bescherten dem neu gegründeten Landkreis Kreuznach einen beschwerlichen Beginn. Im Naheraum entstanden politische und wirtschaftliche Trennlinien, die behinderten. Preußische Mentalität rieb sich an der Heimischen. Dringende

Franz-Josef Diel
Landrat

Hans-Dirk Nies
1. Kreisbeigeordneter

Punkte füllten gleich die Tagesordnung: Hunger und Elend mussten bekämpft, Schulen eingerichtet, Straßen erneuert und die Finanzen geregelt werden.

Heute, 200 Jahre später, beherrschen Themen wie der demographische Wandel, Wirtschaft, Ausbildung, Verkehr sowie die schwierige Flüchtlingssituation, die aktuelle Tagespolitik. Die Menschen in unserem Landkreis haben in den vergangenen 200 Jahren die vielfältigsten Herausforderungen bewältigt und werden auch den kommenden Aufgaben gewachsen sein.

Vergangenheit, Gegenwart und Zukunft fanden Platz in dieser Chronik. Besonderer Dank gilt hierfür insbesondere unserem Mitarbeiter, Herrn Jörg Julius Reisek, der unermüdlich alle relevanten Themen zusammentrug, Herrn Dr. Horst Silbermann für seine Mitarbeit, den Autorinnen und Autoren sowie dem Verlag Matthias Ess.

Möge die Edition dieser Festschrift dazu beitragen, dass die Leserinnen und Leser Einblicke in die reichhaltige Geschichte unseres schönen Landkreises gewinnen. Sie möchte auch einen kleinen Beitrag zum gegenseitigen Verständnis der Generationen leisten.

Ihre

Franz-Josef Diel
Landrat

Hans-Dirk Nies
1. Kreisbeigeordneter

Heimatwissenschaftliche
Zentralbibliothek (St. Wolfgangs-
chor im Gymnasium an der
Stadtmauer)

Die vorliegende Anthologie führt den Leser anhand zeitgenössischer Texte und Abbildungen durch 200 Jahre bewegte Kreisgeschichte. Aus einem überaus reichen Fundus wurden meist unbekannte Belege unter sozial-, wirtschafts- und verwaltungsgeschichtlichen Gesichtspunkten ausgewählt. Dabei sollten möglichst viele Teile des Kreisgebietes Berücksichtigung finden. Zur Erklärung von Zusammenhängen und zur Vermeidung inhaltlicher Fehlinterpretationen wurden einigen Texten einführende Anmerkungen vorangestellt.

Als Quellen dienten Amtsblätter, Akten, Publikationen und Zeitungsartikel aus den Beständen der Heimatwissenschaftlichen Zentralbibliothek des Landkreises Bad Kreuznach (HWZB), des Kreismedienzentrums (KMZ) und des Archivs der Kreisverwaltung. Einige Beiträge entstammen dem Naheland-Kalender.

Interessierte haben in der HWZB die Möglichkeit, noch tiefer in die Kreisgeschichte und in weitere regionale Themen einzudringen. Dort steht eine umfangreiche, öffentlich und kostenlos zugängliche Büchersammlung zum Studium bereit.

HISTORISCH

1816 bis 2016

200 Jahre Landkreis Bad Kreuznach in einer Auswahl zeitgenössischer Dokumente

zusammengestellt von Jörg Julius Reisek

Amts-Blatt
der
Königlichen Regierung zu Coblenz.

— Nro. 6. —

Coblenz, den 14ten May 1816.

Nr. 20.
Kreis-Einthei-
lung des Be-
zirks der Kön.
Regierung in
Coblenz.

Der Bezirk der Königl. Regierung zu Coblenz besteht aus 16 Kreisen, welchen, und bis zur definitiven Ernennung als Landräthe, folgende Kreis-Commissarien vorgesetzt sind:

1) Stadt-Kreis Coblenz: Herr Polizei-Direktor Weber, in Militair- und Polizei-Angelegenheiten; Herr Kreis-Direktor Burret in sonstigen Kreis- und Kommunal-Angelegenheiten.
2) Land-Kreis Coblenz: Herr Kreis-Direktor Burret.
3) Kreis St. Goar: Herr Hofkammerath Münzell.
4) Kreis Simmern: Herr Friedens-Richter Schmidt.
5) Kreis Kreuznach: Herr Staats-Prokurator Bitter.
6) Kreis Zell: Herr von Cohausen.
7) Kreis Cochem: Herr Bürgermeister Oster.
8) Kreis Mayen: Herr Bürgermeister Hartung.
9) Kreis Ahrweiler: Herr Regierungs-Rath Würz.
10) Kreis Adenau: Herr von Gruben.
11) Kreis Linz: Herr Landhauptmann von Hilgers.
12) Kreis Altenkirchen: Herr Regierungs-Rath Koch.
13) Kreis Siegen: Herr Direktorial-Rath von Schenck.
14) Kreis Wetzlar: Herr Justiz-Rath Förkell.
15) Kreis Neuwied: Herr von Gärtner.
16) Kreis Braunfels: Herr Geheime-Rath Stephan.

Die zu jedem Kreise gelegten Bürgermeistereien und Gemeinden sind in der, im nächsten Stücke des Amts-Blattes erscheinenden, Beilage namhaft gemacht, wobei jedoch die künftig etwan nothwendig oder nützlich erachteten Veränderungen vorbehalten bleiben.

Die Kreis-Kommissarien bilden einstweilen mit den ihnen beigeordneten Kreis-Sekretarien — Kreis-Kommissionen — welche an dem Hauptort des Kreises ihren beständigen Sitz haben, und daselbst, vom 20. d. M. an, in Funktion treten werden.

Alle Angelegenheiten, welche bisher gesetzlich zum Wirkungskreise der Kreis-Direktionen, der Regierung zu Ehrenbreitstein, des Unter-Direktoriums zu Siegen, und der Unterpräfektur zu Wetzlar, — gehörten, werden von den resp. Kreis-Kommissionen, in so weit sie ihren Bezirk betreffen, bearbeitet; weshalb die Unter-Behörden und das Publikum, in jenen Angelegenheiten, sich an diese Kreis-Kommissionen vom 20. d. M. an, zu wenden haben.

Coblenz, den 14. May 1816.

Das Präsidium der Königlichen Regierung.

Unter dem 14.05.1816 verkündete das Amtsblatt der Königlichen Regierung zu Coblenz: „Der Bezirk der Königl. Regierung zu Coblenz besteht aus 16 Kreisen, welchen, und bis zur definitiven Ernennung der Landräthe, folgende Kreis-Commissarien vorgesetzt sind: ... 5.) Kreis Kreuznach: Herr Staats-Prokurator Bitter..." (HWZB)

Die Kreisgeschichte in 100 Sekunden

Durch den Wiener Kongreß (1815) erhielt Preußen das Gebiet nördlich der Nahe; am 30.04.1815 erfolgte die Neueinteilung des preußischen Staates in Provinzen und Kreise. Das damalige Kreisgebiet gehörte zur Provinz Niederrhein mit der Hauptstadt Koblenz und den drei Regierungsbezirken Koblenz, Trier und Aachen. Die Neubildung der Kreise dauerte bis in das Jahr 1816 an. Der 14. Mai 1816 ist die Geburtsstunde des Kreises Kreuznach, der damals zunächst nur 56 Gemeinden mit 30 113 Einwohnern zählte, die in 9 Bürgermeistereien (Kreuznach, Hüffelsheim, Langenlonsheim, Mandel, Sobernheim, Stromberg, Waldalgesheim, Wallhausen und Windesheim) zusammengefaßt waren. Kreuznach hatte 6506 Einwohner. Im Zuge einer Revision der Kreiseinteilung erweiterte sich das Kreisgebiet noch im gleichen Jahr um 26 Gemeinden mit 8342 Einwohnern (Bürgermeistereien Winterburg, Monzingen, Kirn und die nördlich der Nahe gelegenen Gemeinden des späteren Amtes Kirn-Land). Damit gehörten zum Kreis Kreuznach 82 Gemeinden mit 38 455 Einwohnern. Ursprünglich bestand die Kreisverwaltung aus dem Landrat, seinem Sekretär und dem Amtsboten.

Preußen ließ sich die Förderung seiner neuen Gebiete durchaus angelegen sein. Wesentliche wirtschaftliche Veränderungen mit der Umstellung der Landwirtschaft auf künstliche Düngung, mit Fruchtwechsel und Stallviehhaltung ließen vielerlei Schwierigkeiten entstehen, die zu verstärkter Auswanderung, zu Unzufriedenheit und 1848 teilweise zu Unruhen führten. Nach der Mitte des 19. Jahrhunderts wurde es besser; die Rhein-Nahe-Eisenbahn wurde fertiggestellt, die Straßen verbessert, zahlreiche Industriebetriebe gegründet. Vor allem in Kreuznach und Bad Münster a. St. entwickelte sich der Kurbetrieb. 1871 hatte der Landkreis bereits 72 113 Einwohner.

Die Folgen des verlorenen Ersten Weltkrieges trafen das Nahegebiet hart. Besatzungszeit, Inflation, Separatismus und Weltwirtschaftskrise vergrößerten die Notlage. Es kam zu Massenentlassungen und zu verbreiteter Arbeitslosigkeit. In Kirn hatten damals von rund 2160 Arbeitern in der Lederindustrie nur noch 490 eine Beschäftigung. Die Arbeitslosenquote betrug in Kirn 50,5 %. Im Kreisdurchschnitt lag sie bei 22 %. Das Weinbaugebiet der Nahe mußte zum Notstandsgebiet erklärt werden. Erst Mitte der dreißiger Jahre setzte eine wirtschaftliche Erholung ein.

Durch die Verordnung über die Neugliederung der Landkreise vom 1.8.1932 wurde der Kreis Meisenheim, bestehend aus den Ämtern Meisenheim, Meddersheim und Becherbach mit dem Kreis Bad Kreuznach vereinigt. Der neue Kreis zählte nun 107 Gemeinden und lag mit seiner Einwohnerzahl um 100 000; er war damit als Großkreis zu bezeichnen.

Von dem 1939 ausgebrochenen Zweiten Weltkrieg blieb das Kreisgebiet zunächst verschont. Um so schwerer waren Unheil und Zerstörung gegen Ende des Krieges. Ein Wiederaufbau kam zunächst gar nicht in Gang. Die wirtschaftliche Lage war vor allem 1947 trostlos. Nach der Währungsreform vom 20. Juni 1948 begann ein neuer Aufschwung; eine Neuorganisation der Verwaltung und des übrigen öffentlichen Lebens wurde durchgeführt. Ende des Winters 1949/50 fielen die letzten Reste der Zwangswirtschaft auf dem Ernährungs- und Wirtschaftssektor. In die Phase des Wiederaufbaus in den 50er Jahren fiel auch die Umsiedlung von Flüchtlingen und Heimatvertriebenen. Von 1946 bis 1957 fanden etwa 15 000 Personen Aufnahme und eine neue Heimat.

1969 und 1970 traten in Rheinland-Pfalz Reformgesetze in Kraft, die den Zuschnitt des Landkreises stark veränderten. Der Landkreis Bad Kreuznach ist mit seinen 121 Gemeinden und heute (1977) nahezu 150 000 Einwohner auch nach der Verwaltungsreform ein wirtschaftlich ausgeglichenes Gebilde geblieben.

nach einer Vorlage von Walter Krumm, 1977

Das Hungerjahr 1816/17

Der naßkalte Sommer des Jahres 1816, wahrscheinlich mit dem Ausbruch des indonesischen Vulkanes Tambora zusammenhängend, verursachte eine Mißernte, die eine große Not auslöste. Da die Erträge nicht einmal den Bedarf der Erzeuger deckten, verteuerte sich das Getreide immens. Deshalb sah sich der preußische Staat gezwungen Getreide in den Ostprovinzen zu kaufen, um es der Bevölkerung in den neuen Rheinprovinzen für einen erträglichen Preis zur Verfügung stellen zu können. Lange Transportwege erschwerten und verzögerten die schnelle Hilfe. Das Jahr 1817 ging als „Hungerjahr" in die Geschichte ein. Die Jahre 1842 und 1846 brachten erneute Mißernten, die zu einer erhöhten Auswanderung nach Amerika führten. Erst der vermehrte Einsatz künstlicher Düngemittel verbesserte die Erträge in der darauf folgenden Zeit.

„Getraide-Ankauf zur Abhelfung eines etwanigen Mangels in den Rheinprovinzen" Amtsblatt der Königlichen Regierung zu Coblenz, 01.12.1816

Königliches Handschreiben vom 15.11.1816 „....Da indessen die eingehenden Nachrichten das bisher gehoffte Sinken der Getraidepreise nicht bestätigen, vielmehr gegen das nächste Frühjahr ein noch höheres Steigen derselben befürchten lassen, so habe Ich nicht allein dem Staats-Ministerio heute befohlen, die von einigen Nachbar-Staaten angeordnete Getraide-Sperre, und andern Erschwerungen der Ausfuhr gegen gedachte Provinzen in vollkommenem Maaße zu erwidern, sondern auch, ausser dem bereits erfolgten Ankaufe einer Quantität von 3000 Winspel [1 preuß. Wispel = 24 Scheffel = 1319,1 Ltr.] Roggen für gedachte Provinzen, welche bereits unterwegs sind, noch einen weit beträchtlicheren Ankauf von Roggen durch den Finanz-Minister angeordnet, und dazu vorläufig die Summe von 2 Millionen Thalern auf Meine Cassen angewiesen. Von diesem Getraide bestimme Ich einen beträchtlichen Theil für die Rheinprovinzen. ..." Berlin, den 15. November 1816. Friedrich Wilhelm

Über diesen Vorgang berichtete Eduard Schneegans in seiner Kreuznacher Chronik von 1839. Darin heißt es: „Die nächste Folge dieses Allerhöchsten Schreibens war die Erscheinung des königlichen Abgeordneten [Wilhelm Anton von Klewiz] in Koblenz, und die Ankunft von 48 734 Scheffel ostseeischen Getreides, wovon die Pfarrer der linken Rheinseite auf Allerhöchsten Befehl 1962 Scheffel unentgeldlich, die Armen des Rheins und der Nahe aber den Rest sammt 2991 Scheffel Renteifrüchten zu dem Preise von 3 Thl. 1 Sgr. per Scheffel [1 Scheffel ca. 55 Liter] erhielten."

Erfrorene Kartoffeln 1816

Mehrere Gegenden des Regierungs-Bezirks haben bei dem ohnehin großen Mangel und Theuerung der Früchte noch das Unglück gehabt, daß ihre Erdäpfel vor dem Einsammeln durch den zu früh eingetretenen Frost gelitten haben. Ohne besondere Vorsichtsmaasregeln sind erfrorne, in ihrer Grundmischung veränderte Erdäpfel dem Menschen und dem Vieh ein sehr schädliches Nahrungsmittel. Erstere erkranken davon unter eigenen Erscheinungen, und letzteres kommt oft dadurch um.

Ist der Grad des Frostes, wie dies in unsern Gegenden der Fall war, nicht zu beträchtlich, so wird dadurch in den Erdäpfeln eine Menge Zuckerstoff auf Kosten der übrigen Bestandtheile derselben entwickelt, wobei der Schleim größtentheils zerstört, und das Kraftmehl und der Eyweissstoff in denselben vermindert wird.

Um erfrorne Erdäpfel als Nahrungsmittel noch ohne Nachtheil benutzen zu können, läßt man sie rein abwaschen und aufthauen; legt sie dann eine Nacht hindurch in frisches kaltes Wasser und bringt sie am folgenden Morgen mit der Schale unter eine Kelter, preßt den Saft durch allmählig vermehrte Kraft aus, schneidet die nun schon recht feste Masse in Stücke von 4 – 6 Pfund, und trocknet diese entweder an der freien Luft, oder an warmen Orten, vorzüglich auf oder in Backöfen. Nimmt man von den erfrornen Erdäpfeln die Schale, die leicht abgeht, weg, ehe man sie auspreßt, so gewinnen die daraus geformten Kuchen noch an Güte und an Annehmlichkeit für den Geschmack.

Werden diese völlig getrockneten Kuchen, die man Jahre lang aufbewahren kann, zerstoßen und gekocht, so geben sie ein gutes Nahrungsmittel für das Vieh. Auch zur Nahrung des Menschen kann davon theils den übrigen gemahlnen Früchten zum Brodteich zugesetzt, theils den andern Nahrungsmitteln, z. B. Hülsenfrüchten, Gerste u. s. w. ohne allen Nachtheil beigemischt werden.

Amtsblatt Koblenz, 18.12.1816

Brotersatz 1817

Von verschiedenen Seiten wurden wir auf einige Substanzen aufmerksam gemacht, welche mit beträchtlichem Vortheil zur Ergänzung des Brodmehls sollten angewendet werden. Wir erhielten Proben von Brod, welches nach der Methode des Herrn Bayrsammer in Nürnberg mit diesen Substanzen, die in einem größerem oder geringerem Verhältnis dem Kornmehl beigemischt worden, gebacken worden war. Da diese Probestücke allgemein als ein gesundes, nahrhaftes und wohlschmeckendes Brod Beifall fanden; so ließen wir mit der gehörigen Vorsicht unter unsern Augen einige Versuche machen, welche die günstige Meinung dieser Mischung verstärken, und uns nun veranlaßen, auch die Bewohner unsers Regierungs-Bezirks aufmerksam zu machen.

Diese Mehl sparende Substanzen sind der Brey 1) von Erdkohlrüben (hier Erdkohlrabi) 2) der Brei von Runkelrüben (Knollen), dann 3) der von gemeinen weissen Rüben. Ziemlich allgemein wir hier das mit dem Runkelrüben-Brey zubereitete Brod jenem mit dem Brey von weissen Rüben vorgezogen.

Wir haben den Königlichen Landräthen einige kleine Proben dieses Brodes zugeschickt, und zweifeln nicht, daß die Versuche, welche wohlwollende, vorurtheilsfreie Männer, mit den erwähnten Substanzen anzustellen sich entschließen mögen, ähnliche und befriedigende Resultate liefern werden.

Amtsblatt Koblenz, 17.02.1817

Aufhebung des Verbots des Branntweinbrennens von nicht selbst gewonnen Kartoffeln

Da die diesjährige Kartoffel-Erndte überall ganz vorzüglich ausfällt, so finden wir uns veranlaßt, die, nach unserer Verfügung vom 6. Dezember v. J. Nr. 44 des Amtsblatts bekannt gemachte Beschränkung des Branntweinbrennens aus Kartoffeln wieder aufzuheben.

Amtsblatt Koblenz, 26.09.1817

Erntedank 1817

Kreuznach, vom 3. Juli: Diesen Abend um fünf Uhr sind die zwei ersten Wagen voll Frucht – es war Wintergerste – nach Hause gefahren worden. Während uns eben noch die traurige Nachricht von 14 verhungerten Menschen niederbeugte, während Wagen mit Brod vom Rhein und von hier aus, den unglücklichen Wald- und Gebürgsbewohnern gesendet werden – haben wir nun die Freude, daß die Ernte beginnt. – Gott allein die Ehre? – Es war ein Volksfest. – Die Glocken aller Kirchen wurden geläutet, ein ganzes, freiwillig und aus Neigung zusammen getretenes Musikchor führte die beiden geschmückten Wagen zum Stadtthor herein und durch alle Straßen. Festlich gekleidete Leute aus allen Ständen kamen ihnen entgegen, und von da in die Kirche. Auf den Pferden hielten junge Knaben ihre Blumensträuße hoch empor. Man erbat sich einzelne Aehren zum Andenken an den freudigen Tag, der eine harte herbe Zeit schließt, die man wohl nicht geträumt hätte, als unsere erhabenen Fürsten bei Leipzig siegten, unsere Söhne bluteten, und man sich – um den ewigen Frieden zu sichern, zu einer heiligen Alianz [das Bündnis, das die drei Monarchen Russlands, Österreichs und Preußens nach dem endgültigen Sieg über Napoléon Bonaparte am 26. September 1815 in Paris abschlossen] verband. Wir dürfen mit Recht nach solchem Schmerz auf bessere Zeiten hoffen, wenigstens auf das Glück, daß die Grenzen zwischen Deutschen und Deutschen nie mehr durch Wechselsperre in dem Grade fühlbar gemacht werden, daß alle Vaterlandsliebe an solcher Kälte erstarren muß. Die Zeit hat bewiesen, daß mit solchen Maßregeln nur allein für den Wucherer, aber durchaus nicht für den arbeitsamen Bürger gesorgt ist.

Rheinische Blätter, 08.07.1817

Einweihung der Volksschule Bockenau 1827

22. Oktober. Gestern ward auch der Gemeinde Bockenau ihr neu erbautes massives mit Schiefern gedecktes und mit gewölbten Kellern versehenes Schulgebäude für beide Confessionen, mit besonderen Oeconomie-Räumen, feierlich übergeben.

An einem Reben-Hügel, am Anfange eines schönen Wiesenthales, gegen Mittag gelegen, wird es nicht allein die Bedürfnisse der Schule auf mehr als ein Jahrhundert befriedigen, sondern dient auch der Gegend zu einer ausgezeichneten Zierde, obschon es, ohne alle Verzierung, blos durch die Schönheit der reinsten Verhältnisse der einzelnen Theile, das Auge auf sich zieht. Obgleich die Gesammtzahl der Kinder bis über 300 steigen darf, ohne Mangel an Raum zu finden, obgleich der Bauplatz zum Theil aus dem Berge gebrochen und zum Theil durch eine Unterstützungsmauer erst gewonnen werden mußte, werden dennoch die Kosten dieses ganz massiven schönen Baues, mit allen Haus- und Schul-Utensilien 4000 Rthlr., nur wenig übersteigen.

Die zahlreiche Jugend mit ihren Lehrern zogen zuerst mit dem Herrn Bürgermeister, den Ortsbehörden und Kirchenvorständen, dem Schulinspektor Herrn Pfarrer Stanger und dem Kreis-Landrathe zur Kirche, wo Herr Pfarrer Fuchs, mit großer Wärme eine treffliche Rede hielt, in welcher er über die Wohlthat der Schulen, über die Pflichten der Lehrer, der Kinder und der Eltern, in Bezug auf die Schule, gewichtige Worte sprach, die um so weniger verloren seyn werden, als sie die innersten Verhältnissen der Gemeinde berührten, und den Gesinnungen eine ehrenwerthe Richtung zu geben, geeignet waren. Nachdem in der Kirche, durch das von zwei Kindern gezogene Loos entschieden war, welche Abtheilung des Gebäudes, das eine Scheidewand im Innern und im Hofe in zwei ganz gleiche Hälften theilet, einem jeden der beiden Lehrer zufallen soll, sprach der Herr Pfarrer Fuchs den Seegen und die ganze Versammlung begab sich, im Zuge, an das noch verschlosene Gebäude.

Hier sprach der Kreis-Landrath über die Veranlassungen, denen die Gemeinde dieses treffliche Gebäude zunächst verdanke. Er suchte anschaulich zu machen, daß die Haupttriebfedern, die hier wirksam gewesen, wie bei allem Guten und Schönen, auch in den Grundlagen des Christenthums liegen, daß es der Glaube sey, die Hoffnung und die Liebe, die auch dieses Werk vollbracht. Der Glaube nemlich an die Nothwendigkeit einer fortschreitenden Ausbildung, wozu auch die äußern Mittel nicht fehlen dürften; der Glaube und die Hoffnung, daß die Wahrheit siegen, und das gute Werk, unter des Allmächtigen Beistand, vollendet werde; die Liebe, die Alle bedürfen, da ohne sie die Schule weder im Innern noch äußerlich gedeihen könne, und selbst die Segnungen der Religion wirkungslos seyen, ohne Liebe zur Wahrheit, ohne Nächstenliebe.

Vor dem Einzuge in das nun feierlich eröffnete Gebäude sangen die Kinder beider Confessionen das folgende Lied.

Sieh, Vater, deine Kinder treten
In dieses Haus mit ernstem Geist;
Vernimm, wenn wir jetzt zu dir beten
Den Dank, der deine Milde preißt;
Wie segensreich, wie sonnenklar
Stellt heute deine Huld sich dar!

Denn was bedeuten diese Räume?
Was ruft uns der geschmückte Ort?
Ihr Kinder naht euch! keins verseume
Zu hören hier das edle Wort:
Wer nach Verstand und Tugend strebt,
Der hat hier nicht umsonst gelebt.

Nach diesem Kranze laßt uns trachten,
Uns fortzubilden sey uns Pflicht!
Der Träge nur ist zu verachten
Dort hängt die Frucht, er pflückt sie nicht.
Wenn auch erst Kleines uns gelingt,
Wir üben´s, weil es Segen bringt.

Wie wird sich dann der Lehrer freuen
Der uns zu nützen nur begehrt,
Stets wirst du, Herr die Kraft erneuen
Dem, der da lernt und der da lehrt,
Und bald, in heitrer Stunden Lauf
Geht uns die volle Klarheit auf.

Hierauf nahmen Kinder und Lehrer Besitz von dem neuen Gebäude, und die ersten erhielten, nach alter Sitte, ein jedes ein Weisbrod. Mit einer herzlichen Ermahnung an Lehrer und Kinder über ihre Pflichten, beschloß der Herr Schul-Inspektor Stanger die Feier dieses, der Gemeinde so wichtigen Tages.

Der evangelische Schul-Inspektor, Herr Superintendent Herrmann ward, zur Betrübniß aller Betheiligten, durch Krankheit verhindert, dem Feste beizuwohnen.

Verordnungs- und Anzeige-Blatt für den Kreis Kreuznach, 1827

Katholische Volks-
schüler mit Lehrer
Bartsch in Bockenau,
um 1910 (KMZ)

Titelblatt des
Kreuznacher
Rechenbuches von
1828 (HWZB)

Wegeinstandsetzungen im Herbst 1823

In den Anfangsjahren der preußischen Verwaltung oblag die Instandsetzung der Straßen und Wege den lokalen Behörden. Die Arbeiten konnten nur schleppend durchgeführt werden, da es an Fachkräften und Finanzmitteln mangelte. Besonders die Nebenstraßen waren in einem erbärmlichen Zustand. Nach der Ernte sollten die Gemeinden erhebliche Leistungen zur Verbesserung der Verkehrssituation erbringen. Bürgermeister Merckenich berichtete über den Stand der Arbeiten auf dem Gebiet der Bürgermeistereien Mandel und Hüffelsheim folgendes:

"Die Gemeinde Mandel hat sehr thätig an dem Weg nach dem Soon-Walde gearbeitet: Acht Tage wurden zur Planirung desselben verwendet, und 884 Karn Steine und 76 Karch Kies darauf geführt. Braunweiler hat äußerst schläfrig nur einige Stellen an dem Weege nach St. Catharinen gebessert. Unglücklicherweise traf das anhaltende Regenwetter dazwischen als ich dieselbe so wie Gutenberg munter machte, welche lezte Gemeinde drei Tage unregelmäßig 128 Karn Kies theils in das Dorf, zum Theil auf den Berg nach Hargesheim, welcher schlecht unterhalten ist, geführt hat. Hargesheim hat auf den Weg nach Kreuznach 230 Karn Steine und Kies geführt. Die gesammte Gemeinde hat zur Abtragung der an der Gränze befindlich gewesene Winkel-Anhöhe um eine gerade Linie zu bekommen, zwei Tage gearbeitet. Um die zugehörige Breite zu bekommen, mußte von den angränzenden Feldern, dazu genommen werden. Die Aushebung der Graben ist um den Weg in regelmäßigen Stand zu bringen verdungen und genehmigt.
Roxheim: Es hielt schwer die Einwohner an die Weeg-Arbeit nach St. Catharinen zu bringen, weil kein Kies vorhanden war, der sich jedoch später in der Hargesheimer Gemarkung an der Bach gefunden hat. Obschon die Entfernung bedeutend ist, so wurden doch mehrere hundert Karn an den Weg in Haufen zur bessern Controlle geführt, und muß bei günstiger Witterung damit fortgesetzt werden. Rüdesheim konnte wegen der sehr angeschwollenen Bach keinen Kieß bekommen, weshalb die Ueberfahrung des Weeges nach Mandel verschoben werden mußte.
Hüffelsheim hat den Weg nach Traisen in Plan gelegt, die Graben ausgehoben und 250 Karch Steine darauf geführt. Mit dem Ortsvorstand habe ich mich gemeinschaftlich bemüht Kieß aufzufinden. Allein ohnerachtet nach allen Richtungen hin einen ganzen Tag hindurch Versuche angestellt worden sind, keinen aufgefunden.

Münster hat nach der Theodorshalle 45 Karn Steine und 32 Karn Kies geführt, allein schlecht vertheilt; so wie die Theodorshalle auf dem nemlichen Weege unregelmäßig Steinmaterial ebenfalls aufgeführt hat. Norheim hat sehr brav an dem Weeg nach Münster gearbeitet und 600 Karn Steine und Kieß darauf geführt so daß die Strecke bis an die Weidenmühle nicht nur schön gefertigt, sondern noch ein bedeutendes Stück von der Mühle nach Münster überfahren worden ist.

Traisen hat den Weg nach Hüffelsheim vom Dorfe an dem Hohlweg planirt; das Abgraben der beiden Anhöhen und Aufheben der Graben an beiden Seiten hat die Gemeinde 11 Tage Arbeit gekostet; außerdem wurden 216 Karn Steine darauf geführt. Obschon gegen die Möglichkeit der Ausführung geredet wurde, sieht man es izt ein, daß ohnerachtet aller gemachten Nachhülfe, der Weg der beihnahe unfahrbar im Spätjahre gewesen auf keine andere Art in guten Zustand gebracht werden konnte. Die Ordre ist gegeben, daß bei eintretender günstiger Witterung die Arbeiten in allen Gemeinden fortgesetzt werden müssen, worauf ich nachdrücklich halten werde."

Verordnungs- und Anzeige-Blatt für den Kreis Kreuznach, 1824

Titelblatt des
Kreisanzeigers
1823/24
(HWZB)

Verordnungs-

und

Anzeige - Blatt

des

Kreises Kreuznach.

Jahrgang 1823 und 1824.

Kreuznach, gedruckt bei E. J. Henß.

Communal-Wegbau 1827

Es war eine natürliche Folge des langen, strengen und Schneereichen Winters, und des verspäteten durch häufige Regengüsse unterbrochenen Frühjahres, daß nicht allein die noch nicht gründlich hergestellten Wege fast unfahrbar sondern daß auch die mit viel Mühe und Einsicht neu gebauten, mehr oder weniger stark beschädigt wurden. Hieraus folgt aber nicht, daß nunmehr weniger geschehen müsse, als in günstigen Jahren nach gelinden, weniger nassen Wintern, sondern es muß mehr geleistet werden.

Einem jeden Landmanne ist es begreiflich, daß, wenn durch die Ungunst der Witterung seine Aussaat vernichtet ist, er nicht nur die Hände in den Schoos legen, und es bei erfolglosen Klagen bewenden lassen darf, vielmehr muß er um so rüstiger zugreifen die Arbeit verdoppeln und durch angemessene neue Saat das Zerstörte herstellen, und so sich dennoch einen Erfolg sichern, und einen Genuß verschaffen, der für den Trägen allerdings verlohren war.

Es ist höchst erfreulich zu bemerken, daß eine Anzahl Gemeinden, allein getrieben durch eigene Einsicht ihrer Bürger und Vorstände, ohne höhere Veranlassung die Arbeiten begonnen haben, und wie andere der Aufforderung der Herrn Bürgermeister mit Bereitwilligkeit und Emsigkeit folgen, und wie im Ganzen die Zahl derer, die hierinn ihr wahres Interesse finden jährlich steigt. – Die Herren Bürgermeister lade ich hiermit ein, mich fortlaufend in Kenntniß zu erhalten, über alles was die Gemeinden in der vorstehend bezeichneten Art leisten.

Ich kann mir in dieser Beziehung das Vergnügen nicht versagen den eben eingegangenen Bericht des Herrn Bürgermeisters von Monzingen hier einzurücken weil derselbe sonst in der früheren Stimmung der Einwohner fast noch größere Hindernisse als in dem Terrain fand.

„Monzingen, den 8. Juni 1827

An Se. Hochwohl. den Königl. Landrath Herrn Hout zu Kreuznach

Bei der örtlichen Untersuchung der Verbindungswege hat sich allerdings ergeben, daß dieselben, selbst die sorgfältigen neueren Anlagen einbegriffen durch die unaufhörlichen und heftigen Regengüsse des Spät- und Frühjahrs in einem bedeutenden Grade gelitten haben. Indessen aber hatten die ländlichen Arbeiten nicht allein einen späten Anfang genommen, sondern sie wurden auch noch mehrmals durch ungünstige Witterung unterbrochen, auch war es hie und da dringend nöthig die minder wichtigen Flurwege so wie die Holzabfuhrwege in fahrbaren Stand zu setzen. Da jetzt aber alle diese Hindernisse beseitigt sind, haben die Arbeiten auf allen Punkten angefangen, und werden mit Nachdruck fortgeführt werden.

Die Gemeinde Langenthal scheint endlich auf fernere Widersprüche verzichten zu wollen, und hat gestern in meiner Gegenwart mit der Anlage der Graben und der Planirung auf der Landstraße nach Simmern den Anfang gemacht. Monzingen arbeitet auf diesem Punkte fort, und bald werden sich erfreuliche Resultate zeigen, wie ich mich so eben durch persönliche Einsicht überzeugt habe. Diese beiden Gemeinden werden durch zwei Vorarbeiter geleitet, welche ich zur Probe genommen habe, und werde ich den mit denselben aufgenommen Contrakt vorzulegen die Ehre haben.

Die Gemeinde Nußbaum führt, das noch fehlende Deck-Material auf die Straßenstrecke von Sobernheim nach Eckweiler, sowie Weiler auf die Straße nach Simmern. Auf dem Wege von Winterborn nach Kellenbach habe ich die vorzunehmenden

Bau- und Vermessungsarbeiten an der Straße von Stromberg nach Dörrebach im Jahre 1908 (KMZ)

Arbeiten genau bestimmt, und mich dabei überzeugt, daß die dargestellten Schwierigkeiten nur in dem bösen Willen der Gemeinde existiren. Ich habe den Zeitpunkt des Anfangs der Arbeiten anberaumt, muß aber fürchten, daß ohne nachdrückliche Maasregeln nichts ausgerichtet wird.

Von Auen aus werden auf dem Wege nach Eckweiler die erforderlichen Reparaturen vorgenommen. Ueber die weiteren Erfolge werde ich mir zur Zeit die Ehre geben und berichten. Der Bürgermeister, Wülfing"

Hierbei kann ich, der vollen Wahrheit gemäß, diesem schätzbaren Beamten das Zeugniß nicht versagen daß ich bei jeder Anwesenheit mehr ausgeführt finde, als er anzukündigen pflegt, ein Verfahren welches dem Charakter des Mannes wie dem sorgsamen Beamten gleich zur Ehe gereicht, und Beweis gibt, daß derselbe durch manchen der Herren Vorstände mit Eifer unterstützt wird.

Eine königl. hochlöbl. Regierung hat neuerlich wieder über die Herstellung und Unterhaltung der Wege Bericht eingefordert und ich hoffe hochderselben bald, wo nicht von allen, doch von den meisten Seiten her, erfreuliche Resultate anzeigen zu können, die ich auch auf diesem Wege zur Kenntniß der Gemeinden zu bringen gedenke, um so mehr, als es noch immer nicht ganz an solchen fehlt, wo man die Arbeit an den Wegen für eine verlohrene hält, und für nicht gebräuchlich! Es sind ohne Zweifel dieselben Gemeinden, in welchen die Pflugschaaren das ganze Jahr nicht geschärft werden, das Vieh auf den Weiden hungert, Kinder zum Betteln ausgesendet werden; wo man das Mistwasser als unnütz fortlaufen läßt, die Straßen gar nicht, die Höfe nur selten reiniget, die Häuser nicht lüftet und ausweißt, die Kinder, das Leinen, die Gesichter und Hände nicht wäscht weil sie doch wieder schmutzig werden!

Kreuznach, den 4. Juni 1827

Der Landrath

Verordnungs- und Anzeige-Blatt für den Kreis Kreuznach, 1827

Feldfrevel 1827

Es sind seit Kurzem wieder mehrere Klagen gegen muthwillige Vertilgung einiger Obstbäume und Beschädigung von Weinbergs-Anlagen eingegangen, namentlich sind dem achtungswerthen Schullehrer zu Burgsponheim junge Obstbäume abgeschnitten, und in einem sehr mühsam angelegten Weinberge an der Nahe, zwischen Norheim und Münster, wurden nicht allein die Thüren und Spalierlatten zertrümmert, sondern selbst die Unterstützungsmauern so beschädigt, daß der Thäter Zeit und Mühe darauf verwenden mußte. Obgleich es kaum begreiflich ist, daß selbst solche Anlagen beschädigt werden, durch welche der arbeitenden Volksklasse so bedeutende Summen zufließen und eine niedere Rachsucht sich sogar an junge Bäume wagt, so zeigen die hier angeführten Thatsachen, daß der Kreis dennoch einige, an Verstand und Gemüth verwahrloste Menschen zu besitzen das Unglück hat, die sich an den Werken des Fleißes und der Betriebsamkeit ihrer Mitbürger zu vergreifen, keinen Anstand nehmen. Alle öffentlichen Anlagen stehen unter dem Schutze aller rechtlichen Leute, und für einen jeden derselben ist es Pflicht, keinen Frevel der bezeichneten Art ohne Anzeige zu lassen. Hierin liegt auch allein das Mittel sie möglichst zu verhüten. Ueberdem sage ich noch denjenigen Personen, welche die Thäter der oben angegebenen Zerstörungen so zur Anzeige bringen, daß sie gerichtlich bestraft werden können, eine Belohnung von zehn Thalern zu, selbst, wenn es möglich ist, unter Verschweigung ihrer Namen.
Kreuznach, den 12. Dezember 1827
Der Landrath.
Verordnungs- und Anzeige-Blatt für den Kreis Kreuznach, 1827

Der Kreis Creuznach 1833

Dieser ist gebildet aus einem Theile der vordern und hintern Grafschaft Sponheim, der wild- und rheingräflichen Länder, des Ober-Amts Stromberg von der Unterpfalz, aus der Herrschaft Bretzenheim, dem gräfl. ingelheimischen Amte Schwephausen [Schweppenhausen] und dem v. dahlbergschen Amte Wallhausen. Die Grenzen desselben sind im Norden der Kreis St. Goar, im Nord-Osten Nassau, im Osten und im Süd-Osten das Großherzogthum Hessen, im Süden der bayerische Rheinkreis, im Süd-Westen die hessen-homburgische Herrschaft Meisenheim und das oldenburgische Fürstenthum Birkenfeld, und im Westen und Nord-Westen der Kreis Simmern. Der Flächeninhalt des Kreises wird angegeben auf 9,42 geograph. Quadrat-Meilen oder 202,600 preuß. Morgen, welche 4 Städte, 76 Dörfer, 3 Weiler, 32 Höfe und 24 aus einzelnen Häusern bestehende Etablissements, mit 24 kathol., 41 evang. und 19 Simultankirchen, 9 Kapellen, 7 Synagogen, 319 öffentlichen Gebäuden, 6677 Privat-Wohnhäusern, 8866 Scheuern, Schuppen und Ställen, 185 Fabrikgebäuden und 109 Wassermühlen enthielten. Die Bevölkerung betrug im Jahre 1828, 46,854 Menschen, von denen 26,430 Evangelische, 18,715 Katholiken, 24 Mennoniten und 1415 Juden waren. Auf der Quadrat-Meile lebten also 4974 Menschen.

Der Kreis ist sehr gebirgig, und liegt größtentheils auf dem Hundsrücken, der sich hier mit dem Porphyrgebirge verbindet, das, vom Donnersberge abgezweigt, sich zu beiden Seiten der Nahe erstreckt. Auf dem rechten Ufer der Nahe führt es den Namen große Gans [heute Gans], und sein nördlicher Abhang gegen Kreuznach Kühberg [Kuhberg]; auf dem linken Ufer heißt er die Hardt. Bei Traisen ist das Ufer sehr steil, indem sich senkrechte Porphyrwände, Rothenfels genannt, 400 bis 500 Fuß hoch aus dem Flusse erheben. Der Schloßberg bei Creuznach, aus buntem Sandstein bestehend, ist von geringer Höhe. Der hungrige Wolf, ein langer Bergrücken, ist 679 Fuß über der Meeresfläche erhaben. Die Bewässerung empfängt der Kreis von der Nahe, die ihn im Süden und Osten begrenzt, dem Simmer-, Hahnen-, Gulden-, Rans-, Mandler-, Katzen-, Eller-, Weinsheimer-, Gräfen-, Hasen-, Köller-, Botsch-, Hor-, Monzinger-, Fisch-, Dorf-, Weiher-, Wald-, Krebs-, Rummelsheimer- und Welschbach. Sonst ist der Kreis mit einem guten fruchtbaren Boden bedeckt, auf welchem alle Getreide-Arten, Flachs, Hanf und Futterkräuter gedeihen. Im Durchschnitt gewährt der Weizen das 7te, Spelz das 6 ½, Roggen das 5 ¾, Gerste das 6te, Hafer das 4 1/3 Korn [Anteile am Ertrag]. An Wein gewann man 1828 hier 127,798, nach anderen Angaben nur 109,164 Eimer Nahewein. An den Bächen sind schöne Wiesen, daher wird die Viehzucht stark betrieben. Nicht minder bedeutend ist der Weinbau, wie sich aus dem eben Angeführten ergibt. Die Bäche sind sehr fischreich. An Ackerland besitzt der Kreis 89,595, an Gärten 2223, an Weinbergen 5438, an Wiesen und Weiden 15,280, an Wild- und Schiffelland 1987 [eine Form der Brandwirtschaft], an Waldungen 90,658, an öder Länderei 4618, an Wegen und Flüssen 7058 Morgen. Im Jahre 1831 zählte der Viehstand 1201 Pferde, 77 Füllen, 116 Stiere, 3315 Ochsen, 9338 Kühe, 4684 Stück Jungvieh, 3134 unveredelte Schaafe, 877 Böcke und Ziegen, und 6522 Schweine. Die Industrie zeigt sich in Leder- (Stromberg hat allein 12 Lederfabriken, welche jährlich gegen 350,000 Pfd. Sohlleder aus amerikanischen Wildhäuten verfertigen), Chocolade-, Nudel- und Tabaksfabriken, in Lohgerbereien und Vitriolsiederei, im Handel mit Wein, Branntwein, Getreide, Leder, Pottasche, Oel und Kleesamen. Bei Creuznach, am Fuße der Hardt, liegen wichtige Salzwerke, Theodors- und Karlshalle genannt, die dem Großherzog von Hessen, unter preußischer Hoheit, gehören; wobei sich

Kreiskarte von
1831 (Archiv
Kreisverwaltung)

auch Soolbäder befinden, welche zum Trinken und Baden benutzt werden. Stromberg hat 2 bedeutende Eisenwerke, und in der Nähe ein großes Kalksteinlager, das sehr hohe und schroffe Felsen bildet. Zu Daxweiler befindet sich eine Salmiak- und eine Eisenhütte, welche Roh- und Stab-Eisen und Eisengußwaaren liefert. Kirn besitzt ein Alaun- und Steinkohlenbergwerk. Einen Eisenhammer, der Stab-Eisen von vorzüglicher Güte fördert, finden wir in Simmern, unter Dhaun. Bei Dorsheim und Sarmsheim ist das Kupferbergwerk Goldloch.

Nur durch die südliche Spitze des Kreises über Creuznach hin zieht sich eine Kunststraße, und oben in der nördlichen Spitze von Stromberg aus eine nach Bingen.

Creuznach / Creutzenach (In der Nähe befinden sich die Ruinen der Ebernburg – zu Rheinbayern gehörig –, am Einfluß der Alsenz in die Nahe, die Franz v. Sickingen gehörte, und merkwürdig [berühmt] geworden ist durch den Aufenthalt Ulrichs v. Hutten) eine Stadt in einer fruchtbaren und reizenden Gegend an der Nahe, und am Fuße eines Gebirgszuges, welcher gegen Süd-Westen hin ein sehr schroffes und felsiges Gebirge bildet, dann aber sich gegen Nord-Westen herumzieht, und gegen den Rhein zu läuft, ist der Sitz des Kreis-Amts, einer Kreiskasse, eines Post-Amts, eines Haupt-Steueramts, eines Eichungs-Amts, einer Bibelgesellschaft und eines Friedensgerichts für die Bürgermeistereien Creuznach, Hüffelsheim, Langenlonsheim und Mandel. Sie hat eine Gewerbschule, ein Gymnasium und ein Hospital. Sobernheim, eine Stadt am linken Ufer der Nahe, besitzt ein Neben-Zollamt erster Klasse und hat ein Progymnasium. Stromberg, eine Stadt am Guldenbach, ist der Sitz eines Friedensgerichts für die Bürgermeistereien Stromberg, Waldalgesheim, Wallhausen und Windesheim. Kirn oder Kyrn, eine Stadt am Einfluß des Hahnenbachs in die Nahe, besitzt ein Friedensgericht für die Bürgermeistereien Kirn, Monzingen, Sobernheim und Winterburg, und ein Neben-Zollamt erster Klasse; auch befindet sich hier ein Progymnasium.

Handbuch zu dem Atlas von Preußen in 27 Karten; oder geographisch-statistisch-topographische Beschreibung der preußischen Monarchie und Verzeichnis sämmtlicher Ortschaften derselben. Erfurt: J. C. Müller. 1. H., Tl. 2: 1833. S. 513-515

Über die Einführung eines fabrikmässigen Betriebes der Weinbereitung 1840

Von Philipp Ludwig Hout

Philipp Ludwig
Hout, Landrat
von 1818-1846
(KMZ)

Zeitgenossen schilderten den Landrat als einen äußerst fähigen Beamten, der gelegentlich herrisch und zu Übergriffen geneigt war, sich aber vor allem um die Förderung des Kreises, speziell um die Verbesserung der Landwirtschaft kümmerte. Er führte 1837 die Drahtrahmenerziehung im Naheweinbau ein. Bereits 1830 stellte er fest, daß nicht die Zahl der Weinstöcke für den Ertrag entscheidend ist, sondern die Größe des Raumes, die jedem Stock zur Nährstoffaufnahme und zur Ausbreitung in Luft und Sonne zur Verfügung steht. Moderne Weitraumanlagen mit breiten Zeilenabständen sind heute an der Nahe weitverbreitet. Eduard Schneegans beschrieb 1844 den landwirtschaftlichen Erfolg des Landrates wie folgt: „Unter dem Schatten der prächtigsten Obstbäume, welche schier einem Walde gleichen, erreichten wir die Höhe des Hungrigen Wolfs. So hieß noch vor 15 Jahren eine öde und wüste Landstrecke auf einem beträchtlichen Berg, eine halbe Stunde nordwestlich von Kreuznach, deren magere Erde kaum das kümmerliche Leben der Distel zu fristen vermochte und daher wohl jenen figürlichen Namen erhalten hatte. Um so ehrenvollere Anerkennung verdient die Umsicht und Ausdauer, womit der Landrath des Kreises, Herr Hout, jene Steppe für Getreide, Obst- und Weinbau cultivirt hat. Seitdem heißt sie der Mönchsberg…"

Es ist im Fabrikwesen schon längst gekannt und angenommen, daß eine Theilung der Arbeit dieselbe erleichtert, verbessert und wohlfeiler macht. Gleichwohl nehmen wir Anstand, diesen längst erprobten richtigen Grundsatz auf die Weingewinnung anzuwenden, und wir finden es, durch langen Gebrauch unaufmerksam geblieben, kaum bedenklich, meist ununterrichteten Personen ein Geschäft anzuvertrauen, wozu nicht unbedeutende chemische und naturwissenschaftliche Kenntnisse gehören, wovon jedoch meistens nicht eine Spur vorhanden ist.

Alles dieses würde sich wesentlich verändern, wenn die größeren Weinhändler, und solche, die zur Unterbringung von Capitalien Wein und Most einkaufen, nicht mehr allein Wein und Most kaufen, sondern vorzugsweise – Trauben, und zwar Trauben der Art und Qualität, wie sie solche in ihrem Interesse zu haben wünschen, um sie als rohes Material, wie jeder andere Fabrikant das seinige, weiter zu bearbeiten, zu sortiren, zu trocknen, abzurappen, zu keltern u. s. w., wie denn ein jeder glaubt, seinen Rohstoff zu dem edelsten Fabrikat zu erhöhen und demnächst zu verwerthen. Dieses würde zur Folge haben, daß ein jeder kleine Besitzer von Weinreben, deren es unzählige gibt, diejenigen Arten wählen und pflegen würde, die ihm am besten bezahlt würden, etwa nach dem Gewichte, – wie es am leichtesten auszuführen ist.

Es wird nicht schwer seyn, falls man eine leichte fahrbare Kelter, die in jeder Scheune aufgestellt werden kann, nicht anwenden will, in den Dörfern eine oder mehrere Keltern zu miethen, auch selbst Keller in der Gegend, um welche herum man geneigt ist, Traubeneinkäufe zu machen, und sie zu bearbeiten. Hierdurch würden nicht allein weit schneller, als es durch die eindringlichste Lehre, selbst durch Beispiele geschehen kann, die schlechten Rebarten verschwinden, der Wein nicht mehr auf Kosten seiner Qualität aus einem Gemenge der verschiedensten, überdem in ihrem Reifegrad nicht einmal gleichen, und in der Gährung sich verschieden verhaltenden, Trauben bestehen. Der kleine Landwirth würde darauf hingewiesen, nur das zu treiben, was er verstehen kann und versteht, nämlich die Erziehung der Trauben; er würde nicht länger, wie so häufig, auch seine guten Trauben in schlechten Wein verwandeln, wodurch seine Mühe unbelohnt bleibt und seine Auslagen nicht ersetzt werden.

Der große, unter Umständen unersetzliche, Verlust, darin bestehend, daß der Wein im Keller des kleineren Landmannes, wenn er nicht schnell Absatz findet, meistens von Monat zu Monat nicht besser, sondern schlechter wird, würde vermieden. Es erfolgt meistens in Folge langen Wartens auf eine fremde Kelter aus Mangel einer eigenen, wegen schlechter, oft geborgter Fässer, wegen Mangels an guter Pflege, und aus der vielfachen Versuchung, die Weine zu probiren, ohne zugleich aufzufüllen. Weinhändler werden diesen Zustand wohl kennen, aber dieser Verlust ist ein großer, ein absoluter, denn der Käufer, der sich etwa noch findet, gewinnt nicht, was der Eigner verliert, wie es etwa geschähe, wenn der letztere nach dem Herbste wohlfeil verkauft, weil dann der Käufer das erhält, was der erste entbehrt. Die Qualität geht dann nicht verloren, also auch nichts vom wahren Werthe, der nur überging von Einem zum Andern.

Endlich erhielte der kleine Winzer ohne weitere Sorge, Mühe und Gefahr den Preis für seine Trauben sofort baar, und entginge so vielen Verwicklungen und Verlusten, die ihn jetzt ein Jahr in das andere quälen, ja unter Umständen zu Schulden und zum Verderben führen, wie dieses überall in zahlreichen Beispielen nachgewiesen werden kann. In dieser Beziehung hat selbst der Name Weinbau und Weinbauer nachtheilig gewirkt, weil er, an sich unrichtig, von dem Gedanken abzog, daß der Besitzer von Weinreben nicht nothwendig Wein machen muß.

Man nennt den Besitzer von Schafheerden oder Baumwollplantagen zwar Wolle-Erzeuger oder Baumwolle-Erzeuger, aber nicht Tuch- oder Kattun-Erzeuger; die Bauern, welche Kartoffeln, Runkelrüben und Gerste bauen, heißen nicht Branntwein-, Zucker- und Bier-Bauern und Niemand muthet ihnen zu, und sie bilden sich nicht ein, auch sind sie nicht genöthigt, aus ihren Produkten erst Branntwein, Zucker und Bier zu machen, um sie abzusetzen; ihr ganzes Trachten ist vielmehr dahin gerichtet, recht gute Kartoffeln und Runkelrüben zu bauen, und, wie die Zuckerfabrikanten schnell dahin gewirkt haben und wirken, daß zu ihrem und der Bauern Vortheil die beste Rübe, die weiße sogenannte schlesische Zuckerrübe gepflanzt wird, so könnten auch eigentliche Weinproducenten dahin wirken, daß die ihnen nützlichsten Traubenarten gepflanzt und gehörig gepflegt werden.

Es ist also nicht ein bloßes Spiel mit einem Namen, sondern es hat eine ernstere Bedeutung, wenn es gewünscht wird, daß die vorstehend bezeichnete friedliche und industrielle Umwälzung auch bei diesem Zweige der Landwirthschaft erfolgen möge, und so allmählich unsere Weintraubenbauern aufhören, die am meisten mit Sorgen belasteten wie meistens die ärmsten zu seyn, während sie die schwersten der landwirthschaftlichen Arbeiten zu verrichten haben.

Verhandlungen der Versammlung deutscher Wein- und Obst-Producenten …
zu Mainz vom 21. bis 24. Oktober 1840. Darmstadt 1841. S. 164-166 (HWZB)

Die Hindernisse der Landwirtschaft in Umrissen entworfen. Zur Ankündigung seiner Vorlesungen. Heidelberg 1813. (HWZB)

Die Hindernisse

der

Landwirthschaft

in Umrissen entworfen

von

Ludwig Hout

Lehrer der theoretischen und praktischen Landwirthschaft, Besitzer des Gutes Neuburg bey Heidelberg.

Zur Ankündigung seiner Vorlesungen.

Heidelberg, 1813.

Nach dem Studium der Land- und Forstwirtschaft hielt Hout als Privatdozent Vorlesungen an der Kameralistischen Fakultät der Universität Heidelberg. In dieser Ankündigungsschrift von 1813 benannte er u. a. die Geringschätzung des landwirtschaftlichen Gewerbes, den Mangel an Musterbetrieben sowie fehlende Bildung und Ausbildung als Hindernisse der Agrarentwicklung. Ebenso bemängelte er das Fehlen von Versicherungsanstalten für die Landbevölkerung.

Wohlstand im Allgemeinen 1843

(Oktober) Wenn auch angenommen werden darf, daß in den wohlhabenden Klassen der Wohlstand im Zunehmen ist, so kann doch auch nicht verkannt werden, daß die Lage der minder wohlhabenden sich immer schlechter gestaltet, was den steigenden Lebensbedürfnissen bey der im hohen Grade wachsenden Bevölkerung und der industriellen Concurrenz zugeschrieben werden muß. Viele Familien die jetzt noch bey großer Kinderzahl gut bestehen, sehen vor Augen, daß alle ihre Kinder Taglöhner, und bei den mindesten Unfällen Bettler werden müssen. Ein schwunghafter Fabrikbetrieb, der einem Theile der Einwohner Brod gäbe, ist nicht vorhanden. Die armen Leute laufen nach Belgien, Paris, Rastatt, Ulm und selbst Ingolstadt um Arbeit zu suchen. Was stehet im Wege Auswanderungen in Massen an die untere Donau oder nach Griechenland zu vereinbaren? Der einzelne kommt da um, aber Tausende werden Achtung und Brod finden.

Zeitungsberichte des Landrates zu Kreuznach
an das Regierungspräsidium in Koblenz (HWZB)

Auswanderung 1847

(31. März) Unter der arbeitenden Bevölkerung auf dem Lande zeigt sich eine große Muthlosigkeit. Man wagt kaum an das Wiederkehren einer bessern Zeit zu glauben und viele entschließen sich daher zur Auswanderung nach Amerika, wenn gleich sie auch von dieser kein großes Glück erwarten. Zu einer Uebersiedlung auf die zu dismembrirenden Domainen im Großherzogtum Posen haben sich außerordentlich Viele gemeldet und es wäre zu wünschen, daß der Ausführung des Projectes näher getreten würde, damit viele, rüstige Kräfte dem Vaterland erhalten werden könnten.

Zeitungsberichte des Landrates zu Kreuznach
an das Regierungspräsidium in Koblenz (HWZB)

Kartoffelaufruhr in Kirn 1847

Am 19. April kam ein Mann aus dem Oldenburgischen Gebiete [Kreis Birkenfeld] mit einem Wagen voll Kartoffeln in Kirn an, und stellte denselben auf dem Wochenmarkte zum Verkaufe aus. Er forderte anfangs pro Centner 1 Thaler 25 Sgr. Setzte den Preis später aber succesive auf einen Thaler zehn Silbergroschen herab. Als derselbe sah, daß seine Waare schnellen Abgang fand, stieg er plötzlich wieder auf 1 Thaler 20 Sgr., was die Kauflustigen zur Forderung veranlasste, den einmal gestellten Preis beizubehalten. Um Excesse zu vermeiden, wies der Bürgermeister den Mann an, der Forderung nachzugeben. Hiermit nicht zufrieden, strömte der Haufe nach dem Markte, und riß willkührlich die Säcke vom Wagen; der größte Theil der Leute, worunter mehrere ganz arme, bezahlte den Preis von 1 Thaler 10 Sgr., während die Uebrigen von der Willkührlichkeit Nutzen zu ziehen suchten, dadurch daß sie sich unbekannt mit ihrer Beute davon machten. Mit diesem Zwangsverfahren war die Sache abgemacht und keine Störung der Ruhe eingetreten. Die Untersuchung der Sache ist veranlasst.

Zeitungsberichte des Landrates zu Kreuznach
an das Regierungspräsidium in Koblenz (HWZB)

Polizeiaktion in Stromberg 1848

Kreuznach, 6. Mai. Gestern Morgen bei Tagesanbruch wurde das sonst so harmlose Städtchen Stromberg in große Aufregung versetzt. Der königl. Landrath v. Jagow von Kreuznach rückte mit der dortigen Gensdarmerie und einer Colonne der dort stehenden Füsilire 28. Inf.-Reg. im Sturmschritte an, besetzte den Ausweg nach der Kreuznacher Chaussee, requirirte die Stromberger Gensd´armen, und nun galt es, unsern Volksfreund Edmund Maurer [Vorsitzender des politischen Clubs in Simmern] zwischen Thür und Mauer zu spinnen [zu ergreifen], weil er am vorhergehenden Tage in Schweppenhausen eine Volksversammlung veranstaltet hatte, in der er mit gewöhnlich schwerem Zungenschlage die Ansicht äußerte, daß es in Erwägung, daß die Fürsten ihre Pflichten gegen das Volk nun gänzlich vergessen hätten, an der Zeit sei, die Steuerbehörden zu schließen und sämmtliche königl. Kassen auszutrocknen, welche Ansicht, als die bequemste und wirksamste Maßregel von dem zahlreich versammelten Volke freudigst begrüßt wurde. Edmund Maurer soll nun an demselben Morgen ungewöhnlich frühe ausgegangen und nicht anzutreffen gewesen sein.

Der Demokrat, Kreuznach 08.05.1849

Gustav Wilhelm von Jagow (1813-1879): Reichstagsabgeordneter, Preuß. Innenminister, Oberpräsident der Provinz Brandenburg. Amtierte von 1846-61 als Landrat im Kreis Kreuznach. (KMZ)

Armenangelegenheiten 1848

Von der Nahe, 26. August. Ueber die Politik wollen wir das Essen nicht vergessen – und die nahe Aussicht in den bevorstehenden Winter nicht über Gegenstände im Staatsleben, welche, weil sie uns ferne liegen, weniger klar hervortreten, zwar sehr interessant sind, unserer Aufmerksamkeit aber doch nicht von dem abziehen wollen, was uns nahebei umgibt und vielleicht, vielleicht – doch wir wollen unsere Befürchtungen nicht in bestimmte Worte kleiden. – Die Erndte ist vorüber – es ist eine Drei-Fünftel Erndte geworden und das nicht einmal durchweg. Obst gibts fast gar nicht; den Kartoffeln war die anhaltende Trockenheit nicht günstig, doch kann über deren Ertrag noch nichts gesagt werden. – Kehrt das Geschäftsvertrauen nicht zurück, müssen in Stadt und Land hunderte, ja tausende von Händen müßig bleiben, ist Bürger und Bauer gezwungen, weiterhin noch mancherlei sich zu versagen, weil eben die Geschäfte stocken, die Produkte im Preise niedrig stehen, nicht auf den Markt kommen, eben, weil Ueberfluß nicht vorhanden ist, oder nicht verkauft werden können, weil keine Nachfrage geschieht, so fehlt es nicht, daß die Noth wieder herantritt, die mit Ideen sich nicht abspeißen läßt, von der Liebe allein getragen, gemindert, und daß wir es sagen, verklärt wird. Der Armen und Bedürftigen, wer sie auch seien, müssen wir uns annehmen – so geben, helfen, rathen, daß sie nicht allein danken, sondern dankbar werden und sich und in ihrer Dankbarkeit auch gerne Ohr und Herz der Erinnerung und Mahnung leihen, welche sie auf die Quelle der Noth und die Ursache der Armuth hinweiset und bittet, nicht allein in Geduld zu tragen, sondern auch selbst mit und in allem Ernste Hand anzulegen, daß es besser werde.

Jede Commune greife entschieden an und ein; dulde keine Bettler, indem sie so forthilft, daß die Bettelgänge, die so demoralisierend einwirken, unnöthig werden. Jede Gemeinde übernehme die Fürsorge für ihre Hülfsbedürftigen. In unserem Kreise ist kaum Eine so arm, daß sie bei geregelter Armenpflege es nicht könne. Communal-, Kirchen- und Privatkassen sollen zusammenstehen, gründlich helfen – Arbeit und Brod geben, wahre Brüderlichkeit, die goldene Frucht der rechten Freiheit zeigen, in einer Zeit „der That" beistehen in der That.

In den Städten, namentlich in Kreuznach, ist schon eine geregelte Armenpflege; Kreuznach thut viel an seinen Armen. Sollten die Dörfer zurückbleiben? Der Landmann, der den Segen unmittelbar aus Gottes Händen empfängt, als der Handel- und Gewerbetreibende Bürger, wird sich gewiß von diesem nicht übertreffen lassen an der Liebe zum armen Nachbar – und Nachbarn sind in den Dörfern, die so wenige Häuser zählen, wo so viele miteinander verwandt, alle miteinander genau bekannt sind, fast Alle. Aber es geht den Dörfern meistens, wenn nicht durchweg, die rechte Armenpflege ab. Wir zögern nicht, die Leser dieses Blattes, namentlich auf dem Lande, darauf aufmerksam zu machen und Alle zu bitten, im Laufe des Herbstes Vereine ins Leben zu rufen, die in freier Brüder- und allgemeiner Menschenliebe der Armen sich erbarmend, annehmen und der, sei es großen oder kleinen, jedenfalls bevorstehenden Noth, die Spitze abbrechen und die Bitterkeit rauben.

Kreuznacher Bote und Oeffentlicher Anzeiger, 26.08.1848

Bemerkungen über eine Reise durch einen Theil der Rheinprovinz 1851

Von Wilhelm Adolf Lette

Einer der glücklichsten Landestheile ist der Kreis Kreuznach; daselbst sind Frucht- Obst- und Weinbau, – der letztere bis Kirn hin, im reizenden Thal der Nahe, wie in deren Nebenthälern – mit einander verbunden; der Landwirth kann deshalb die Einnahmen eines günstigen Weinjahres als außerordentliche betrachten.
Ueberdies ist vorzugsweise dieser Kreis reich an Gemeindewaldungen, die (zufolge der Verordnung vom 24. December 1816 [die Selbstverwaltung der Gemeindewälder betr.]) wohl gepflegt und gut bewirthschaftet sind, theilweis Mittel-, hauptsächlich Niederwald und Lohschlag, deren nachhaltiger Ertrag einzelnen Gemeinden nicht blos zur Deckung aller laufenden Communallasten ausreicht, sondern auch Ueberschüsse zur Vertheilung von Naturalholz an die Gemeindemitglieder und zu andern außerordentlichen Verwendungen abwirft, so daß daraus z. B. im Dorfe

Waldböckelheim ein schloßartiges Schul- Gemeinde- und Pfarrhaus, ohne besondere Beiträge der Gemeindeangehörigen, erbaut werden konnte. Dazu wächst der
Verkehr in der Kreisstadt mit dem steigenden Rufe ihrer Bäder...

Auszug aus den Bemerkungen des Präsidenten Lette über eine Reise durch einen Theil der
Rheinprovinz. (Annalen der Landwirthschaft in den königlich preußischen Staaten. 1851. S. 261)
Wilhelm Adolf Lette (1799-1868): preußischer Sozialpolitiker

Blick von der Königs-
felder Mühle nach
Schloßböckelheim.
Stahlstich von Conrad
Wiessner, 1861
(HWZB)

Verstoß gegen das Pressegesetz 1853

Am 30. November sollte zu Kreuznach die Wahl von sechs Stadträthen stattfinden. Der Buchdrucker Adolph Pütz ist geständig, daß er auf Bestellung des Kaufmannes Stöck daselbst, vor der Wahl, 384 Zettel gedruckt, welche unter der Aufschrift: „Stadträthe" und den Rubriken „erste Klasse", „zweite Klasse", „dritte Klasse", die Namen von je zwei Candidaten enthielten. Name und Wohnort des Druckers sind auf den Zetteln nicht genannt und ist auch kein Exemplar derselben bei der Ortspolizei-Behörde eingereicht. Der Hausknecht Karl Nachtigall zu Kreuznach hat bei seiner polizeilichen Vernehmung zugestanden, daß er am 25. November zu einer Gesellschaft im Gasthofe zum Adler gerufen worden, von derselben zum Buchdrucker Pütz geschickt sei, mit dem Auftrage, die von Pütz gedruckten Zettel abzuholen, daß er diesen Auftrag ausgeführt, und die Zettel in dem Gastzimmer auf den Tisch gelegt habe. Pütz und Nachtigall wurden, der Erstere wegen des Druckes ohne polizeiliche Erlaubniß, der Letztere wegen Verbreitung der Zettel vor das Polizeigericht gestellt, woselbst der eidlich vernommene Gutsbesitzer Schneegans bekundete, „daß er die Zettel im Gasthofe zum Adler auf den Tischen liegen gesehen habe", und der Polizeianwalt auf Grund der § 5, 7, 8, 39 und 41 des Gesetzes vom 12. Mai 1851 [Preußisches Pressegesetz] gegen jeden Beschuldigten eine Geldstrafe von Einem Thaler beantragte. Das Polizeigericht erkannte auf Freisprechung, weil die fraglichen Zettel zu den Ausnahmen des § 5 des erwähnten Gesetzes gehörten, in Betreff welcher weder die Benennung des Druckes und seines Wohnortes, noch die Hinterlegung bei der Ortspolizeibehörde vorgeschrieben sei. Gegen dieses am 8. December 1852 erlassene Urtheil hat der Polizeianwalt am 10.12. den Cassations-Recurs ergriffen. In dem Einsendungsberichte wird ausgeführt, daß „Wahlzettel" den Ausnahmefällen des § 5 jenes Gesetzes nicht beizuzählen seien, da sie keine Drucksachen für Bedürfnisse des Gewerbes oder Verkehrs, oder des häuslichen und geselligen Lebens seien. Es wird Vernichtung des angefochtenen Urtheils und Erlaß eines Strafurtheils nach dem Antrage des Polizeianwaltes begehrt. Die Cassationsverklagten haben nicht geantwortet.

Urtheil: Die Vorschrift, daß jede Druckschrift vor ihrer Ausgabe oder Versendung der Ortspolizeibehörde eingereicht werden und auf derselben der Namen und

Wohnort des Druckers genannt sein muß, erleidet eine Ausnahme nur hinsichtlich derjenigen Drucksachen, welche zu den Bedürfnissen des Gewerbes und Verkehrs, des häuslichen und geselligen Lebens dienen. Hierher sind im Allgemeinen gedruckte Candidatenlisten, welche dazu bestimmt sind, die in denselben bezeichnete Personen als Candidaten für gewissen Wahlämter zu empfehlen und in Vorschlag zu bringen, und dieses ausdrücken, nicht zu zählen. Aus diesen Gründen cassirt das Königl. Ober-Tribunal, Senat für Strafsachen, II. Abtheilung, das Urtheil des Polizeigerichts zu Kreuznach vom 8. December 1852, verordnet die Beischreibung dieses Urtheils am Rande des cassirten, legt den Cassationsverklagten die Kosten zur Last, und verweist die Sache zur Verhandlung und Entscheidung an das Polizeigericht zu Stromberg. Sitzung vom 28. April 1853.

Archiv für das Civil- und Criminal-Recht der Königl. Preuß. Rheinprovinzen. N. F. Bd. 41. Köln: Schmitz, 1853. S. 83-84 (Digitalisat: google.books)

Zur Schulgeschichte 1854

Kreuznach im April. Unter der Fürsorge des vor einigen Jahren verstorbenen Landraths Hout sind in den meisten Dorfschaften unseres Kreises neue Schulhäuser errichtet worden. Sie stehen da als eine Zierde der Dörfer – sind aber nicht überall zweckdienlich eingerichtet. Die meisten stehen an der gangbarsten Straße. Sie fallen so in die Augen und preisen die Behörden – aber der Straßenverkehr fällt auch in die Ohren des Lehrers und der Schüler und stört mehr, als der Ruhm werth ist. Schulhäuser gehören nirgends an die Land- und Dorfstraßen; abgelegen und still, sonnig und einfach sollten sie dastehen, die Bauernhäuser nie überragen, am wenigsten pompös gebaut sein. Ist doch das Lehrergehalt fast durchweg sehr knapp zugemessen – und ein schöner Anblick ist´s nicht, wenn arme Lehrer aus den reichen Schulhäusern herausschauen. Auch dienen viele „Hunderter", die mitunter an den großen Schulhäusern verschwendet sind, weder dem Lehrer, noch den Schülern, noch der Gemeinde. Man hätte hier und da besser gethan, am Bau zu sparen und den Gehalt der Lehrer zu erhöhen – oder einen zweiten Lehrer als Gehilfen anzustellen. Wir haben unter anderen einen Schulsaal, der Raum hat für 120 Kinder – aber nur von 30-40 besucht wird. Im Winter werden die Ärmsten nicht warm! Da sollte die Parität aufrechterhalten werden. Vier Fünftel der Bevölkerung, der evangelische Theil, erhielt ein Schulhaus in demselben Umfang, als das eine Fünftel, der römische Theil! Parität herrscht übrigens noch nicht überall in unserem Kreise. In einer anderen Gemeinde hat die römische Konfession ein schönes Haus aus der Communalkasse erhalten, während die evangelische Confession in einer ihr eigenthümlich zugehörigen armen Stube ihre 30 bis 40 Kinder unterrichten lassen muß, ohne daß der Lehrer eine Amtswohnung hat. Die römische Ortsbehörde hat dort jede Bestrebung der Evangelischen, zu einem neuen Schulhause zu kommen, immer zu vereiteln gewußt.

Noch haben wir in unserem Kreise Schulstellen, deren Gehalt kaum 70-80 Thaler beträgt. Dafür sollen 5 Stunden Schule gehalten, alle Kräfte an die liebe Kinderwelt gelegt, mit ganzem und freudigen Herzen an der Jugend gearbeitet werden. Es ist nicht an dem, daß reichliches Auskommen gute Schulmeister macht – die gering Besoldeten sind oft treuer im Amte, als die wohlstehenden – : aber es gehört eine hohe Begabung und stete Uebung in der Selbstverläugnung dazu, wenn der Lehrer außer der Schule mit Nahrungssorgen zu kämpfen hat, in der Schule aber tüchtig treu, liebreich und wacker sich hält. Wer aber soll die Gehalte erhöhen? Unsere Lehrer sind wohl Staatsdiener – aber unsere Schulen sind Communal-Anstalten – und die Communalkassen sind noch schwerer zu Zusatzgehalten der Elementarlehrer flüssig zu machen, als die Staatskasse. So lange wir kein Gesetz haben, welches das Minimum eines Elementarlehrergehaltes bestimmt, wird's überall nicht viel besser werden. Wie ganz anders stehen die Lehrer an den Gelehrtenschulen! Die Lebensbedürfnisse des Landmanns selbst, der sich sonst nicht leicht mit fortreißen läßt, sind gestiegen: alle Welt hat mehr nöthig, als vordem – der Schulmeister allein soll sich mit dem alten Etat begnügen? Unsere Behörden sollen und werden des ehrenwerthen Lehrerstands sich annehmen. Wenn nur erst einmal der rechte Weg gefunden ist! H.

Allgemeine Schul-Zeitung, 1854 Nr. 48, Auszug (HWZB)

Volksküche 1862

(November / Dezember) In der Stadt Kreuznach haben nach dem Beispiele größerer Fabrikstädte die wohlhabenden Arbeitgeber (Fabrikbesitzer, Bauhandwerksmeister usw.) eine Volks-Speise-Anstalt auf Aktien à 2 Thaler gegründet, welche den Zweck hat, den hiesigen Arbeitern (Handwerker und Tagelöhner) die theilweise auf den benachbarten Dörfern wohnen, Gelegenheit zu bieten, eine billige, nahrhafte Mittagskost zu erhalten. In dieser Anstalt wird von 11 bis 1 Uhr Mittags zum Genusse auf der Stelle im Lokale selbst oder auch auswärts verabreicht

1.) 7/8 Quart Fleischsuppe mit Reis, Nudeln, Erbsen usw. zu 8 Pfg.,

2.) eine Portion Gemüse, bestehend aus circa einem Pfund geschälter und geschmelzter Kartoffeln, dürrem oder eingemachtem Gemüse zu 8 Pfennige,

3.) eine Portion circa 6 Loth [ca. 100 Gramm] Fleisch von guter Qualität mit Senf, rothen Rüben oder Sauce zu 8 Pfg.

4.) eine Portion Brod, deren Quantität der Fruchtmarktpreis bestimmt zu 6 Pfg.

Vom 10.11., an welchem Tage diese Anstalt eröffnet wurde, bis zum 1. dieses Monats, also während 21 Tagen, sind 10.598 Portionen verabfolgt worden, also durchschnittlich 505 Portionen täglich.

Zeitungsberichte des Landrates zu Kreuznach an das Regierungspräsidium in Koblenz (HWZB)

Städtische Volksküche 1909

Die Entwicklung der städtischen Volksküche hatte im laufenden Jahre sehr unter der Ungunst der wirtschaftlichen Verhältnisse zu leiden. Diese bewirkten eine Abnahme der Besucherzahl. Auffallend erscheint, daß die billigen Getränke – Kaffee ohne Milch 5 Pfg., mit Milch 6 Pfg., Milch 6 Pfg. und Selterswasser 5 Pfg. – verhältnismäßig recht wenig Zuspruch finden. Es läßt sich dies nur auf Unkenntnis in den betr. Kreisen der Bevölkerung zurückführen und es ist zu hoffen, daß mit der Zeit auch hierin der Umsatz sich vergrößert. Die anhaltend hohen Fleischpreise gestatteten leider nicht mehr, den Preis für Essen ohne Suppe auf 25 Pfg. zu halten; derselbe mußte auf 30 Pfg. erhöht werden. Auch mit dieser geringfügigen Erhöhung war es recht schwierig, ohne besonderen Zuschuß auszukommen. Wenn dies im vergangenen Jahre trotzdem gelungen ist, so ist es hauptsächlich dem Unstande zu danken, daß die Küche das von ihr benötigte Gemüse und einen großen Teil des Kartoffelbedarfs selbst produziert hat. Auch im laufenden Jahre ist niemals über die Zubereitung der Speisen Klage geführt worden. Dagegen erscheint eine Verbesserung der räumlichen Verhältnisse recht wünschenswert und es ist zu hoffen, daß die betr. Anträge im kommenden Jahre wohlwollende Berücksichtigung finden werden.

Zeitungsberichte des Landrates zu Kreuznach an das Regierungspräsidium in Koblenz (HWZB)

Kreiswirtschaftsstatistik 1863

Kreuznach (Juli 1863). In dem Arbeitermangel und leichterer Verkehr [verbesserter Warenfluss] die Lohnsätze steigerte, hat sich während der letzten Jahre der Wohlstand der Arbeiter merklich gehoben. Erhalten ländliche Arbeiter ausnahmsweise Naturalien, so vermindert sich dadurch der baare Lohn um die Hälfte. — Aufnahme-Urkunden wurden von 1851 bis 1862 an 241 Ausländer, während der jüngsten drei Jahre an 92 erteilt; Entlassungsurkunden [amtliche Auswanderungsscheine] erhielten 2 194 resp. 387, wovon am meisten 1854 mit 529 vorkamen. Ausserdem veranlasst der lebhafte pfälzische Wandertrieb nicht unbedeutende uncontrolirte Auswanderungen, z. B. jährlich wiederkehrende aus Kirn und Monzingen nach London, wo sich vor einem Menschenalter dortige Bäcker niedergelassen und Reichthum erworben haben; aus andern Ortschaften gehn Kreisbewohner als Handwerker u. s. w. nach Paris. Hütten- und andere Arbeiter aus den Dörfern am Soonwalde suchen zeitweise auswärtige Beschäftigung, und ein grosser Theil der Bockenauer Bevölkerung betreibt den Hausirhandel mit dort oder in niederländischen Fabriken gefertigten Knöpfen, namentlich im südlichen Baiern und in den preussischen Ostprovinzen.

Jahrbuch für die amtliche Statistik des preussischen Staats. Berlin 1867. S. 333

Der Viehmarkt zu Sobernheim 1866

Am 28. Mai fand hier der erste Viehmarkt statt, welcher ein so glänzendes Resultat ergeben hat, daß alle Erwartungen weit übertroffen wurden. Wenn wir auch zugeben wollen, daß der Reiz der Neuheit und die verheißene Austheilung von Prämien das Ihre dazu beigetragen haben mögen, die Frequenz zu beleben, so hat es sich doch gezeigt, wie günstig unsere Stadt gerade für solche Märkte gelegen ist. Hoffen wir daher, daß dieses Mittel, den gesunkenen Verkehr in unserer Stadt mehr zu heben u. zu fördern, sich auch ferner beweisen u. als eine lebensfähige Einrichtung erweisen möge.

Das zu Markt gebrachte Vieh zeichnete sich sowohl durch Quantität wie Qualität aus. Nach beiden Richtungen hin haben sich namentlich die Viehbesitzer unserer Nachbargemeinde Meddersheim rühmlich hervorgethan. Möge ihre Warnung, daß sie nun erst wieder kämen, wenn sie ihr Vieh über eine feste Brücke führen könnten, dazu beitragen, daß dies schon längst als ein dringendes Bedürfnis anerkannte Projekt, baldmöglichst zur Ausführung gelange. Aber auch alle anderen Nachbarorte – ganz besonders Staudernheim und Nußbaum – und noch weiter hinauf bis Kirn haben ihr Contingent gestellt. Leider ist es versäumt worden durch eine rechtzeitige Controlle die Anzahl des auf den Markt gebrachten Viehes zu constatiren; indessen durch eine, auf dem Markt selbst vorgenommene Zählung, die selbstverständlich nicht ganz genau stimmen kann, stellte sich die Zahl des Rindviehes auf ca. 500 Stück (darunter ca. 150 Kühe) und der Schweine auf ca. 120-150 heraus. Für die Letzteren fanden sich schnell viele Käufer; aber auch der Absatz des Rindviehes ging besser von Statten, als man unter den obwaltenden Zeitverhältnissen erwarten konnte. Angesehene Handelsleute waren aus weiter Ferne gekommen. Ueberhaupt war der ganze Verkehr auf dem Markt u. in der Stadt ein äußerst belebter; schon früh entwickelte sich ein ungewohntes reges Treiben, welches seinen Glanzpunkt erreichte, als das prämiirte Vieh, mit Kränzen geschmückt, mit Musikbegleitung voran durch die Stadt geführt wurde.

Eine schwierige Aufgabe an diesem Tage war der Prämiirungs-Commission zugefallen, welche aus den Herrn Jacob Otto und Dr. Flink von hier, Bürgermeister Ebert von Meddersheim, Adjunkt Morian aus Waldböckelheim und Vorsteher Roos aus Winterburg bestand. Nach den uns zugegangenen Mittheilungen sind die

festgesetzten Prämien von der Commission in nachstehender Reihenfolge ausget-
heilt worden: 1) für die besten Ochsen: an Ludw. Reidenbach u. Conr. Hexamer v.
Meddersheim, Nic. Kehrein von Pferdsfeld, Nic. Hermann v. Bockenau, Jb. Mamer
v. Bärweiler, Joh. Dill v. Rehbach, Schneeberger v. Staudernheim. 2) Für die besten
Kühe: an Endres v. Steinhart, Ditz v. Waldböckelheim, Schmitt v. Steinhart, Gutheil
v. Staudernheim, Esselborn v. Mandel, Reidenbach v. Kirschroth, Carl Schwarz 3. v.
Bockenau, Carl Ruband v. Rehborn, Joh. Threß v. Steinhart. 3) Für die beste Kalbin:
an: Großarth v. Hömbergerhof, Esselborn v. Mandel, Jb. Mayer v. Monzingen, Friedr. Kehl v. Staudernheim, Lehrer Greiler v. Bärweiler, Dupius v. Waldböckelheim,
Jb. Mörsfelder v. Staudernheim, Nicolaus Schlarb v. Meddersheim, Conr. Bauß v.
Nußbaum, Jb. Leber v. Waldböckeleheim. 4) Für Zuchttiere: an Hoffmann v. Odern-
heim u. Euler v. Burgsponheim. 5) Für Hammel: an Schneeberger v. Staudernheim.
Das zu Markt gebrachte Sobernheimer Vieh wurde bestimmungsgemäß nicht prä-
miirt, es wurden indessen für preiswürdig befunden u. darum lobend erwähnt:
die Kühe von Friedr. Adam, Jul. Cäsar, Wwe. Holzhäuser, Carl Morian, Jacob Otto,
Wehrfritz sen., sowie die Schweine von Julius Cäsar, Carl Morian u. Jb. Trapp.
Wenn wir schließlich der Prämierungs-Commission für ihre ruhmvolle, mit großer
Gewissenhaftigkeit ausgeführte Arbeit den verdienten Dank aussprechen, so dürfen
wir nicht vergessen, unseres städtischen Orchesters, welches sowohl hoch vom Balkon des Rathauses herab, als auch vorn am Zuge zur Belebung des ganzen wesentlich
beigetragen hat, wie auch die Schuljugend, welche in edler Selbstverleugnung einen
ganzen Schultag dem Winden der Kränze geopfert hat, dankend zu erwähnen.

Sobernheim-Kirner Intelligenzblatt, 30.05/03.06.1866 (Digitalisat: Universität Bonn)

Die Nahebrücke Rich-
tung Meddersheim
wurde 1867 fertig-
gestellt. Die Kosten
betrugen etwa
22.000 Thaler. Das
Bild zeigt schwere
Beschädigungen der
Brückenrampe nach
dem Januarhochwas-
ser von 1918. (KMZ)

Die neue Kirche zu Waldböckelheim 1867

Am verflossenen Sonntag wurde zu Waldböckelheim die neu erbaute Kirche der evangelischen Gemeinde eingeweiht.

Es war am 28. Juli 1859 wo daselbst in der zum gemeinschaftlichen Gottesdienste benutzten Kirche laut eines vom Königlichen Landgerichte ergangenen Urtheils, der Altar der evangelischen Gemeinde unter Execution und Zuziehung von fünf Gensd'armen entfernt wurde, weil derselbe den zum Hochaltar der katholischen Gemeinde führenden Weg versperrte und durfte die evangelische Gemeinde nur einen beweglichen Tisch an Altars Stelle setzen.

Dieser Vorfall hatte bekanntlich viele Streitigkeiten in Gefolge und da Waldböckelheim eine wohlhabende Gemeinde (besonders auch an Waldungen) ist, wurde besprochen, eine neue evangelische Kirche aus Gemeindemitteln zu erbauen und die bis dahin gemeinschaftlich benutzte Kirche der katholischen Gemeinde zu überlassen, welches Ersuchen denn auch von hoher k. Regierung genehmigt wurde.

So wurde denn auch im Jahre 1863 zu dem Baue der Grundstein gelegt und wohnten damals diesem Akte eine große Menschenmenge von Nah und Fern bei. Jetzt thront nun auf einer ansehnlichen Höhe das prächtig vollendete Gotteshaus, welches nach allen Richtungen hin zu sehen ist. Nähert man sich demselben, so sieht man das prächtige Werk erhaben und stolz über die Häuser und Umgebung hinwegragen und genießt man von oben eine herrliche Aussicht. Das Portal und die davorliegenden Treppen, welche in mehreren Abtheilungen von je fünf Stufen gelegt sind, bieten dem Auge einen schönen Anblick, auch soll später der Platz mit einer Pflanzen-Anlage, sowie mit einem Kunst-Wasserwerk versehen werden.

Am verflossenen Sonntag, als am Tage der Einweihung des neuen Gotteshauses versammelte sich die evang. Gemeinde zum Abschieds-Gottesdienste nochmals in der bis dahin gemeinschaftlich benutzten Kirche, und nach diesem bewegte sich dieselbe in schönster Ordnung durch die geschmückten Straßen der neue Kirche zu. Feierlich und tiefergreifend sah man den Zug von der Höhe, auf welcher die Kirche steht, herannahen, zuerst die Schulkinder sowie die Mädchen und Jünglinge, dann der Gesangverein, nach diesem die Geistlichkeit, diesen folgten die Kirchenältesten, das Presbyterium und Diakonen. Nach diesem kamen die Männer, Frauen und den Schluß bildete eine Menge Herbeigeeilter der umliegenden Ortschaften. Auf dem freien Platze vor dem Portal angekommen, sammelte sich der Zug und wurde von den Ordnern in einem Kreise aufgetheilt. Nachdem dies geschehen, hörten die Glocken auf zu läuten, eine feierliche Stille trat ein und begann Herr Bauinspector Conradi von Creuznach eine Ansprache an Herrn Superintendenten Pfarrer Müller von Monzingen, indem er Letzterem den Schlüssel zur Kirche überreichte. Nachdem übergab Herr Sup. Müller den Schlüssel unter einer Anrede dem Herrn Pfarrer Baßmann, welcher nach kurzer Rede an die Gemeinde die Kirchthüre in den drei höchsten Namen aufschloß und das Portal zum Einzuge öffnete.

Nachdem sich die Gemeinde in der Kirche versammelt hatte begann der Gottesdienst, welcher bis gegen 3 Uhr des Nachnittages dauerte. Um 4 Uhr fand ein großes Festessen statt, an welchem sich Viele betheiligten. Während demselben wurden verschiedene Toaste ausgebracht und blieben die Theilnehmer bis es bereits dunkelte in schöner Harmonie beisammen. Auf dem Gemeindehause wurden unter die Armen Wein, Kuchen und Fleisch vertheilt; die Schulkinder erhielten Bretzeln. Auch war an mehreren Stellen Tanzbelustigung und schloß die Feierlichkeit in schönster Ordnung.

Möge das erhabene Werk lange stehen zur Ehre Gottes und zum Frieden der Menschen!

Sobernheim-Kirner Intelligenzblatt, 31.07.1867 (Digitalisat: Universität Bonn)

Die beiden Waldböckelheimer Kirchen in den 1970iger Jahren.
Foto: Rudolf Hornberger (KMZ)

Verpachtung 1867

Ab 1. September d. J. soll die Restauration auf Bahnhof Staudernheim verpachtet werden. Der Betrag des jährlichen Pachtzinses ist auf fünfzig Thaler festgestellt und wird event. der Zuschlag ohne Rücksicht auf höhere Gebote ertheilt. Zur Eröffnung der versiegelt, portofrei und mit der Aufschrift: „Offerte zur Pachtung der Bahnhofs-Restauration zu Staudernheim" versehenen, mir einzureichenden Offerten, welchen etwaige Atteste über Qualification und Cautionsfähigkeit beizufügen sind, ist Termin auf den 20. August Morgens 9 Uhr in meinem hiesigen Bureau anberaumt, und findet dann die Eröffnung im Beisein der etwa erschienenen Pachtliebhaber statt. Die dieser Verpachtung zu Grunde liegenden Bedingungen können auf der Station und in meinem Bureau eingesehen werden. Creuznach, den 29. Juli 1867.
Der Eisenbahn-Bau-Inspector Zeh.
Sobernheim-Kirner Intelligenzblatt, 31.07.1867 (Digitalisat: Universität Bonn)

Möbelversteigerung zu Entenpfuhl 1867

Am Donnerstag den 19. September d. J. und an den folgenden Tagen von 8 Uhr Vormittags ab, sollen auf Anstehen von Herrn Oberförster Grosholz zu Entenpfuhl, nachgezeichnete gut erhaltene Mobilien, als
5 Sophas, 3 Secretäre von Nußbaum und Eichenholz, 3 Kleiderschränke, 1 Bücher-, 1 Weißzeug- und 1 Porzellan-Schrank mit Glasthüren, 3 Küchenschränke, 6 Kommoden, 11 Spiegel, 2 große runde Tische mit Einlage von Nußbaum und Eschenholz, 2 elegante Tischchen mit Schieferplatten, 16 Tische, 14 Bettstellen mit Nachttischen, 1 Schreibtisch mit Aufsatz, 6 gepolsterte Stühle, 6 Rohrstühle mit Sessel, 36 Stühle, theils von Nußbaumholz, 6 Sessel, 1 Blumentisch, 1 Holzkasten mit Stickerei, 1 Pendüluhr, 5 Haarmatratzen, eine große Anzahl von Pülven [Keilkissen], Federkissen, Plümaux, Unterbetten, Couverten, Pillédecken, Betttüchern und

Ueberzügen, eine große Anzahl Tafeltücher, Servietten, Hand- und Küchentücher, 2 Halbwagen, 1 viersitziger Wagen mit Glasverdeck. 1 Erndtewagen, Pflüge und Eggen, verschiedenes Pferdegeschirr und Reitzeug, 1 Schlitten, 1 Häckselmaschine, 1 Schrotmühle, 1 Hobelbank, Gartenbänke und eiserne Sessel, verschiedene Forstzeitschriften und Bücher, allerlei Küchen-, Acker-, Garten- und Wiesenbaugeräthe, Jagdbilder, Wildfiguren und andere Bilder, Pistolen, Blumen und Zierpflanzen, 18 Bienenstöcke mit Bienenstand und Dzierzon-Stock [Bienenstock mit beweglichen Waben], 12 weingrüne Fässer, Waschbütten, Fleisch- und Bohnenständer, Mehlkasten, Backmulden, Waage, Säcke, eine Anzahl Herrnkleidungsstücke und Hemden, Porzellan und Glaswerk etc. gegen Zahlungsausstand auf dem Forsthause Entenpfuhl versteigert werden. Die zuerst angegebenen werthvollen Hausmobilien kommen am ersten Tage zur Versteigerung.

Sobernheim, den 22. August 1867. Der Königl. Friedensgerichtsschreiber Fligel.

Sobernheim-Kirner Intelligenzblatt, 1867 (Digitalisat Universität Bonn)

„Jagdschein für den Studenten Herrn Karl Jos. Georg Cetto zu Stromberg" mit dem Amtsstempel der Kreisverwaltung 1885/86. (KMZ)

Die Beschäftigung der Kreisbewohner 1876

Von J. Ludwig Frauzem

Die mütterliche Kreis-Erde sorgt mit aller Kraft, die der Schöpfer in sie gelegt, treu dafür, daß die Kreisbewohner nicht allein haben, was zu des Leibes Nothdurft gehört, sondern auch das genießen können, was das Leben erleichtert, erheitert und verschönert. Aber ein Schlaraffenland, wo die gebratenen Tauben Jedem in den Mund fliegt, ist der Kreis nicht; auch im Kreise Kreuznach gilt das alte Gesetz: „Im Schweiße deines Angesichts sollst du dein Brod essen!" Wer aber auch den Schweiß nicht scheut, arbeiten kann und mag, dem fällt es in unserem Bezirk nicht allzu schwer, sein Fortkommen zu finden; fehlt es doch oft mehr an Arbeitern, als an Arbeit. Es herrscht viel Wohlstand im Kreise, besonders in dem Thal der Nahe und den untern Theilen der Querthäler der größeren Bäche. Das erkennt man leicht, wenn man den Kreis duchwandert und die vielen stattlichen, mit Blumentöpfen gezierten Häuser und die ganze Erscheinung der Bewohner betrachtet. Weniger Wohlstand herrscht in den Soon-Gemeinden.

Was nun die Beschäftigung und die Erwerbsquellen der Kreisbewohner betrifft, so treiben etwa 25,000 Bewohner Weinbau, Getreidebau und andere Landwirthschaft als Hauptgewerbe. Die Ländereien vertheilen sich auf 20,206 einzelne Besitzthümer, wovon 14,663 Grundbesitzthümer unter 5 Morgen. Der Viehbestand war bei der Zählung 1872: 2,144 Stück Pferde, 1 Maulthier, 9 Esel, 22,048 Stück Rindvieh, 686 Schafe, 4,276 Schweine und 4,578 Ziegen. Die Bienenfreunde hatten 2,838 Bienenstöcke und ein Seidenzüchter erntete 1 Pfund Seide.

Weiter betreibt dazu ein großer Theil der Bewohner die verschiedenartigsten Gewerbe. Da sind, wie auch anderwärts, Handwerker zur Beschaffung von Nahrungsmitteln, Handwerker für die Beschaffung von Kleidung, Bauhandwerker, Handwerker in Metall, Handwerker in Holz, mechanische Künstler u. s. w. Ein dritter Theil der Kreisbewohner betreibt die verschiedenen Handels- und Fabrikgeschäfte und die übrigen haben sich dem Beamtenstand und sonstigen öffentlichen Berufen gwidmet. Die Hauptsache für die Kreis-Jugend bleibt zunächst, daß sie sich eifrig, treu und gewissenhaft mit ihren Schulbüchern beschäftige, damit sie die Befähigungen erlange, die zu den Geschäften und Berufen des Lebens nöthig sind.

Frauzem, J. Ludwig: Der Kreis Creuznach. Heimathskunde für Schule und Haus. Kreuznach: Schmithals, 1876. S. 40-41

Krankheitsformen der im städtischen Hospital Kreuznach aufgenommenen Patienten 1882

3 Pocken

4 Masern und Röteln

2 Scharlach

1 Diptheritis und Croup

4 Keuchhusten

56 Unterleibstyphus

4 Wechselfieber

9 Rose

28 Syphilis einschl. Gonorrhöe

33 Lungen- und Brustfellentzündung

40 Akuter Bronchial-Katarrh

42 Lungenschwindsucht

19 Andere Erkrankungen der Atmungsorgane

33 Gehirnschlagfluß

3 Säuferwahnsinn und chronischer Alkoholismus

2 Akuter Gelenkrheumatismus

18 Andere rheumatische Krankheiten

30 Verletzungen

360 Alle übrigen Krankheiten

Zahl der Gestorbenen 40

StaKh, Nr. 771. Bl. 8

Arbeitslöhne und Zeiten 1883

aufgestellt am 1. Juli 1883, Stadt Kreuznach

Arbeitszeit abzügl. Pausen:
Bauhandwerker 11 Std.
Schreiner-, Schlosser-, Schneider- u. Schuhmachergesellen 12 Std.
Tagelöhner 12 Std.

Arbeitslohn pro Woche:
Bauhandwerker (Maurer u. Zimmerleute): Poliere 18,00 M.; Gesellen 15,00 M.;
Handlanger 10,00 M.
Schreinergesellen 6,00 M.
Schlossergesellen 5,50 M.
Schneidergesellen 5,00 M.
Schuhmachergesellen 5,00 M.
Fabriktagelöhner 10,80 M.
Gartentagelöhner 10,20 M.
Feldtagelöhner 9,60

Kosten pro Monat für Miete, Heizung und Beleuchtung 1883

Stadt Kreuznach, 1. Juli 1883

Schlafstelle ½ Bett 6,00 M.; 1 Bett 9,00 M.

Familienwohnung bestehend aus:

1 heizbaren Raum 6,00 M.

2 heizbaren Räumen 10,00 M.

1 heizbaren und 1 nicht heizbaren Raum 8,00 M.

1 heizbaren Raum, Küche, Kammer, Keller, Holzstall 12,00 M.

2 heizb. Räumen, Küche, Kammer, Keller, Holzstall 15,00 M.

Heizung Steinkohlen 100 kg 1,50 M., Holz Raummeter 12,00 M.

Beleuchtung Petroleum 1 L. 0,25 M.; Gas m³ 0,18 M.

StaKh Nr. 771. Bl. 84

5 Reichsmark in 1 Mark und ½ Mark
Silbermünzen im Vergleich zu einem
20 Cent-Stück (alles privat)

Curiosa 1883

Auf der internationalen Ausstellung von Nadelarbeiten, welche im Juli 1884 im Londoner Crystallpalast eröffnet werden soll, werden zwei Curiositäten besondere Aufmerksamkeit in Anspruch nehmen. Die eine derselben ist die berühmte Nähnadel, welche dem deutschen Kaiser im vorigen Jahre unter eigenthümlichen

Umständen verehrt wurde. Der greise Monarch besuchte die große Nadelfabrik in Kreuznach und wurden ihm eine Anzahl der feinsten Nadeln gezeigt, von denen Tausend zusammen eine halbe Unze wogen. Der Kaiser sprach darüber seine Verwunderung aus. Da erbat sich der Bohrer, d. h. der Arbeiter, dessen Beschäftigung es ist, das Oehr in diese Nadeln zu bohren, ein Haar von dem Silberhaupte des Kaisers. Nachdem er das Gewünschte empfangen, bohrte er mit größter Sorgfalt in das Haar ein Oehr, zog einen Faden durch dasselbe und überreichte die eigenthümliche Nadel dem erstaunten Monarchen. …

Teltower Kreisblatt, 19.12.1883 (Digitalisat: Staatsbibliothek Berlin)

Grenzstreit im Huttental 1890

Daß Grenzstreitigkeiten mitten im deutschen Vaterlande noch möglich sind, zeigte sich kürzlich an der durch das benachbarte Hüttenthal [Huttental] sich hinziehenden preußisch-bayerischen Grenze. Lange Jahre hindurch waren der preußische und der bayerische Theil des reizenden Thälchens am Fuße des Rheingrafensteins an einen Wirth vermiethet, dem es ganz gleichgiltig blieb, ob er die haarscharfe Richtung der Grenze kannte oder nicht. In diesem Jahre hielten nun zwei Restaurateure ihren Einzug ins Hüttenthal, indem der Eine auf dem preußischen, der Andere auf dem pfälzischen Theil des Thales Wirthschaft betrieb. Nach der bisherigen Ansicht ging die Grenze mitten durch einen stattlichen Baum, um dessen Stamm ein runder Tisch angebracht war, dessen eine Hälfte blau-weiß und dessen andere Hälfte schwarz-weiß gestrichen wurde und zum Zeichen, daß durch die Grenze der Tisch in eine preußische und eine bayerische Hälfte getheilt werde. Es entstand nun die Frage, welcher von den beiden Wirthen den Tisch benutzen dürfte, und damit war der Grenzzwischenfall geschaffen. Man erhob Vorstellung an amtlicher Stelle und jetzt wurde an Ort und Stelle die Grenzstreitigkeit geschlichtet. Zwei Kommissionen waren zu diesem Zweck erschienen, die preußische mit dem Landrath des Kreises Kreuznach, die bayerische mit dem Bezirksamtmann von Kirchheim-

bolanden an der Spitze. Die Entscheidung fiel für Preußen, bzw. den preußischen Wirth, günstig aus; genaue Messungen ergaben, daß der fragliche Baum mit seinem Stamm ganz auf preußischem Gebiete stehe, mit letzterem aber auch haarscharf die Grenze abschneide, so daß der preußische Wirth doch nur einen halben Tisch anbringen, während der bayerische gar keinen Tisch an den Baum anlehnen darf. Auch sonst wurde die Grenzlinie noch verschiedentlich um mehrere Meter zu Gunsten des preußischen Theils erneuert.

Kölner Zeitung, 22.07.1890

Diese Postkarte zeigt den bekannten Grenz- tisch im Huttental vor 1914, der die preußisch- bayerische Grenze markierte. (KMZ)

Der königl. bayerische Grenzpfahl in Bad Münster a. St.-Ebernburg um 1910. (KMZ)

Niemandsland (terra nullius = staatsrechtlich herrenlos):
„Hüben und drüben der Nahe drängen sich zwischen Fluß und Berg zwei gebahnte Wege hinaus. Wir schlugen über die Brücke den jenseitigen ein. Auf der Brücke stehen die Wappenbilder von Darmstadt [Verwechslung mit Bayern] und Preußen, deren Gebiet der Fluß begrenzt. Zwischen beiden Grenzsteinen ist ein schmaler Raum gelassen, auf welchem man einen tiefen h e r r n l o s e n Athemzug thun kann. Der Seufzer, den hier das erschrockne deutsche Herz ausstößt, fällt aber, Gott Lob! schon wieder auf beherrschtes Gebiet."
H. König: Unter der Ebernburg. Eine Skizze. (Album der Tiedge-Stiftung, 1843. S. 18)

Otto Ludwig Agricola als Landrat

Von Bernhard Agricola

Das Jahr 1887 bedeutete einen wichtigen Wendepunkt. Damals trat nämlich die neue Kreisordnung in der Rheinprovinz in Kraft. Sie führte das Prinzip der Selbstverwaltung auch auf der untersten Stufe durch, stellte dem bis dahin fast frei schaltenden Landrat einen Kreistag und einen Kreisausschuß zur Seite; an deren genehmigende Zustimmung waren von nun an alle wichtigen Maßnahmen gebunden. Zudem überwies das Gesetz dem Landrat einen gewissen Teil verwaltungsgerichtlicher Justiz.

Damit war die landrätliche Tätigkeit und Stellung eine sehr andere geworden. So hat auch unser Vater dieser neuen Ordnung ursprünglich skeptisch gegenübergestanden: „Ob die sogenannte Selbstverwaltung mit den Kammern oben, mit dem Kreisausschuß unten, einen genügenden Ersatz für den alten preußischen Beamten und seine Selbstständigkeit nach unten und oben bieten wird, steht, bei der herrschenden, materiellen Richtung unserer lieben Mitbürger sehr dahin, zumal sie sich schwerlich dazu hergeben werden, selbst zu verwalten, d. h. wirklich in die Dinge einzugehen und wirklich zu arbeiten."

Später, nachdem er jahrelang mit dem Kreistag und dem Kreisausschuß gearbeitet, hat er seine Ansichten zugunsten der neuen Ordnung geändert. Neben dieser Kreisordnung traten in den 1880er und Anfang der 1890er Jahre noch die Kranken-, die Unfall- und Invalidenversicherung und vor allem das neue Einkommensteuergesetz in Kraft. Die Ein- und Ausführung aller dieser neuen Gesetze bedeutete eine ganz gewaltige Steigerung der Arbeit, leider auch im hohen Maße der rein bürokratischen, wie dies schon aus dem enormen Anwachsen des Büros in diesen Jahren hervorgeht. In den 1860er Jahren waren dort neben einem Kreissekretär nur zwei Hilfsschreiber, Ende der 1890er Jahre neben einem ganzen Schwarm von Hilfsschreibern allein 12 Expedienten beschäftigt. Oft hat er über diese vermehrte Büroarbeit bitter geklagt. „Was jenes Idyll des landrätlichen Berufs zerstört hat und in den schönsten Teil unseres Berufs – die fortlaufende allgegenwärtige Fürsorge für Land und Leute – hemmend eingreift, liegt auf anderem Felde: es ist die Hochflut der Gesetze und Instruktionen, die jahraus, jahrein in immer breiterem Strom aus Ministerien und Kammern des Reiches und Preußens über uns hereinbricht, es ist der sehr ehrenvolle, aber sehr lästige Glaube der Staats- und Reichsregierung, daß die Landräte allüberall die geeignetsten Organe für die Ausführung dieser Gesetze und Bestimmungen seien. Dieser Glaube, wie er sich z. B. – um nur eins anzuführen – bei der Ausführung der neuen Steuer- und Versicherungsgesetze geltend gemacht und die immer weitergehende Forderung statistischer Nachweise machen den Landrat nachgerade unfrei, und entfremden ihn immer mehr seiner ursprünglichen und Haupt-Aufgabe des persönlichen Verkehrs und der fortlaufenden örtlichen Einsicht in die Verhältnisse und die Bedürfnisse des Kreises."

Naturgemäß war auch, abgesehen von der Durchführung dieser neuen Gesetze, im Laufe der Dezennien die Arbeit an Umfang und Bedeutung gewachsen. Hatte sich doch die Einwohnerzahl des Kreises seit den 1860er Jahren um 20 000 Menschen vermehrt. Insbesondere hatte auch seit jener Zeit die Industrie des Kreises einen großen Aufschwung genommen. Das Industriestädtchen Kirn allein zahlt 13% aller Kreissteuern.

So kam es, daß auch im Kreis Kreuznach Landwirtschaft und Industrie oft in einen rivalisierenden, wirtschaftlichen Gegensatz traten. Demgegenüber betonte unser Vater immer wieder den innigen, inneren Zusammenhang, der zwischen dem Gedeihen der Industrie und der Landwirtschaft, gerade in unserem Kreise bestehe: „Hier in Kirn und Umgegend arbeiten Industrie und Landwirtschaft nebeneinander, ja sie gehören zusammen. Eins läßt sich von dem anderen ohne Schädigung beider nicht trennen. Durch seine blühende Industrie ist Kirn in allen seinen Bevölkerungsschichten wohlhabend geworden, und die Landwirtschaft der Umgegend zieht daraus nicht den schlechtesten Gewinn. Sie hat in Kirn für ihre Produkte Milch, Butter, Brotfrüchte, Schlachtvieh ihre besten, stets zahlungsfähigen Abnehmer und auch die weitere Umgegend erzielt aus der angebauten Braugerste sicheren Gewinn. Aber noch ein größerer Segen entspringt diesem Nebeneinanderwohnen von Landwirtschaft und Industrie für beide Teile der Landwirtschaft dadurch, daß teils die kleinen Bauern selbst, teils ihre Söhne guten Lohn, bares Geld in der Fabrik verdienen und doch noch Zeit übrig haben, ihre Äcker zu bauen, und der Industrie anderseits dadurch, daß ihre Arbeiter als kleine Haus- und Grundbesitzer seßhaft bleiben. Daß dies wirklich ein nicht zu unterschätzender Gewinn für die Kleinbauern der Umgegend ist, das würde durch einen Vergleich des Bildes der Nachbardörfer von sonst und jetzt jedem in die Augen springen, der die armen Landleute um Kirn vor 30 Jahren gekannt hat und sie jetzt in ihrem zufriedenstellenden Nahrungsstande sieht."

Eine besondere Fürsorge erheischte der Weinbau. Kreuznach ist der am meisten Weinbau treibende Kreis der Monarchie. Er umfaßt 14 000 Morgen Weingelände, die jährlich 14 000 Stück Wein à 1200 Liter erzeugen. Noch in den letzten Jahren der Tätigkeit unseres Vaters ist von der Regierung für den Weinbau und seinen rationellen Betrieb viel geschehen. So die Anlegung von königlichen Musterweinbergen bei Niederhausen und insbesondere die Gründung der Weinbauschule. Sein letztes größeres Unternehmen war der Bau der Kleinbahn nach Winterburg, am Fuße des Soonwaldes. Leider hat diese Bahn infolge falscher, technischer Voranschläge nicht den erhofften, finanziellen Erfolg gehabt, aber trotzdem durch die Erschließung entlegener, landwirtschaftlicher Gebiete dauernd die Wohlfahrt des Kreises gefördert.

Es konnte hier unmöglich meine Aufgabe sein, alles, was unser Vater in seinem Berufe geschaffen und geleistet, aufzuzählen oder gar zu würdigen. Es kam hier nur darauf an, in großen Zügen die Art zu zeigen, wie er seinen Beruf aufgefaßt und ausgeübt hat.

Agricola, Bernhard: Otto Ludwig Agricola. 1829-1902. Blätter der Erinnerung für den Kreis der Familie. Berlin-Schöneberg: Privatausgabe, o. J. S. 67-73.

Otto Ludwig Agricola wirkte von 1861-1902 als Landrat im Kreis Kreuznach. Kurz vor seinem Tode verlieh ihm die Stadt Kreuznach die Ehrenbürgerwürde. (KMZ)

Die Verwaltung des Kreises Kreuznach: erläutert für Schule und Haus, 1891

An der Spitze der Verwaltung des Kreises steht als erster Beamter der Landrat, der seinen Sitz in Kreuznach hat. Deshalb ist Kreuznach die Kreisstadt und der Kreis hat seinen Namen von derselben. Der Landrat führt die Geschäfte der allgemeinen Landesverwaltung, soweit dieselben nicht anderen Behörden überwiesen sind. Er handelt innerhalb seines Geschäftskreises selbstständig, unter voller persönlicher Verantwortlichkeit. Der Landrat hat die Befugnis

1. kreispolizeiliche Verordnungen zu erlassen;
3. nötigenfalls gesetzliche Zwangsmittel in Anwendung zu bringen;
3. polizeiliche Verfügungen der untergebenen Ortspolizeibehörden zu prüfen und bei Beschwerden gegen solche die Entscheidung zu treffen;
4. die Aufsicht zu führen über die Geschäfte der Amtsvorsteher, der Landgemeinden und Landbürgermeistereien;
5. die Beschlüsse des Kreisausschusses auszuführen oder, falls ihm dieselben nicht richtig erscheinen, sie anzufechten;
6. in Angelegenheiten der allgemeinen Landesverwaltung die erste Entscheidung zu erlassen.

Der Landrat sucht den Wohlstand der einzelnen Gemeinden zu heben, indem er für Anlegung und Unterhaltung guter Gemeindewege sorgt und dem Ackerbau und der Viehzucht seine Aufmerksamkeit schenkt. Auch die Schule steht teilweise unter seiner Pflege, indem er auf den Bau guter, gesunder Schulhäuser hält, wobei der Kreisbauinspektor ihm ratend zur Seite steht. Zur Aufrechthaltung der Ordnung im Kreise sind dem Landrate mehrere Gensdarmen als Sicherheitsbeamte unterstellt. Außerdem sind im Kreise 12 Bürgermeister thätig, welche die Angelegenheiten der zu der Bürgermeisterei gehörigen Gemeinden nach den Beschlüssen des Gemeinderates und nach den Vorschriften der Behörden verwalten. Der Landrat überwacht auch die öffentliche Gesundheitspflege in seinem Kreise. Wenn der Kreisphysikus ihm den Ausbruch einer ansteckenden Krankheit bei den Menschen

– oder wenn der Kreistierarzt eine im Kreise ausgebrochene Viehseuche meldet, so sorgt er durch die Absperrung der angesteckten Orte oder Bezirke, daß die Krankheit sich nicht weiter verbreitet.

Als Stellvertreter des Landrats tritt für bestimmte Fälle der von der Königlichen Regierung angestellte Kreissekretär ein. In Kreis-Gemeinde-Angelegenheiten wird der Landrat durch die Kreisdeputierten vertreten, deren zwei vom Kreistage auf je sechs Jahre gewählt werden. Diese bedürfen der Bestätigung des Oberpräsidenten und werden vom Landrate vereidigt.

Als Verwaltungsorgane des Kreises sind ferner der Kreistag, der Kreisausschuß, die Kreiskommissionen und die Kreisbeamten zu betrachten. Der Kreistag besteht ausschließlich aus gewählten Mitgliedern; die Zahl beträgt zur Zeit 28 und steigt mit der Einwohnerzahl. Er ist berufen, über die Kreisangelegenheiten, sowie über diejenigen Gegenstände zu beraten und zu beschließen, welche ihm zu diesem Zwecke durch Gesetze oder Königliche Verordnungen überwiesen werden. Die Einberufung erfolgt durch den Landrat; diesem steht auf dem Kreistag der Vorsitz, die Leitung der Verhandlungen und die Handhabung der Ordnung in der Versammlung zu. Der Kreisausschuß besteht aus dem Landrate und sechs Mitgliedern, welche vom Kreistage aus der Zahl der Kreisangehörigen auf sechs Jahre gewählt werden. Die Thätigkeit des Kreisausschusses erstreckt sich

1. auf die Vorbereitung und Ausführung der Beschlüsse des Kreistages, soweit nicht besondere Kommissionen oder Beamte durch Gesetz oder Kreistagsbeschluß damit beauftragt werden;
2. auf die Verwaltung der Kreisangelegenheiten nach Maßgabe der Gesetze und der Beschlüsse des Kreistags und auf die Aufstellung des Kreishaushalts-Etats. Die Feststellung des letzteren erfolgt durch den Kreistag;
3. auf die Ernennung von Beamten des Kreises und die Leitung und Beaufsichtigung des Geschäftsgangs derselben;
4. auf die Abgabe von Gutachten über alle Angelegenheiten, welche ihm durch Gesetz übertragen werden;
5. auf die Besorgung derjenigen Geschäfte der allgemeinen Landesverwaltung, welche ihm durch Gesetz übertragen sind.

Kreiskommissionen oder einzelne Kommissare kann der Kreistag für die unmittelbare Verwaltung oder Beaufsichtigung einzelner Kreisanstalten, sowie für die

Besorgung einzelner Kreisangelegenheiten, aus der Zahl der Kreisangehörigen bestellen. Ebenso können Kreis-Kommissionen zur Besorgung von Angelegenheiten der allgemeinen Landesveraltung durch Gesetz bestellt werden. Diese stehen unter Leitung des Landrats.

Die Kreisbeamten werden vom Kreisausschuß ernannt, welcher auch deren Geschäftsführung zu leiten und zu beaufsichtigen hat, während die Zahl und Besoldung derselben der Kreistag bestimmt. Die Kreisangehörigen haben Rechte und Pflichten. Die Rechte derselben bestehen 1. in der Teilnahme an der Verwaltung und Vertretung des Kreises, 2. in der Mitbenutzung der öffentlichen Einrichtungen und Anstalten des Kreises.

Die Pflichten der Kreisangehörigen sind:
1. Die Verpflichtung, unbesoldete Ämter in der Verwaltung des Kreises auf die Dauer von mindestens drei Jahren anzunehmen. Im Falle unbegründeter Weigerung kann der Kreistag beschließen, den betreffenden die Teilnahme an der Vertretung und Verwaltung des Kreises zu versagen, und sie zu stärkerer Heranziehung zu den Kreisabgaben zu zwingen. Zu den unbesoldeten Ämtern in der Vertretung und Verwaltung des Kreises sind zu rechnen: das Gemeindevorsteher- und Schöffenamt, das Amt eines Mitglieds des Kreistags, des Kreisausschußes, einer Kreiskommission oder eines Amtsausschußes.
2. Die Verpflichtung zur Zahlung von Kreisabgaben. Dieser Pflicht unterliegen auch diejenigen Personen, welche dem Kreise nicht durch Wohnsitz, sondern nur durch Besitz von Grundeigentum oder Betrieb eines stehenden Gewerbes, oder des Bergbaus angehören, ferner die juristischen Personen, Aktiengesellschaften und Berkwerkschaften im Kreise.
Zur Aufrechterhaltung der Gesetze und der Ordnung sind im Kreise auch Gerichtsbeamte thätig. Es befinden sich in demselben drei Amtsgerichte: Kreuznach, Sobernheim und Stromberg.
Die Leitung des Schulwesens im Kreise hat der Kreisschulinspektor zu Kreuznach unter sich. Er leitet die äußeren und inneren Angelegenheiten der Schulen seines Bezirkes und ist darüber der Königlichen Regierung verantwortlich. Die Local- oder Ortsschulinspektoren mit dem Schulvorstande stehen ihm helfend zur Seite.

*) Für die Schule kann in diesem Abschnitte manches übergangen werden; wir glaubten jedoch das Wichtigste aus den neuen Verwaltungsgesetzen [1887 Einführung der neuen preußischen Kreis- und Provizialordnung] hier anführen zu sollen. Die Verfasser.

***

Blicken wir hier am Schlusse noch einmal auf das wechselvolle Geschick unserer engeren Heimat zurück und vergleichen die geschilderten Zustände mit unseren heutigen, so drängt sich uns unwillkürlich der Gedanke auf, daß jetzt doch alles ganz anders und besser ist, wie früher. Unser Kreis, der fast ein Jahrtausend das Bild großer Zerrissenheit darbot, ist unter Preußens ruhmreichem Zepter wieder dauern geeint. An Stelle der früher häufigen Willkür und Roheit herrschen weise Gesetze und allgemeine Gesittung, und damit uns der verheerende Krieg nicht wieder wie ehedem die Segnungen des Friedens vernichte, schaut Germania von der Höhe des Niederwaldes zu uns herüber und hält treue Wacht. Ackerbau, Handel und Gewerbe haben, dem großen Fortschritte der Neuzeit entsprechend, einen erfreulichen Aufschwung genommen, besonders seit der Erbauung der Rhein-Nahe-Bahn zu Ende der 50er Jahre. Auch die Erschließung des Hunsrücks durch die im Jahre 1889 eröffnete Hunsrückbahn wird immer dazu beitragen, den allgemeinen Wohlstand zu heben und zu fördern.

Möge der allgütige Gott auch ferner mit seiner Gnade über unserem Kreise walten und ihm in unserem geliebten Herrscherhause, dem mächtigen Geschlechte der Hohenzollern, stets Förderer alles Guten und Wächter des Friedens verleihen!

Der Kreis Kreuznach. Heimatskunde für Schule und Haus. Kreuznach: Schmithals, 1891. S. 11-14, 93

Siegelabdruck:
„KOEN. PREUSS.
LANDRATH
DES KREISES
KREUTZNACH",
ab 1816 (KMZ)

Siegelabdruck:
„KÖNIGLICH
PREUSSISCHES
LANDRATHS-AMT
KREUZNACH", Ende
d. 19. Jh. (KMZ)

Siegelabdruck:
„Kreis-Ausschuss
des Kreises
Kreuznach" Ende
19. Jh. (KMZ)

Das neue Kreishaus 1892

Kreuznach, den 20. September: An dem wie unsere Leser wissen, bereits am 12. d. M. mit den Bureaus des Kgl. Landraths-Amtes belegten Kreistagsgebäude wird nunmehr in diesen Tagen die letzte Hand angelegt werden, so daß es in 3-4 Wochen fix und fertig dastehen und allen seinen Zwecken dienen kann. Mittlerweile wird schon mancher Stadt- und Kreisbewohner Gelegenheit gehabt haben, das schöne Haus zu bewundern. Wir bitten unsere Leser, uns dahin zu folgen.

Das nach den Plänen der Herren Architekten Curjel u. Moser in Karlsruhe erbaute, im Stil der deutschen Renaissance ausgeführte prachtvolle Gebäude bildet mit allem Zubehör schon dem äußeren Eindruck nach eine Zierde seiner Umgebung und unserer an schönen Bauten wahrlich nicht armen Stadt. Von der Salinerstraße aus weisen 2 große, im Sandsteinbau errichtete Gitterthore mit je einer seitlichen Eingangspforte durch einen geräumigen Vorgarten den Eintretenden auf chaussirten [befestigten] breiten Fahrwegen zum mittleren Hauptportal resp. zur seitlichen Eingangspforte. Durch letztere, die später verschlossen bleibt, führt gegenwärtig der Weg zu den Bureaus des Kgl. Landrathsamts; nach der Fertigstellung vermittelt das Hauptportal allen dienstlichen Verkehr des Publikuns und der Beamten. Betrachten wir zunächst das Innere des Gebäudes. Ueber einige Stufen kommen wir unter dem aus großen, kunstvoll bearbeiteten Sandsteinfliesen errichteten Kreuzgewölbe des Haupteingangs, der an Wänden und Decke mit herrlicher Malerei versehen ist, zu einer schweren, getäfelten Flügelthür mit bunten, matten Glasscheiben und von hier auf den, fast die ganze Länge und Breite durchschneidenden Corridor. Derselbe ist geräumig und hell, der Fußboden mit bunten Mosaikplatten belegt, über einer schmalen hölzernen Bordkante die Wände mit hübscher Malerei versehen, ebenso die Decke. Links vom Eingang stößt man rechter Hand auf die mit entsprechender Aufschrift bezeichnete Thür des Melde- und Wartezimmers, daneben liegt der Sitzungssaal des Kreis-Ausschusses, in welchem über Streit- und Beschlußsachen der Verwaltungsgerichtsbarkeit befunden wird. Das für seine Zwecke geräumige Zimmer ist im Rechteck gebaut, der hübsche Plafond und die Malerei dunkel gehalten, desgl. das gediegene Mobiliar und der altdeutsche Ofen. Die Fenster führen nach Hof und Garten an der Baumgartenstraße. Ebenfalls links vom Haupt-Eingang gegenüber dem Wartezimmer liegen die praktisch und gefällig eingerichteten Bureaus des Herrn Kreissekretärs und mit diesem durch eine Thür verbunden das des Herrn Landraths. Von letzterem Zimmer gelangt man in den von außen schon so prächtig sich ausnehmenden Vorbau, die mit reichem Zierrath und Malerei ausgestattete Loggia, deren schöngeformtes Kreuzgewölbe den weiter unten besprochenen Sitzungssaal der Kreistagsabgeordneten und den vorgestellten Giebelbau trägt. Noch befinden sich im linken Flügel einige Arbeits- und sonstige nothwendige Räume. Rechts vom Eingang ist Nr. 1 das Arbeitszimmer eines noch anzustellenden Bureau-Hülfsarbeiters, Nr. 2 und 3, die Registratur, sehr praktisch und übersichtlich eingerichtet und mit verschließbarem Aktengefach an den Wänden versehen; die reponirten Akten (aus älterer Zeit) werden in einem besonderen Raume des Souterrains aufbewahrt. Die Zimmer Nr. 4-8 bergen wieder Bureaus, wo die Militär-, Steuersachen etc. bearbeitet werden und die je 1-2 Beamten bergen. Im Ganzen sind 10 Bureau- bzw. Kanzleiräume vorhanden excl. der Sitzungssäle und Zimmer des Landraths und Kreis-Sekretärs. Wo nothwendig, sind die Bureaus untereinander telephonisch verbunden. Die Beleuchtung aller Räume erfolgt mittels Gas, die Beheizung durch Kohlenfeuerung; zur Erleichterung der letzteren ist ein Aufzug für die Heizmaterialien vorhanden. Das zum Oberstock führende Treppenhaus ist wieder mit Malereien, u. a. vielen preuß. herald. Adlern und Verzierungen in Wappenschildern, sehr reich ausgestattet. Die Hauptzierde des Innern bildet jedoch der im Quadrat gebaute, für ein zahlreiches Zuhörerpublikum indeß schwerlich bemessene Sitzungssaal der Kreismitglieder [Abgeordneten]. Derselbe ist noch nicht ganz fertig. In ihm fällt beim Eintritt zunächst die kunstvolle Vertäfelung und Holzschnitzerei der Wände und des mit Malerei verzierten, überreichen Plafonds auf, hergestellt von den hiesigen Schreinermeistern Gebr. Becker. Die freien Räume der Wände werden noch ausgelegt mit bunter Stofftapete. Auf farbensprühender, eingebrannter Glasmalerei (gefertigt von einer Firma in Karlsruhe) weisen die hohen Fenster der Seitenfront die Wappen des Reichs, der Rheinprovinz, Preußens und der Grafschaft Sponheim und die Fenster der Straßenfront die Wappen der vier Städte des Kreises, Kreuznach, Kirn, Stromberg und Sobernheim in heraldisch getreuer Wiedergabe auf. Ein weiteres Zierstück ist der im Stile des Ganzen gehaltene, große, mit Figuren, Wappen und schönem Kachelwerk und Einsatzstücken reich versehene Kaminofen, den ein beschwingter Reichsadler als Aufsatzstück krönt. Dieser wie die anderen prächtig ins Auge fallenden Kachelöfen im Zimmer des Kreisausschusses, des Landraths und in des letzteren Privaträumen sind geliefert und gesetzt von der Firma J. R. Köbig hier. Die Malereien des Sitzungssaales, des Treppenhauses und oberen Stockwerkes führte Herr Malermeister Strauß von hier aus, die nicht minder schönen, des Portals und des Erdgeschosses der hiesige Malermeister Herr Ant. Braun und die übrigen Malerarbeiten die Hrn. Foos u. Enders.

Die mit dem Sitzungssaale in Verbindung stehende Dienstwohnung des Herrn Landraths umfaßt 4 Zimmer nebst Zubehör und einen Speisesaal, von letzterem gelangt man auf einen großen Balkon, der einen reizenden Ausblick in die Berge und auf den hinteren Garten gewährt. Eines der Zimmer führt nach dem kleinen Balkon über dem Portal. Dies wären die Innenräume. In dem gepflasterten, mit cementirten Gängen durchzogenen Hofe befindet sich seitlich ein Haus mit der Dienstwohnung des Hausverwalters und Kreisboten. Das Trottoir vor dem Hauptgebäude ist asphaltirt, die Wege chaussirt und die zwischenliegenden großen freien Flächen werden mit Anlagen versehen. Von den an der Vorderfront, vornehmlich am Portal und der Loggia außen angebrachten Bildhauerwerken, die sämmtlich von der hiesigen Firma Gebr. Cauer zur Ausführung übernommen und von den Herren Schneider und Pfannkuchen gefertigt wurden, fallen am meisten ins Auge an den Tragpfeilern der Loggia zwei preuß. Adler, die Wappen der 4 Städte des Rheinlandes, letzteres flankirt von den Jahreszahlen der Bauzeit, 1891-1892, ferner die Verzierungen am Balkon, der Löwenkopf und die Seitenstücke des Portals. Ueber dem Balkon sind zwei Flaggenstangen angebracht. Das Dach des prunkvollen Sandsteinbaus mit Blendziegelvermauerung zieren 5 thurmähnliche Bodenluken, die hoch anstrebenden Giebel bis zur Spitze hinauf je 3 pyramiden- und auf den Giebelconsolen je 2 vasenartige Aufsatzstücke. 5 Blitzableiter, wovon 2 mit Wetterfahne, schützen das Haus vor dem zündenden Strahl. Längs der Straßenfront ist eine etwa meterhohe Mauer gezogen, die einen eisernen Zaun zu tragen bestimmt ist. Die Thore krönen je 2 schmiedeeiserne Laternen, wie deren 3 in ähnlichem hübschen Muster auch für den Corridor, hier in Hängeform von einer Frankfurter Firma geliefert wurden. Wir erwähnen hierbei noch, daß alle Arbeiten und Materialien von hier und aus dem Kreise geliefert worden sind und von auswärts nur das, was in gewünschter Ausführung hier nicht zu haben war. An dem Bau arbeiteten außer den bereits genannten folgende Kunst- und Bauhandwerker-Firmen: Maurerarbeiten: H. Ruppert; Zimmerarbeiten: Mart. Koßmann; Dachdeckerarbeiten: Zimmermann; Spengler-Arbeiten: G. Traut; Schlosserarbeiten: J. Höling; Tapezir- und Decorationsarbeiten: C. Ph. Müller; Glaserarbeiten: Neuhaus u. Golling; Installation: Peter Conrad; sämmtlich von hier; die Gartenanlagen führten die Hof-Gartenbauarchitekten Gebr. Süßmayer aus Frankfurt a. M. aus; ein großer Theil der Sandsteine stammt aus Obermoschel. Die Bureaumöbel und Aktenschränke etc. lieferte die Firma Gebr. Holz hierselbst. Die gediegene, saubere und exacte Ausführung aller Bestandtheile des Baues vom Größten und Schönsten bis aufs Kleinste und scheinbar Unwesentliche hin und alles was zu ihm gehört, legt sprechendes

Zeugniß dafür ab, daß es unsere Gewerksmeister in der Leistungsfähigkeit mit jedem noch so renommirten großstädtischen Concurrenzgeschäft aufnehmen können, denn bis auf wenige nur im Großbetriebe gedeihliche Specialitäten, wie Glasmalereien und Aehnliches, sind wie vorstehende möglicherweise noch gar nicht vollständige Liste zeigt, fast alle von Kreuznacher Firmen angefertigt worden. Wie wir hören, beabsichtigt Herr Maurermeister Lang die kahle Giebelwand seines an den Vorgarten des Kreishauses anstoßenden neuen Wohnhauses mit Kalk bewerfen und mit Malerei versehen zu lassen, wodurch das Ganze außerordentlich gewinnen würde. Möge denn der stolze Bau des Kreishauses, dies wünschen wir am Ausgang dieser Zeilen, noch nach Jahrhunderten Kunde thun von der Thatkraft und dem Arbeitsfleiß der jetzigen Insassen des Kreises, möge er immerdar den holden Frieden um sich schauen und es den darin kraft ihres Amtes im Namen Sr. Majestät des Kaisers und Königs und im Auftrage Seiner hohen Regierung Waltenden beschieden sein, allezeit eine glückliche, zufriedene Bevölkerung und treue Unterthanen ihres Landesherren nach einer weisen Gesetzgebung im Geiste der Liebe und des Friedens zu leiten.

Oeffentlicher Anzeiger für den Kreis Kreuznach, 20.09.1892

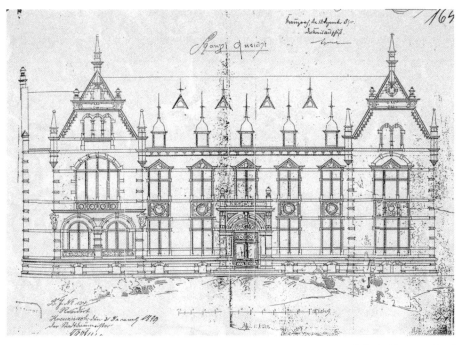

Aufriß der Kreisständehausfassade 1890 (KMZ)

Detail der Fassade mit
Wappenstein, Zustand
um 1960 (KMZ)

Schmuckelement,
Zustand um 1960 (KMZ)

Konsole,
Zustand um
1960 (KMZ)

Ansicht der
Verwaltungsgebäude
um 1960 (KMZ)

Das Portal
um 1960 (KMZ)

100 Jahre Kreis Kreuznach

Eine amtlich angeforderte Kreisbeschreibung für das Jubiläumsbuch „Die Rheinprovinz 1815-1915" aus dem Jahre 1913

Für die ersten Jahrzehnte seit der im Jahre 1815 erfolgten Kreisgründung lassen sich aus Mangel des erforderlichen Aktenmaterials mit wenigen Ausnahmen nennenswerte Tatsachen und Ereignisse, die wichtige und eingreifende Veränderungen im

Kreise hervorriefen, nicht nachweisen. Erst mit dem Anfang der 1850er Jahre finden sich in den Akten des Landratsamtes Aufzeichnungen, die ein annähernd übersichtliches Bild gewähren, wie unter Leitung und Mitwirkung der Behörden Wohlstand und Bevölkerung des Kreises gehoben und in neue Bahnen geleitet wurden.

Die Gemeinden des Kreises hatten zu Ende des 18. Jahrhunderts unter den durch die französischen Revolutionskriege und die napoleonischen Eroberungszüge hervorgerufenen Kriegslasten schwer zu leiden. Auch während der Freiheitskriege waren durch die vielen Truppendurchmärsche schwer lastende Anforderungen an die Bevölkerung gestellt worden. Die Gemeindeschulden stiegen ins Unermeßliche und die Bevölkerung selbst geriet in die denkbar schlechteste finanzielle Lage. Die preußische Regierung suchte sofort nach der Besitznahme des Landes durch Gewährung von Beihilfen, durch Ankauf von Getreide und der notwendigsten Lebensmittel die Not, soweit es in ihrer Kraft stand, zu mildern, konnte sie jedoch nicht ganz beheben, zumal die Jahre 1817 bis 1819 noch große Teuerungen brachten. Einzelne Gemeinden, wie Kreuznach, Windesheim u. a. verkauften oder trieben selbst ihre ausgedehnten Waldungen ab, parzellierten ihre Äcker und Wiesenländereien und verkauften sie an die Ortseingesessenen, gewöhnlich zu einem Verhältnis zum Werte sehr niedrig bemessenen Preise, um Geld zu beschaffen und die drückendsten finanziellen Lasten von sich abzuwälzen. Nach und nach erholten sich die Gemeinden unter der fürsorglichen preußischen Verwaltung von den Nachwehen der Kriegsjahre.
Der Staat wandte nun dem Haupterwerbszweige der Bevölkerung, **der Landwirtschaft**, sein besonderes Interesse zu. Der landwirtschaftliche Grundbesitz war um die Mitte des vorigen Jahrhunderts durchweg verschuldet und die Bevölkerung war zum größten Teil in finanzielle Abhängigkeit von jüdischen Händlern und Geldverleihern geraten. Hier griff zunächst der Staat ein. Er versuchte die Landbevölkerung dadurch von der schwer auf ihr lastenden Abhängigkeit zu befreien, daß er ihr die Möglichkeit gab, gegen einen angemessenen Zinsfuß bei auf rechtlicher Grundlage errichteten Geldinstituten ihre Kreditbedürfnisse zu befriedigen. Bereits im Jahre 1854 wurde von dem damaligen Landrat die Anregung zur Errichtung einer Kreissparkasse- und Darlehnskasse gegeben, einer Einrichtung, die jedoch erst im Jahre 1873 ins Leben trat. In Kreuznach war bereits im Jahre 1843 eine städtische Spar- und Leihkasse gegründet worden, und in den späteren Jahren entstanden in etwa 30 weiteren Gemeinden Spar- und Darlehnskassen, teilweise nach dem System Raiffeisen, teilweise nach dem des Trier´schen Genossenschaftsverbandes.

Auch in anderer Hinsicht war der Staat um die Hebung des Wohlstandes der Land-wirtschaft treibenden Bevölkerung bedacht. In der Erwägung, daß der Fruchtwech-sel für den Betrieb einer intensiven Landwirtschaft von größtem Vorteil ist, wurden auf Anregung des Landrates bereits in den [18]70er Jahren vorigen Jahrhunderts in Schlesien und Pommern Saatgetreide und Saatkartoffeln angekauft. Schon von dieser Zeit ab stellte der Kreis zunächst vereinzelt, später regelmäßig alljährlich Geldbeträge zur Verfügung, die zur Bekämpfung von Viehseuchen, insbesondere der Ende des 19. Jahrhunderts allerorts stark auftretenden Maul- und Klauenseuche dienten. Später gewährte der Kreis auch den beiden landwirtschaftlichen Lokalab-teilungen Kreuznach und Kirn Zuschüsse, die als Beihilfen zur Teilnahme an land-wirtschaftlichen Kursen, zur Errichtung von Jungviehweiden, zu Meliorationen, zur Veranstaltung landwirtschaftlicher Ausstellungen usw. Verwendung fanden.

In den beiden letzten Jahrzehnten hat der Kreis der Rindvieh-, Schweine- und Ziegenzucht ein lebhaftes Interesse entgegengebracht und hat in der Beschaffung geeigneten Zuchtmaterials immer mehr eine Besserung erzielt. Zum Schutze des Viehzucht treibenden Landwirtes für den Fall einer Schädigung seines Viehbestan-des beschloß im Jahre 1905 der Kreistag die Einführung der Rückversicherung der bereits bestehenden Ortsviehversicherungsvereine beim Kreise, in der Erwartung, daß sich mit Hilfe der Rückversicherung in größerem Umfange Ortsviehversiche-rungsvereine bilden würden, um dem immer mehr hervortretenden Bedürfnis nach Versicherung des Viehes gegen niedrige Beiträge abzuhelfen. Da jedoch ein wesentlicher Einfluß in dieser Hinsicht nicht sich geltend machte, wurde unter Auf-hebung der Rückversicherung die Gründung eines Kreisviehversicherungsvereines beschlossen, der am 1. Januar 1913 ins Leben trat.

Von großer Bedeutung für die Leistungsfähigkeit einzelner Gemeinden war die Aufforstung von noch nicht mit Wald bestandenen, hierzu jedoch geeigneten Flä-chen, sowie die Umwandlung geringwertiger Eichenschälwaldungen in Hochwald. Da sich jedoch für die einzelne Gemeinde die Anlage eigener Saatkämpen [Saatbee-te] zur Beschaffung guten Pflanzenmaterials nicht lohnte, beschloß im Jahre 1906 der Kreistag die Anlage von Kreissaatkämpen, bei denen die Gemeinden ihren Be-darf an dem zur Aufforstung erforderlichen Pflanzenmaterial decken können.

Der theoretischen, wie praktischen Ausbildung junger Landwirte dient eine land-wirtschaftliche Winterschule, die vom Kreis im Jahre 1911 in Anschluß an eine Pro-vizial-Wein- und Obstbauschule ins Leben gerufen wurde. Namentlich zur Grün-dung dieser Weinbauschule lag bei dem neben der Landwirtschaft immer mehr an Bedeutung gewinnenden **Weinbau** ein Bedürfnis vor. Während der Weinbau im

Anfang des 19. Jahrhunderts noch eine ziemlich nebensächliche Rolle spielte und nur vereinzelte Weinberge vorhanden waren, begann man um die Mitte des Jahrhunderts in den einzelnen Gemarkungen der Nahe entlang, sowie in denen ihrer Seitentäler in Distrikten, die vorher nackte Felsen waren oder mit schlecht bestockten Eichenwaldhecken bepflanzt waren, mit der Anlage zahlreicher Weinberge. In den siebziger, achtziger und anfangs der neunziger Jahre ist dann der Weinbau zur Bedeutung gekommen und er hat bei der Kreisverwaltung eifrige Förderung gefunden. Vor allem bemühte sich die Verwaltung, die Winzer bei der Neuanlage von Weinbergen durch die Beschaffung von Rebholz zu unterstützen. Zu diesem Zwecke wurde vom Kreistage im Jahre 1908 die Errichtung eines Kreisrebschnittgartens, verbunden mit einer Kreisrebschule, beschlossen, zu deren weiterem Ausbau auch noch in den folgenden Jahren namhafte Summen bewilligt wurden. Auch in der Bekämpfung der im letzten Jahrzehnt vielfach auftretenden Rebenschädlinge und Rebenkrankheiten, durch die der Weinbau sehr erschwert wurde, war die Kreisverwaltung, insbesondere durch Gewährung von Beihilfen eifrig tätig und suchte auch dadurch in der Vertilgung der Schädlinge mitzuwirken, daß sie im Jahre 1908 eine meteorologische Station zur Beobachtung von Pilzkrankheiten des Rebstocks errichtete, die sich bis heute gut bewährt hat. Erwähnung mag noch finden die im Jahre 1900 in der Schloßböckelheimer Kupfergrube bei Niederhausen begonnene Anlage der Königlichen Musterweinberge, bei deren Errichtung der damalige Landrat im Interesse der weinbautreibenden Bevölkerung die Bestrebungen der Regierung aufs eifrigste unterstützte.

Handel und Gewerbe

In den ersten Jahrzehnten nach der Kreisgründung war infolge der noch immer schwer drückenden Kriegslasten kein merklicher Anstieg des gewerblichen Lebens in den Städten und größeren Gemeinden des Kreises zu bemerken, obwohl der Staat alles Mögliche getan hat, um Handel und Gewerbe zu heben. Erst mit den [18]50er Jahren beginnt ein wenn auch allmähliches Aufblühen. In diese Jahre fällt die Entstehung der Kirner Lederindustrie, der die Eröffnung der Rhein-Nahe-Bahn einen ungeahnten Aufschwung brachte. In den 4 heute bestehenden, mit großartigen maschinellen Einrichtungen versehenen Fabriken finden etwa 2000 Arbeiter lohnende Beschäftigung.

Alte Gerberhäuser
in Kirn (HWZB)

Simon-Lederfabrik-
Kirn: Ausrecken der
Felle 1907 (HWZB)

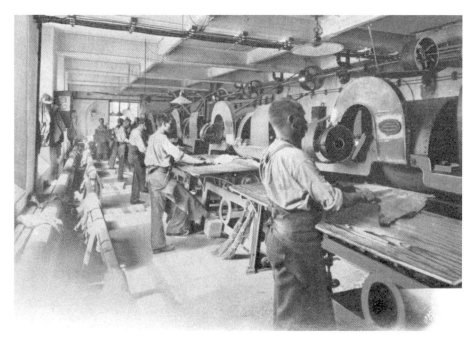

Simon-Lederfabrik-Kirn:
Lederschleifmaschinen
1907 (HWZB)

Die Großbrauerei Ph. & C. Andres.

Die Kirner Brauerei
Ph. & C. Andres in
Kirn um 1900 (HWZB)

Auch die Lederindustrie in Kreuznach nahm einen großen Aufschwung. Wenn sie auch etwas später als in Kirn zur Blüte kam, so war daran der Umstand schuld, daß wie fast in allen Badeorten, auch in Kreuznach bei der Bürgerschaft und Stadtverwaltung gegen Anlage und Begünstigung von Industrie anfangs eine gewisse Abneigung vorherrschte. Aus kleinen Anfängen heraus haben noch folgende industrielle Anlagen einen größeren Umfang angenommen und sich zu blühenden Unternehmungen entwickelt und zwar in Kreuznach die im Jahre 1858 gegründeten Glashütten, ferner eine Maschinen- und Filterfabrik, in Kirn die seit dem Jahre 1862 bestehende Kirner Brauerei und die umfangreichen Betriebe der Melaphyrbrüche, in Sobernheim und Monzingen die Gelatinefabriken, in Waldböckelheim die seit 1838 bestehende Lebkuchenfabrik, die seit Eröffnung der Rhein-Nahe-Bahn die Lebkuchen in andere Länder versendet.

Seit 1838 wurde in Waldböckelheim eine Lebkuchenfabrik betrieben. Die Familie Dietz exportierte ihre Leckereien auch nach England und Amerika. Das Bild entstand wahrscheinlich zum 100jährigen Jubiläum der Firma. (KMZ)

Die Schwerindustrie konnte sich wegen des Fehlens billiger Wasserverkehrsverhältnisse im Kreise nur wenig entfalten. Als einzige industrielle Anlage dieser Art ist das Eisenwerk Rheinböllerhütte zu erwähnen.

Auch Kleingewerbe und Handwerk fanden in den letzten Jahrzehnten beim Kreise Förderung. Die Verwaltung wirkte darauf hin, daß in den Städten und größeren Landgemeinden gewerbliche Fortbildungsschulen, teilweise mit Kaufmannsklassen verbunden, eingerichtet wurden. Ferner stellte der Kreis alljährlich Beihilfen zum Besuche von Fachschulen, zur Abhaltung von Meisterkursen usw. zur Verfügung und errichtete im Jahre 1905 in Kreuznach eine Kreishufbeschlaglehrschmiede.

Das Badewesen in Kreuznach und Münster a/St. hat gleichfalls in den letzten 100 Jahren einen ungeahnten Aufschwung genommen, insbesondere in der jüngsten Zeit durch die Entdeckung des in den Quellen enthaltenen Radiums. [...]

Daß Landwirtschaft, Handel und Gewerbe solchen bemerkenswerten Aufschwung genommen haben, ist namentlich auch der unter der rastlosen Tätigkeit der Kreisverwaltung in der zweiten Hälfte des vorigen Jahrhunderts anhebenden **Verbesserung der Verkehrsverhältnisse** zu verdanken.

Der erste Fahrplan der Rhein-Nahe-Eisenbahn. Zeitungsannonce 1858 (HWZB)

Von weittragender Bedeutung für das gesamte wirtschaftliche Leben war die Erschließung durch den **Bau von Eisenbahnen**, insbesondere durch den in die Jahre 1857 und 1858 fallenden Bau der Rhein-Nahe-Bahn zwischen Bingerbrück und Neunkirchen. Der Bau wurde von einer Aktiengesellschaft unter Aufwendung ganz beträchtlicher Kosten – die gesammte Bausumme betrug etwas über 16 Millionen Thaler – ausgeführt. Nachdem dann mit dem 26. Mai 1860 der Betrieb in vollem Umfange aufgenommen worden war, zeigten sich bald bei allen Erwerbszweigen der Bevölkerung die Segnungen dieses in den [18]80er Jahren vom preußischen Staate übernommenen Unternehmens. 2 Jahrzehnte später machte sich auch das Bedürfnis nach einer Verbindung des natürlichen Hinterlandes mit dieser Hauptstrecke geltend. Es erfolgte der 1878 angeregte und 1885 ausgeführte Bau der Nebenbahn durch das Guldenbachtal von Langenlonsheim über Simmern-Morbach-Hermeskeil.

Von großer wirtschaftlicher Tragweite für die am Fuße des Soonwaldes gelegenen kleinen Gemeinden, insbesondere für die Bezugs- und Absatzverhältnisse dieser Gegend war der Bau einer **Kleinbahn von Kreuznach nach Winterburg und Wallhausen**, die im Jahre 1895 vom Kreistage beschlossen und in dem folgenden Jahre fertiggestellt wurde. Laut Vertrag vom 19. Mai 1900 ging das Unternehmen in das Eigentum der Westdeutschen Eisenbahngesellschaft über.

Das Felseneck im Salinental
mit der Elektrischen Straßenbahn 1910 (HWZB)

Große Vorteile bringt auch die im Jahre 1906 erbaute **Kreuznacher elektrische Straßenbahn** mit ihren 3 Vorortbahnen, durch die das hessische Hinterland für den Absatz seiner Bodenerzeugnisse in den wirtschaftlichen Mittelpunkt zurückgewonnen wurde. Weiterhin war der Ausbau eines sich über den ganzen Kreis erstreckenden Straßennetzes für die Hebung des Wirtschaftslebens der Bevölkerung von größter Bedeutung. Um die Wende des vergangenen Jahrhunderts befanden sich im Kreise 114 Kilometer gut unterhaltener Provinzialstraßen. Daneben waren auch von vereinzelten Gemeinden unter Aufwendung großer Kosten, zu deren Bestreitung vom Staate aus öffentlichen (besonders Kreis-) Mitteln erhebliche Beihilfen gewährt worden, wie z. B. im Jahre 1864 eine Straße von Waldböckelheim nach der gleichnamigen Eisenbahnhaltestelle und im Jahre 1876 eine solche von Münster a/St. über Norheim nach Niederhausen. Im übrigen hatten die die Verbindung zweier oder auch mehrerer Gemeinden bezweckenden Wege für den Verkehr und sonst für die Allgemeinheit eine nur ganz nebensächliche Bedeutung. Ihre Unterhaltung war in der großen Mehrzahl der Gemeinden eine so mangelhafte, daß nur die notdürftigsten, den Augenblicksbedürfnissen genügenden Ausbesserungen vorgenommen wurden. Wurde dadurch überhaupt eine Besserung hervorgerufen, so war diese doch nur eine vorübergehende, ja die mangelhaften und vielfach zu ungeeigneter Zeit erfolgten Ausbesserungen führten vielfach dazu, daß selbst ein gut und mit nicht unerheblichem Kostenaufwand gebauter Weg in wenigen Jahren in einem solch schlechten Zustand sich befand, daß er nahezu einen Neubau oder doch die Kosten eines solchen erforderte. Unter diesen Umständen war es ausgeschlossen, daß von einem die einzelnen Gemeinden mit den Hauptverkehrswegen, den Provinzialstraßen, sowie den Eisenbahnstationen einheitlich und ausreichend verbindenden Straßennetz, wie es der stetig wachsende Verkehr erforderte, im Kreise Kreuznach die Rede sein konnte. Zu einer gründlichen Abhilfe dieser Mißstände wurde für Kreuznach im Jahre 1904 vom Kreistag nach eingehenden Vorarbeiten eine Kreiswegeordnung geschaffen. Mit dem Erlaß dieser Wegeordnung wurden Beihilfen sowohl vom Kreis, wie von der Provinz nur an solche Gemeinden gegeben, die ihre Wege gemäß den Bestimmungen dieser Ordnung ausbauen und an den Kreis abtreten, der alsdann die spätere Unterhaltung übernimmt. Der Erfolg auf dem Gebiete des Wegewesens hat nach diesem wichtigen Beschluss des Kreistages alle Erwartungen übertroffen. Es wurden **Kreisstraßen** geschaffen und nicht nur vorhandene Verbindungswege ausgebessert und ordnungsmäßig unterhalten, sondern es wurden auch zahlreiche vollständig neue Straßen gebaut. Den Kreis durchzieht heute ein gutes Straßennetz in der Länge von 130 Kilometer, das Dank der Opferwilligkeit des Kreistages sich in einem durchaus tadellosen Zustande befindet. An allen Kreisstraßen wurden umfangreiche Obstbaumpflanzungen vorgenommen, durch deren reichen Ertrag ein nicht unerheblicher Teil der Straßenunterhaltungskosten gedeckt werden.

Auch der Unterhaltung der **Ortsstraßen** und der **Gemarkungswege** haben in den letzten Jahren die Gemeinden, angespornt durch den günstigen Einfluss dieses Kreisstraßennetzes auf die erschlossenen Gegenden, unter der Aufsicht der Kreisverwaltung mehr wie je ihr Interesse zugewandt und, soweit es in ihrer Möglichkeit und Leistungsfähigkeit gegeben war, an der Verbesserung der Wegeverhältnisse mitgearbeitet.

Als eine unerläßliche Notwendigkeit erwies sich in den letzten 100 Jahren die **Erbauung fester Brücken** über die Nahe und deren Nebenbäche. Mit Beihilfen des Kreises wurden im Jahre 1867 zwischen Sobernheim und Meddersheim, 1877 bei Martinstein, 1910 bei Hochstetten und 1912 bei Norheim Brückenbauten über die Nahe ausgeführt. In den letzten Jahren wurde mit den Vorarbeiten zweier neuen Brückenbauten bei Langenlonsheim und Laubenheim begonnen. Weiterhin sind kleinere hauptsächlich dem Betrieb der Landwirtschaft dienende Brücken über den Hahnenbach, den Hottenbach, den Gäulsbach und den Guldenbach fertiggestellt worden.

Zur Abwehr der Hochwassergefahr und deren Schädigungen sind zur Ausführung gekommen: Im Jahre 1879 mit Unterstützung des Kreises die **Regulierung des Guldenbachs**, sowie in den Jahren 1907 – 1910 die vom Kreise in Gemeinschaft mit dem Großherzogtum Hessen vorgenommene **Regulierung der Nahe von Kreuznach bis Bingen**. Die zahlreichen Straßen und Wasserbauten in den letzten Jahren konnten erst in sachgemäßer Weise zur Ausführung kommen, nachdem für den Kreis eine technische Kraft zur Ausarbeitung der einzelnen Projekte und Kostenanschläge und zur Leitung der Bauten bestellt war. Es erfolgte daher im Jahre 1901 die Anstellung eines Kreisbaumeisters, dem auch die Vorarbeiten und Ausführungen **sonstiger Hoch- und Tiefbauten** übertragen worden sind.

Bis zum Jahre 1904 waren nur die Städte (Kreuznach seit 1888, Kirn seit 1891 und Sobernheim seit 1901) und nur einzelne größere Landgemeinden mit Wasserleitungen versehen. In den meisten Gemeinden stieß die Anregung zum Bau von Wasserleitungen auf großen Widerstand bei der Bevölkerung. Ein Umschwung in den Verhältnissen trat erst durch die durch großen Wassermangel in vielen Gemeinden hervorgerufene Notlage ein, die dann erst durch Bewilligung namhafter Baubeihilfen von Provinz und Kreis behoben wurde. Unter Leitung des Kreisbauamtes kamen seit dem Jahre 1904 13 Einzelwasserleitungen, besonders in Gemeinden des oberen Kreises, zur Ausführung, während für die Gemeinden des unteren Kreises, in dem die Wasserversorgungsverhältnisse sehr ungüstig waren, die Schaffung ei-

Die Gleichstromgeneratoren des Kreuznacher Elektrizitätswerkes im Jahre 1906 (HWZB)

ner zentralen Wasserversorgung ins Auge gefaßt wurde. Nach umfangreichen Vorbereitungen wurde im Jahre 1908/09 der Bau des **Kreiswasserwerks Trollmühle** zur Ausführung gebracht, von dem aus heute ein weitverzweigtes Leitungsnetz 19 Gemeinden mit zusammen über 2600 Hausanschlüssen mit reichlichem und gesundheitlich einwandfreiem Wasser versorgt.

In ähnlicher Weise entwickelte sich auch die **Versorgung des Kreises mit Elektrizität**. Während die Städte Kreuznach (mit Anschluß von Bretzenheim und Langenlonsheim), sowie Kirn, Sobernheim, Stromberg und Bad Münster a/St. in dem letzten Jahrzehnt Elektrizitätswerke errichteten, hat der Kreis im Jahre 1911 den Bau einer Überlandzentrale zur Versorgung der übrigen Ortschaften mit Licht und Kraft in Angriff genommen.

Weiterhin kamen an Hochbauten zur Ausführung: Der **Bau eines Kreisständehauses** im Jahre 1892, der Bau des erwähnten Wasserwerkes Trollmühle, bestehend aus einem Maschinenhaus, 2 Angestellten-Wohnhäusern, der Stollenquelle, der Hochbehälter Zone I und II sowie eines Wasserturmes. Ferner wurde am Ausgang des Trollbachtales eine Weinkosthalle eingerichtet, in der nur Naturweine aus dem Weinbaugebiet des Kreises ausgeschenkt werden.

Blick in das
Innere des Kreis-
wasserwerkes
Trollmühle (KMZ)

Rathäuser und Bürgermeistereigebäude wurden erbaut in Sobernheim (1840), in Kirn für die Stadtbürgermeisterei (1876), sowie für die Landbürgermeisterei (1910), in Rüdesheim (1912), in Monzingen und Waldböckelheim (1913).

Seit 1904 kamen eine Reihe von Schulhausum- und Neubauten zur Ausführung, bei denen überall die größte Schlichtheit angestrebt und die Wirkung der Baumassen mit einfachen Mitteln erzielt wurde. Um auch bei anderen Bauten in den einzelnen Ortschaften ein Anpassen an das Stadtbild zu erzielen und so einer Entstellung der durch die Überlieferung gefestigten Bauweise entgegenzuwirken, wurde im Jahre 1908 dem Kreisbauamte eine Bauberatungsstelle angegliedert, die die besten Erfolge zeitigt.

Armenwesen

Nach dem Muster der im Jahre 1867 ins Leben gerufenen allgemeinen „Nationalinvalidenstiftung" wurde in den Jahren 1873 und 1874 durch Erhebung einer Kreissteuer ein Kreisstiftungsfonds angesammelt, dessen Zinsen ursprünglich als Unterstützung für Invaliden, kranke oder im Krieg beschädigte Soldaten, oder für deren Angehörige, Witwen und Waisen, die dem Kreise Kreuznach angehören, und soweit sie hierzu nicht erforderlich sind, für gemeinnützige Zwecke und Interessen des Kreises verwendet werden sollen. Nach einer späteren Bestimmung soll der Fonds dann eintreten, wenn für bedürftige Kinder und deren Angehörige aus anderen Fonds ausreichende Unterstützungen nicht zu erlangen sind.

Ein zweiter Fonds, dessen Einkünfte für die Armen des Kreises Kreuznach Verwendung finden, ist der Mannheimer Unterstützungsfonds.

Um mittellosen Wanderern gegen Arbeitsleistung Obdach und Verpflegung zu gewähren, sind seit 1885 im Kreise drei Natural-Verpflegestationen (Kreuznach, Kirn und Sobernheim) eingerichtet.

Am 30. September 1912 wurde der Neubau des städtischen Lyceums und der Frauenschule im Bereich der Wilhelm-, Kilian- und Traubenstraße in Kreuznach feierlich eingeweiht. Der vom Stadtbaumeister Völker projektierte Bau beherbergte auch einen „Hauptkindergarten für Kinder aller Stände". Dieser war der Frauenschule angegliedert, in der u. a. einjährige Fachseminare für Kindergärtnerinnen stattfanden. Diese Aufnahme aus dem Jahre 1912 zeigt eines der zwei Kindergruppenzimmer mit einer Spielecke und Sitzplätzen. Zur Einrichtung des Kindergartens gehörten weiterhin ein „Marschierzimmer", „Aborte" und ein Spielhof mit einem Brunnen. (HWZB)

Unterrichts- und Bildungswesen

Sinnbild des naturwissen-schaftlichen Unterrichtes aus einem Schulbuch von 1895 (HWZB)

An höheren Schulen sind im Kreise vorhanden und zwar in Kreuznach ein Königliches Gymnasium, jetzt verbunden mit einem Kgl. Realgymnasium, ferner eine städtische Realschule und ein städtisches Lyzeum mit Oberlyzeum (Frauenschule mit Seminar für Kindergärtnerinnen und Haushaltungslehrerinnen), in Kirn eine höhere Stadt-schule (öffentliche Knabenschule seit 1821 und seit 1877 verbunden mit einer Mäd-chenschule), in Sobernheim eine Realschule und eine private höhere Mädchenschule.

Volksschulen bestehen im Kreise (mit Ausnahme der Stadt Kreuznach, wo in 4 Schulen 66 Klassen mit 37 evangelischen und 29 katholischen Lehrkräften nebst 4 Handarbeitslehrerinnen und 1 Kochschullehrerin untergebracht sind) 121 und zwar 62 evangelische und 58 katholische.

Schüler der Dalberger
Volksschule mit dem
Lehrer Jakob Rausch
1904 (KMZ)

Die Quinta des Jahres
1901 in der Kreuznacher
Realschule (KMZ)

Die Beschulung der Kinder, die in frühen Jahren in vielen Gemeinden bei der vorhandenen Schülerzahl nicht ausreichte, ist jetzt überall vollkommen. Es unterrichteten im ganzen (mit Ausnahme der Stadt Kreuznach) 197 Lehrpersonen.

Die Beschaffenheit der Schulräume ist hygienisch einwandfrei, nachdem fast in allen Gemeinden in den letzten Jahren Schulhausum-, erweiterungs- oder neubauten den Anforderungen der Neuzeit entsprechend, vorgenommen worden sind.

Die laufenden Schullasten der Gemeinden sind durch diese Bauten bedeutend gestiegen, in einzelnen Gemeinden bis zu 400 % und darüber, konnten jedoch durch die vom Staat zur Verfügung gestellten und auch vom Kreisausschuß bewilligten laufenden Ergänzungszuschüsse bedeutend herabgesetzt werden. Der Fürsorge für die körperliche Entwickelung der Kinder nahm sich der Kreis in weitem Maße an. Spiel und Sport wurden unter der Schul- und schulentlassenen Jugend durch Veranstaltung von Kursen in der Fortbildung der Lehrer im Turnen, in der Erteilung von Turnunterricht und in der Leitung von Volks- und Jugendspielen gefördert. Seit dem Jahre 1911 ist der Kreis in vorbildlicher Weise auf dem Gebiet der Jugendpflege durch die Vornahme einer umfassenden Organisation weiter vorgeschritten. An der Spitze steht ein Kreisausschuß für Jugendpflege, dem 64 Ortsausschüsse als Leiter der einzelnen Jugendorganisationen unterstellt sind. Ihnen angeschlossen sind in jeder Gemeinde die daselbst vorhandenen Turn-, Jünglings-, Radfahrervereine, sowie Sport- und Fußballklubs. Die einzelnen Organisationen suchen durch Turnen, Spielen und Wandern die Bestrebungen der Jugendpflege zu fördern. Daneben veranstaltet der Kreisausschuß alljährlich in umfassender Weise für den ganzen Kreis einheitliche Turn- und Spielfeste.

Für den Winter sind Bildungsabende vorgesehen, deren Durchführung den vorhandenen Schüler- und Volksbibliotheken sehr zu statten kommen. Um aber auch kleineren Gemeinden, die wegen unzureichender Mittel nicht in der Lage zur Beschaffung von Bibliotheken waren, die Veranstaltung solcher Abende zu ermöglichen, wurde im Jahre 1908 eine **Kreiswanderbücherei** errichtet. Die Zahl der beschafften Bücher beträgt über 3200 Stück, die 42 Zweigstellen im Kreise überwiesen sind.

„Schreibender Schüler in guter Haltung", 1912 (HWZB)

Um die Hebung des Sparsinns bei den Schulkindern anzuregen, wurde schon im Jahre 1897 versucht, das Sparen als Einrichtung der Schule unter Leitung des Lehrers allgemein einzuführen. Jedoch konnte erst im Jahre 1908 der Gründung von **Schulsparkassen** näher getreten werden. Am 1. Januar 1913 bestanden 30 Sparkassen. Die Schulen, bei denen sie errichtet waren, wurden von 4444 Schulkindern besucht, davon waren 2207 Sparer oder 49 ½ % mit einer Spareinlage von 49885,22 M oder durchschnittlich 22,60 M für jedes sparende Kind. Neben der Volksschule wandte die Kreisverwaltung auch der Pflege des Fortbildungs- und gewerblichen Fachschulwesens ihr Interesse zu. Gewerbliche Fortbildungsschulen wurden in Kreuznach, Kirn, Sobernheim, Stromberg, Langenlonsheim und Windesheim errichtet, den Schulen in Kreuznach und Kirn auch Kaufmannsklassen angegliedert. Ländliche Fortbildungsschulen wurden im ganzen 11 eingerichtet. Auch für die hauswirtschaftliche Fortbildung der Mädchen ist Sorge getragen. Während man in Kreuznach einen Koch- und Haushaltungsunterricht mit der obersten Mädchenklasse der Volksschule verbunden hat, wurde für die übrigen Volksschulen des Kreises mit dem 1. Oktober 1905 eine **Haushaltungswanderschule** eingerichtet. Eine besondere gewerbliche Fachschule besteht im Kreise nicht, jedoch gewährt der Kreis Beihilfen zum Besuch auswärtiger Fachschulen.

Gesundheitspflege und Krankenwesen

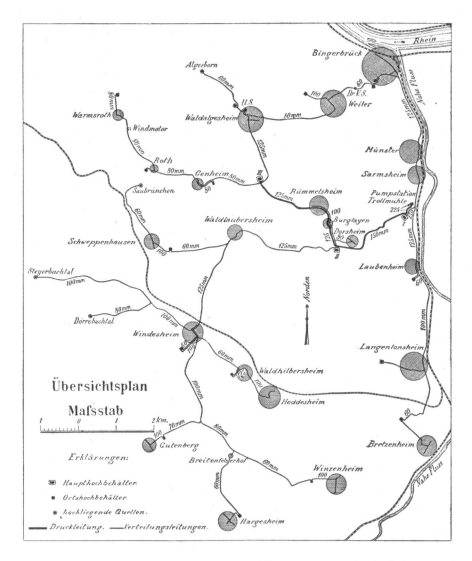

Die Gesundheitsverhältnisse im allgemeinen haben sich im Kreise von Jahr zu Jahr günstiger gestaltet. Ein epidemisches Auftreten von Seuchen war, abgesehen von kleinen Typhusepidemien in der letzten Zeit nicht zu verzeichnen. Zur Hebung und Verbesserung der Gesundheitsverhältnisse hat einmal beigetragen die Verbesserung der Wasserversorgungsverhältnisse. Während vor dem Jahre 1904 in den meisten Gemeinden mit nur vereinzelten Ausnahmen die Wasserverhältnisse sehr ungünstig waren und oft die Ursache mancher Epidemien, besonders des allerorts stark auftretenden Typhus, bildeten, ist seit der Versorgung der Gemeinden mit gesundheitlich einwandfreiem Trinkwasser, sei es durch **zahlreiche Einzelwasserleitungen**, sei es durch die **zentrale Wasserleitung der Trollmühle**, z. B. die Zahl der Typhuserkrankungen im Kreise erheblich herabgesunken. Auch die seit dem Jahre 1903 unter Gewährung von Provinzial- und Kreisbeihilfen immer mehr zur Ausführung gelangte Verbesserung der Dungstättenanlagen, die in früheren Jahren bei ihrem mangelhaften Zustande schädigend auf die Gesundheitsverhältnisse der Bevölkerung einwirkten, hat sich als eine wirksame Maßnahme in gesundheitlicher Hinsicht erwiesen. Zur Förderung der Gesundheitspflege haben die Städte und einige Landgemeinden Fluß-, sowie Warmwasserbäder eingerichtet, während man bei der Bevölkerung der kleineren ländlichen Gemeinden das Badewesen dadurch zu heben sucht, daß man bei allen Schulhausneu- und Umbauten auf die Errichtung einer **Schulbadeanstalt** Bedacht nimmt. Die Bekämpfung ansteckender Krankheiten wird ferner durch ein gut geregeltes Desinfektionswesen unterstützt. Die für den Kreis seit 1893 bestehende chemische Untersuchungsanstalt wurde 1908 zu einem **öffentlichen Nahrungsmitteluntersuchungsamt** erweitert, dessen Tätigkeit sich auch auf die Kreise St. Goar, Simmern und Meisenheim erstreckt. Ihm angegliedert ist die auch den Regierungsbezirk Wiesbaden umfassende Weinkontrolle. Was das Krankenpflege- und -fürsorgewesen betrifft, so bestanden vor dem Jahre 1905 Krankenhäuser in Kreuznach, Kirn, Sobernheim und Stromberg, außerdem das unter eifriger Mitwirkung des damaligen Landrats in Kreuznach gegründete Diakonissen-Mutterhaus. Seit dem Jahre 1906 wurden in den Gemeinden Windesheim, Hennweiler, Pferdsfeld, Sponheim, Winterbach, Sobernheim, Spabrücken, Norheim, Kirn, Stromberg und Simmern u/Dh. **Kreiskrankenpflegestationen** unter der Leitung geschulter Krankenpflegerinnen errichtet. Ferner wurden **Kreiswochenbettfieberpflegerinnen** bestellt, sowie Wöchnerinnenkörbe beschafft.

Spucknapf für
Tuberkulose-
kranke 1895
(HWZB)

Zur Bekämpfung der **Tuberkolose** wurde im Jahre 1909 die Bildung eines Kreiskomitees zur Bekämpfung der Tuberkolose im Kreise Kreuznach, sowie die Bildung
eines Arbeitsausschusses beschlossen. Im Kreise wurden **Tuberkoloseauskunfts-
und -fürsorgestellen** errichtet, deren Tätigkeit es gelungen ist, daß bis Ende 1912
900 Tuberkolöse mit rund 2500 Familienmitgliedern in die Fürsorge des Kreiskomitees übernommen werden konnten. Die Kosten der Heilstättenbehandlung
trägt der Kreis teilweise selbst, teilweise gewährt er Zuschüsse. Auch den skrophu-
lösen Kindern wendet der Kreis seine Fürsorge zu; er wird dabei in gesteigertem
Maße unterstützt von dem Vaterländischen Frauenverein für den Kreis Kreuznach,
der darauf bedacht ist, daß die Kinder in geeigneten Kinderheilanstalten, wie z. B.
in dem unter eifriger Förderung des früheren Landrats in Kreuznach errichteten
Viktoriastifts untergebracht werden. Schließlich sucht das Kreiskomitee im Verein
mit dem Frauenverein durch Vorträge über gemeingefährliche Krankheiten, vor

allem der Tuberkolose, ihre Verhütung und Heilung die Bevölkerung aufzuklären und zu belehren. Diesem Zwecke diente auch die Ausstellung des Tuberkolose-Wandermuseums in den Städten des Kreises.

Der **Bekämpfung der Säuglingssterblichkeit** dient die unter Mitwirkung des Kreiskomitees von dem Vaterländischen Frauenverein in Kreuznach errichtete **Beratungsstelle für Mütter** unbemittelter und minder bemittelter Stände jeder Konfession. Eine zweite derartige Beratungsstelle ist für den oberen Teil des Kreises in Kirn in Aussicht genommen.

In jüngster Zeit findet auch die Schulgesundheitspflege Förderung durch die Anstellung von Schulärzten und durch die Einführung der Schulzahnpflege.

Text nach dem im Archiv der Kreisverwaltung aufbewahrt
Berichtskonzept vom 10.09.1913. Original s. LHAKobl. Nr. 13608
Die Kreisbeschreibung entstand unter der Regie des Landrates Erwin von Nasse,
der in den Jahren 1903-1920 die Verwaltung leitete.

Bericht über die Tätigkeit des Vaterländischen Frauenvereins für den Kreis Kreuznach in den Jahren 1912 und 1913

Krankenpflegewesen

Die Verwaltung der Krankenpflegestellen und die weitere Ausgestaltung des Krankenpflegewesens wurde durch besonderen Beschluß des Kreisausschusses dem Vaterländischen Frauenverein übertragen. Weitere Krankenpflegestellen, die zu ihrer Unterhaltung Zuschüsse erhalten, sind inzwischen in Langenlonsheim, Heddesheim und Stromberg (katholische Schwestern) angegliedert worden. Die Tätigkeit der Kreiskrankenpflegerin in Simmern u. Dhaun ist vom Januar 1913 ab auch auf die Gemeinden Martinstein und Weiler b. M. ausgedehnt worden. Neuerdings haben auch die Gemeinden Waldalgesheim und Wallhausen die Einrichtung von Krankenpflegestellen beschlossen. Wir hoffen auch, daß es bald gelingt, in Bo-

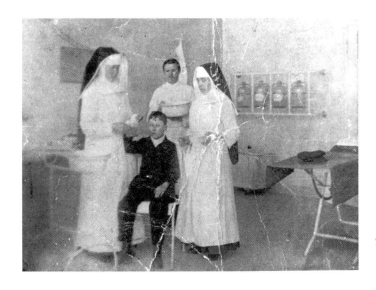

Das Bild zeigt einen Patienten, der in jener Zeit in Stromberg ärztlich versorgt wurde. (KMZ)

ckenau und Waldböckelheim eine besondere Krankenpflegerin zur Anstellung zu bringen, damit auch dortige Bevölkerung der Segnungen einer ordnungsgemäßen Krankenversorgung teilhaftig wird. Für das Krankenpflegewesen im Kreise wendet der Kreis jährlich rund 11 000 M auf.

Gesundheits-
büchlein.
Gemeinfaßliche
Anleitung zur
Gesundheits-
pflege. Bearbeitet
im Kaiserlichen
Gesundheits-
amte, 1912
(HWZB)

Säuglingsfürsorge

Die von uns in der Stadt Kreuznach eingerichtete Säuglingsfürsorge erfreute sich während der Jahre 1912 und 1913 wieder einer sehr starken Inanspruchnahme. Es wurden zusammen über 130 Kinder im Jahre 1912 und 153 Kinder im Jahre 1913 in der Fürsorgestelle vorgestellt. Von der berufsmäßig angestellten Säuglingspflegerin wurden 1912 rund 4500 und 1913 5352 Hausbesuche gemacht. Vom 1. April 1913 ab hat die Stadt Kreuznach das Gehalt der Schwester übernommen. Die ärztliche Leitung lag wieder in den Händen des Kinderarztes Dr. Bartenstein, dem für seine unermüdliche Bereitwilligkeit herzlichen Dank gesagt sei. Wöchentlich werden zweimal Sprechstunden abgehalten und den Müttern Ratschläge über Ernährung und Pflege der Säuglinge erteilt. Durch eine hauptamtlich angestellte Fürsorgeschwester werden die Säuglinge in der Wohnung aufgesucht; es werden Stillunterstützungen abgegeben. Gute und einwandfreie Milch, für die wir selbst 30 Pf. für das Liter zahlen, wird zu 18 Pf. das Liter an die Mütter abgegeben, also zu einem Preise, der noch niedriger ist, als der übliche Marktpreis. Die Säuglingssterblichkeit in der Stadt Kreuznach war früher gerade keine abnorm hohe, aber immerhin waren die Sterblichkeitszahlen doch von dem erreichbaren Ideal ziemlich weit entfernt und größer als in manchen Großstädten. In der kurzen Zeit des Bestehens der Fürsorgestelle ist die Säuglingssterblichkeit in der Stadt Kreuznach von 16% auf 10% gesunken. Die Sterblichkeit der in der Beratungsstelle vorgestellten Säuglinge betrug 1912 8,9%, 1913 12,7%. Aber nicht nur die Säuglingssterblichkeit, sondern auch die Sterblichkeit der Kinder im 2. Lebensjahr ist wesentlich gesunken.

Es bedarf aber nicht allein in der Stadt Kreuznach, sondern auch in den übrigen Städten und Landgemeinden des Kreises die Säuglingspflege erhöhter Aufmerksamkeit und besonderer Fürsorge. Wir hoffen deshalb, auch hier bald die geeigneten Maßnahmen ergreifen zu können.

Tragen des Kindes.

Fig. 16.
Wie man das Kind
tragen soll.

Fig. 17.
Wie man das Kind
nicht tragen soll.

Wöchnerinnenfürsorge

„Wöchnerinnen-Wanderkörbe" wurden bereits vor einigen Jahren von uns beschafft; sie stehen allen bedürftigen Wöchnerinnen kostenlos zur Verfügung. Der Wöchnerinnenkorb enthält alles, was für die Geburt notwendig ist, Emailleeimer, Waschschüssel, Kresolseife, Wundwatte, Gummi und andere Bettunterlagen.

Es sei übrigens hier auch darauf hingewiesen, daß der Kreis zwei Wochenbettpflegerinnen angestellt hat, die besonders berufen sind, in Wochenbettfieberfällen, die Pflege zu übernehmen. Da die Hebamme bei Eintritt von Wochenbettfieber sofort ihre Tätigkeit einstellen muß, so ist diese Einrichtung besonders für die Minderbemittelten wichtig. Man richte Anmeldungen an den Landrat, den Kreisarzt oder an uns. An Kosten werden in der Regel 1 M für den Tag erhoben.

Ein Wandernähkurs für schulentlassene Mädchen wurde mit Beginn des Winters 1913 eröffnet. Der Kursus dauerte jeweils 4-5 Wochen und umfaßt: Weißzeugnähen, Flicken und Stopfen, Anfertigen von einfachen Kleidern, Röcken, Blusen u. dergl. Der erste Kursus mit 16 Teilnehmerinnen fand Ende 1913 in Windesheim statt. Wir glauben mit der Errichtung dieser Wandernähkurse einem schon lange gefühlten Bedürfnis nachzukommen.

Kreishaushaltungswanderschule. Kurse fanden statt:
1.) Sobernheim vom 23. September bis 28. November 1912
    mit 14 Teilnehmerinnen;
2.) Waldböckelheim vom 4. Dezember 1912 bis 13. Febr. 1913
    mit 20 Teilnehmerinnen;
3.) Ippenschied vom 17. Februar bis 29. April 1913 mit 15 Teilnehmerinnen;
4.) Bingerbrück vom 15. Oktober bis 19. Dezember 1913 mit 21 Teilnehmerinnen.
Insgesamt sind bis jetzt 30 derartige Haushaltungskurse veranstaltet worden. Bei Gelegenheit der Kurse wurden durch besondere landwirtschaftliche Fachlehrer Unterweisungen erteilt im Weinbau, Gartenbau, Geflügelzucht, Milchwirtschaft, Aufzucht von Jungvieh usw. Außerdem wurden durch Ärzte Vorträge über Säuglingspflege und Gesundheitspflege veranstaltet.

Abend- und Einmachkurse, an denen sich zusammen 175 Frauen und Mädchen beteiligten, fanden statt 1912: Weinsheim (37 Teilnehmerinnen), Bockenau (26 Teilnehmerinnen), Waldböckelheim (22 Teilnehmerinnen), Monzingen (37 Teilnehmerinnen);

1913: Sobernheim. An den Abendkursen beteiligten sich 17 Teilnehmerinnen (zumeist Fabrikarbeiterinnen) und an den Einmachkursen 36 Teilnehmerinnen.

Die Hergenfelder
Kochschule im
Haus Memmeshei-
mer 1910. (KMZ)

Der Kampf gegen die Schundliteratur im Kreise Kreuznach wird von uns in Gemeinschaft mit dem Kreisausschuß für Jugendpflege und der in Kreuznach bestehenden „sozialen Helfergruppe" betrieben. Es wurde u. a. eine besondere „Wanderbücherbude" eingerichtet, die bei allen Kirchweihen, Krieger- und sonstigen Festlichkeiten aufgestellt wird. Der Hauptzweck dieser Wanderbücherbude liegt darin, auch einmal weitere Kreise auf dem Lande auf die Schundliteratur, jene schlechten und verderblichen literarischen Erzeugnisse, die den Geschmack verbilden und die Phantasie der Jugend in falsche Bahnen lenken, aufmerksam zu machen, andererseits aber auch zu zeigen, welche reichen Schätze unsere deutsche Jugend-Literatur für wenig Geld zu bieten vermag. Im Jahre 1912 wurde die Bücherbude auf 18 Kirchmessen, bei einer Kriegervereinsfestlichkeit (Fahnenweihe) und bei Gelegenheit des ersten Kreisspielfestes auf den Wiesen bei Hüffelsheim und im Jahre 1913 an 14 Orten aufgestellt. Es wird hier auch auf die schon vor einigen

Jahren vom Kreise Kreuznach eingerichtete „Kreiswanderbücherei" aufmerksam gemacht. Vom Kreise sind jetzt bereits 41 Zweigstellen eingerichtet und 7 weitere Zweigstellen werden in Kürze eröffnet werden. Die Kreiswanderbücherei ist mit fast 5000 Büchern ausgestattet, die alljährlich stark vermehrt werden.

Der Vaterländische Frauenverein vertritt keinen besonderen konfessionellen oder politischen Standpunkt. Wir richten daher auch jetzt wieder an alle Frauen und Mädchen im Kreise Kreuznach die Bitte, unsere Bestrebungen zu unterstützen.

Kreuznach, im März 1914. Die Vorsitzende des Vaterländischen Frauenvereins für den Kreis Kreuznach: Frau Landrat von Nasse

Bericht über die Tätigkeit des Vaterländischen Frauenvereins für den Kreis Kreuznach in den Jahren 1912 und 1913. (HWZB)

Schulzahnpflege 1913/14

Es wurden im Schuljahr 1913/14 3287 Schulkinder auf den Zustand ihrer Zähne untersucht. Von diesen wurden 2457 Kinder als zahnkrank befunden. Zur Behandlung der Zähne erschienen in der Zeit vom 1. Mai 1913 bis 1. Mai 1914 1228 Schulkinder, davon wurden 796 auf Kosten der Stadt [Kreuznach] behandelt. Es wurden 614 Zähne gezogen, 821 Zahnfüllungen gelegt und 417 Vorbehandlungen vorgenommen. Die Beteiligung der Kinder an der Schulzahnpflege hat sich im Berichtsjahr wesentlich gebessert. Während im Vorjahr von 2495 zahnkranken Kindern nur 819 zur Behandlung erschienen, kamen im Berichtsjahr von 3287 Kindern 1228 zur Behandlung. Die Beteiligung in den einzelnen Schulen und Klassen war wieder sehr verschieden. Von manchen Klassen erschienen nahezu alle zahnkranken Kinder, in anderen kaum die Hälfte, manchmal wohl weniger. Am wenigsten Gebrauch von der Einrichtung machen diejenigen Eltern, deren Kinder im ersten und zweiten Schuljahr stehen. Allerdings haben solche Eltern oft keine Zeit diese Kinder zum Schulzahnarzt zu begleiten und allein können letztere den Gang meistens nicht machen. Ein sehr erfreuliches Resultat hat die Einführung von billigen und praktischen Zahnbürsten für die Kinder gehabt. Die Stadt bewilligte die Kosten für 300 Zahnbürsten für arme Kinder und der Schulzahnarzt schenkte ebenfalls 150 Stück an bedürftige Kinder. In den meisten Klassen hatten zu Beginn des Schuljahres drei Viertel aller Kinder keine Zahnbürste, in einigen Fällen hatten mehrere Mitglieder der Familie eine gemeinsam. Auffallend ist es, daß ein verhältnismäßig hoher Prozentsatz der Eltern die Kinder auf Kosten der Stadt behandeln läßt. Es sind unter diesen Eltern jedenfalls viele, die die Kosten (1 M jährlich) wohl selbst aufzubringen in der Lage wären. In der Zukunft sollen diejenigen Kinder, deren Bedürftigkeit feststeht, durch eine Mitteilung des Lehrers an den Schulzahnarzt überwiesen werden. Die Lehrer und Rektoren haben sehr eifrig an der weiteren Entwicklung der Schulzahnpflege gewirkt. Sehr notwendig ist aber die Belehrung der Eltern, von denen leider immer noch ein sehr großer Teil keinerlei Verständnis für die Zahnpflege bei den Kindern hat.

Bericht über die Verwaltung und den Stand der Gemeinde-Angelegenheiten der Stadt Kreuznach für das Jahr 1913. Bad Kreuznach: Harrach, 1914. S., 32

Obstbau im Landkreis 1913

Dank der fortgesetzten Bemühungen der Sektion Obst- und Gemüsebau kann auch auf diesem Gebiete ein wesentlicher Fortschritt verzeichnet werden. Auf Veranlassung des Dr. Velten und Obstbaulehrers Nordmann ist es gelungen, einen Kreisobstverband zu gründen, dem bereits 15 Vereine mit 856 Mitgliedern beigetreten sind. Es ist nicht daran zu zweifeln, daß der Verband schon bald unsere Bevölkerung dazu bringen wird, daß auch der Pflege des Obstbaues größere Aufmerksamkeit und Sorgfalt gewidmet wird, denn auch aus dem Obstbau lassen sich nicht unerhebliche Einnahmequellen erschließen. Die Fortschritte im Obstbau des Kreises lassen sich am besten an Hand der letzten Obstbaumzählung nachweisen. Obstbaulehrer Nordmann schreibt: „Bei der Obstbaumzählung im Jahre 1900 betrug die Anzahl der Obstbäume im Kreise 283 456 Stück, auf die landwirtschaftlich benutzte Fläche verrechnet ergab dies pro 100 Hektar 973 Obstbäume. Die Zählung am 1. Dezember 1913 hat ergeben, daß die Anzahl der Bäume auf 308 202 angewachsen ist, was ein Mehr von 96 746 Obstbäumen ausmacht. Für die landwirtschaftlich benutzte Fläche berechnet, beträgt die Anzahl der Bäume bei der letzten Zählung auf 100 Hektar 1305 Stück, sonach ein Mehr von 332. Verrechnet man den Durchschnitt der Neupflanzungen für die einzelnen Gemeinden, so sind in den 84 Stadt- und Landgemeinden des Kreises durchschnittlich in jeder Gemeinde über 1000 Obstbäume angepflanzt worden. Gewiß ein sehr erfreulicher Zuwachs! Die Gesamtzahl der Obstbäume steht in 7289 Gehöften und Hausgärten, auf 16 378 Grundstücken in freiem Felde und an 169 öffentlichen Wegen. Interessant ist hierbei die Verschiebung der Pflanzungen in den Stadt- und Landgemeinden. In den 4 Städten des Kreises: Kreuznach, Kirn, Sobernheim und Stromberg stehen 75 763 Obstbäume in 1417 Gehöften und Hausgärten, auf 707 Grundstücken in freiem Felde und an 13 öffentlichen Wegen, während in den 80 Landgemeinden des Kreises 304 439 Obstbäume in 5872 Gehöften und Hausgärten, auf 15 671 Grundstücken in freiem Felde und an 156 öffentlichen Wegen stehen. Es tritt also in den Landgemeinden der feldmäßige oder landwirtschaftliche Obstbau gegenüber dem Gartenobstbau ganz auffallend in den Vordergrund, ein Beweis dafür, welch wichtiger Faktor der Obstbau als landwirtschaftlicher Nebenerwerbszweig im hiesigen Kreise ist. Daß auch an den Provinzial- und Kreisstraßen immer mehr Obstbäume gepflanzt werden, ist bekannt. Annähernd 8000 Bäume sind in den letzten 10 Jahren an den Kreisstraßen gepflanzt worden."

Es wird hier ausdrücklich darauf aufmerksam gemacht, daß die Provinzial-Wein- und Obstbauschule sich bereit erklärt hat, unseren Mitgliedern Edelreiser von denjenigen Obstsorten, welche im Kreise besonders empfehlenswert sind, zum Anpfropfen unentgeltlich abzugeben. Es kommen hierbei folgende Sorten in Betracht:

Kreisobstsortiment:

1.) **Äpfel:** Wintergoldparmäne, Baumanns, Reinette, Schöner von Boskop, Roter Eiferapfel, Winter Rambour, Sponheimer Flurapfel, Frankfurter oder Rheinische Schafnase
2.) **Birnen:** Gute Luise von Avromches, Gellerts Butterbirne, Pastorenbirne und Diels Butterbirne

Bericht über die Tätigkeit der Local-Abteilung Kreuznach des landwirtschaftlichen Vereins für Rheinpreussen in der Zeit vom 1. Januar bis 31. Dezember 1913. S. 17-18 (HWZB)

Aufruf des Land-
rates von Nasse
zur Förderung des
Landwirtschaftli-
chen Vereines 1913
(HWZB)

Obsternte im Land-
kreis 1913 (KMZ)

Prächtiges ein-
heimisches Obst
auf der Kreuz-
nacher Landwirt-
schaftsausstellung
1924 (KMZ)

Kreisrebschnittgarten 1913

Im Distrikt „Güterhellerrech" in der Gemarkung Sponheim wird seit 1909 an der Errichtung eines Kreisrebschnittgartens gearbeitet. Die Anlage soll dazu dienen, unseren Winzern für die Neuanlage von Weinpflanzungen Blind- und Wurzelreben von unseren einheimischen Rebsorten zu möglichst billigen Preisen zu liefern. Die Anlage ist noch nicht vollständig fertiggestellt. Bis jetzt sind 125 Ar bestellt und bepflanzt, davon dienen 25 Ar als Rebschule. Die bisherigen Aufwendungen belaufen sich auf 42 442,95 Mark. Die Kosten wurden durch eine Kreisanleihe von rund 23 000 Mark, durch eine Staatsbeihilfe von 9000 Mark und andere Einnahmen gedeckt. Nach Fertigstellung der Anlage ist zu erwarten, daß die Kosten für Verzinsung und Tilgung der Kreisanleihe aus den Erträgen (Verkauf von Schnittholz und Wein) gedeckt werden kann. Es handelt sich also um eine werbende Anlage, die für unsere weinbautreibende Bevölkerung in wirtschaftlicher Hinsicht von großem Nutzen und Vorteil ist.

Bericht über die Tätigkeit der Local-Abteilung Kreuznach des landwirtschaftlichen Vereins für Rheinpreussen in der Zeit vom 1. Januar bis 31. Dezember 1913. S. 19 (HWZB)

Erster Weltkrieg: Hennweiler 1914 bis 1917

Die Auswirkungen des Ersten Weltkrieges brachten das Thema Chroniken auf die Tagesordnung der Regierung in Koblenz. Mit Verfügung vom 31.12.1916 an alle Landräte wurde erstmals der Begriff „Kriegschronik" in Zusammenhang mit den kommunalen Gebietskörperschaften gebracht: „Die großen Aufgaben, die der Krieg an die einzelnen Gemeindeverbände gestellt hat und noch stellen wird, lassen es angezeigt erscheinen, daß der Führung von Ortsgeschichten oder Ortschroniken mehr Wert beigemessen wird, damit späteren Generationen ein Einblick in diesen großen Weltkrieg, besonders auf wirtschaftlichem Gebiete, möglich ist. Wenn ich auch nicht verkenne, daß die augenblicklichen Verhältnisse bei dem Mangel an Personal an alle noch vorhandenen Beamten die größten Anforderungen stellen, so ersuche ich aber doch dafür zu sorgen, daß wenigstens die Unterlagen zur Aufstellung der Ortsgeschichte gesammelt und vorbereitet werden, damit bei ruhiger Zeit die endgültige Aufstellung oder Niederschrift beginnen kann. Wo das Beamtenpersonal nicht ausreicht, werden sich leicht geeignete Persönlichkeiten, z. B. Lehrer oder Kaufleute finden, die bereit sind, sich der Mühwaltung der Sammlung und Zusammenstellung der Unterlagen zu unterziehen."

Frank Neupert: Kommunale Chroniken als zeitgeschichtliche Quellen. Zur Führung und Überlieferung von Orts-, Schul- und Kriegschroniken vom frühen 19. Jahrhundert bis zum Ende des Zweiten Weltkrieges in den Regierungsbezirken Koblenz und Trier. Koblenz 1996. (Jahrbuch für westdeutsche Landesgeschichte, 22) S. 256

Im Landkreis Bad Kreuznach sind einige dieser zeitgenössischen Quellen erhalten geblieben. Die folgenden Auszüge stammen aus einer umfangreichen Kirchenchronik der Gemeinde Hennweiler, die den Zeitraum vom 01.05.1913 – 31.10.1917 beschreibt. Als Chronist der „Heimatfront" fungierte der amtierende Pfarrer Ernst Walter Henning (1866-1934).

Dienstag, 27. Januar 1914: Feier von Kaisers Geburtstag in der Schule. Deklamationen, Gesänge, Festspiel. Der Pfarrer hielt die Ansprache.

Mittwoch, 4. Februar 1914: Wiederholung der Feier im Christmannschen Saal auf Veranlassung des Pfarrers. Er hielt die Ansprache und sprach das Schlußwort. Lehrer Glasmann hielt einen guten, begeisternden Vortrag: „Haben wir ein Interesse am Ausbau unserer Kriegsflotte?" Besonders gefielen die „kleinen Rekruten".

Sonntag, 28. Juni 1914: Ermordung des österreichischen Thronfolgers in Sarajewo.

Schon in die Freuden des Hennweiler Marktes drangen dunkle Gerüchte von einem nahe bevorstehenden Kriege. Rußland hatte im Osten in bedrohlicher Weise große Truppenmassen zusammengezogen. Österreich hatte ein Ultimatum an Rußland gestellt. Man ahnte, wie gefährlich die Lage war, daß Deutschland mit in einen Krieg verwickelt werden würde, wenn es zum Kriege zwischen Österreich und Rußland käme. Die Vergnügungen fanden ein jähes Ende.

[Der] **Samstag, 1. August 1914:** sollte schreckliche Gewißheit bringen. Am Abend um sechs Uhr läuteten die Sturmglocken: Krieg! Eine Kriegstrauung hatte vorher stattgefunden: Friedrich Schwenk aus Oberhausen mit Lina Schmidt im Nachbarhause der Pfarrei. Tiefer Ernst prägte sich beim Bekanntwerden der Kriegserklärung auf allen Gesichtern aus. Die furchtbare Tatsache aber entfachte auch zornglühende Begeisterung. Von Hennweiler waren sechs Mann verpflichtet, sofort abzurücken. Der Pfarrer setzte sogleich für sie Gottesdienst mit der Feier des heiligen Abendmahls an um sieben Uhr, wozu vier Mann erschienen. Weil diese Feier nicht genügend bekannt war in der Aufregung, wurde sofort eine zweite Feier mit Austeilung des heiligen Abendmahls abgehalten, wozu 30 Männer und fünf Frauen erschienen. Die Einsegnung der Scheidenden gestaltete sich zu einer ergreifenden Abschiedsfeier. Sogleich am selben Abend um neun Uhr wurde auch in Oberhausen eine solche Feier gehalten, zu der sich 22 Männer und sechs Frauen einfanden. Wer diese gewaltig eindrucksvollen und doch so schlichten und einfachen Gottesdienste mitgemacht hat, wird sie nie vergessen können. Da vom letzten Kriege 1870/71 sämtliche Hennweiler die ausgerückt waren, gesund heimgekehrt waren, so gingen die Wogen der freudigen Begeisterung hoch in der Hoffnung, daß es wieder so kommen würde, und doch war der Ernst und der Abschiedsschmerz jedem recht fühlbar. – Man hoffte auf baldige Beendigung des Krieges und zweifelte nicht an dem Gelingen der gerechten Sache.

Ungeheure Truppenmassen wurden vom Rhein her an die Westgrenze geworfen und fuhren durch Kirn, wo auf dem Bahnhof eine Erfrischungsstation eingerichtet wurde. Auch Hennweilerer Mädchen halfen bei der Beköstigung der durchreisenden Soldaten. Aus der Gemeinde wurde viel Brot, Butter, Eier an die Bahn geliefert, auch Stroh zur Einrichtung der Lazarette. Solche wurden dort im Evangelischen und Katholischen Krankenhaus, im Gesellschaftshaus und in der Fabrik von Wilhelm Simon [letzterer auf eigene Kosten] eingerichtet.

Bald trafen die ersten Siegesnachrichten ein. Siegesgeläut erklang unter dem Jubel der Kinder und der Jugend. Auch die kleinsten Kinder durften am Glockenseil einige Male ziehen. Währenddessen pflegte sich eine große Anzahl von Gemeindegliedern an der Dorflinde zu versammeln, denen der Pfarrer, von der Mauer des Kirchplatzes aus, den Sieg verkündete und die Bedeutung des Erfolges erklärte mit Dank gegen Gott und Hoch auf Kaiser, Heer und Vaterland. Der Vers: „Nun danket alle Gott" oder eine patriotische Strophe bildete den Abschluß.

Freitag, 6. November 1914: Auch die am heutigen Tage abgehaltene Geldsammlung für das Rote Kreuz war sehr ertragreich, Summe: 302,60 Mark. Von dem Geld wurde durch die Pfarrfrau bei allen hiesigen Geschäften Wolle gekauft und davon gestrickt: 132 Paar Strümpfe, 108 Paar Stauchen [Pulswärmer], zwölf Leibbinden, zehn Ohrenwärmer. An Liebesgaben für die Verpflegung der durchfahrenden Truppen in Kirn und für ein Lazarett kamen ein: 265 Brote, 445 Liter Milch, 219 Pfund Butter, Eier und Wurst. Die Sammlung von Naturalien wurde fortgesetzt.

Donnerstag, 31. Dezember 1914: Kriegsschreibstube: Seit Beginn des Krieges hat sich der Pfarrer gern der Mühe unterzogen, Gesuche, Reklamationen etc. anzufertigen. Als vom Landrat die Anregung kam, eine offizielle Kriegsschreibstube einzurichten, ist er diesem Wunsche nachgekommen. Auch die Angehörigen anderer Confessionen sind zahlreich gekommen.

März 1915: Von Ende März an wurden die Brotkarten eingeführt. Für Kartoffeln, Mehl, Frucht, Brot wurden Höchstpreise festgesetzt. Das Weißmehl wird von jetzt an mit Kornmehl und das Kornmehl mit Kartoffelmehl vermischt. Die vom Ortsvorsteher ausgegebenen Brotkarten berechtigen zur Entnahme von Brot für eine Person auf eine Woche = 2 kg Brot oder 1200 gr. Weizengebäck oder 1500 gr. Weizenschrotbrot und kostet 75 Pfennig. Anstatt Brot kann man für eine Woche auf seine Brotkarte auch 1400 gr. Roggenmehl oder 1250 gr. Weizenmehl zu 55 Pfennig erhalten.

Donnerstag, 23. Dezember 1915: Weihnachtsfeier der Schule in der Kirche. Die Kinder bekamen Heftchen und Tassen mit Eisernem Kreuz.

Sonntag, 30. April 1916: Der Pfarrer macht bekannt, daß das Läuten der Betglocke morgens und abends sich nach Auf- und Untergang der Sonne richtet, vom 1. Mai ab keine Änderung in der Läutezeit stattfindet. Er bittet ferner, daß nicht unnötige Klagebriefe ins Feld gesandt werden sollen. Dadurch wird den heimischen Feldgrauen nur das Herz schwer gemacht. Anderseits könnten, falls die Briefe den Feinden in die Hände fallen, diese neuen Mut zu weiteren Angriffen schöpfen.

Dienstag, 16. Mai 1916
Im Saal des Metzgers und Wirts Emil Christmann, hier, wird ein Russenlager eingerichtet [für 36 Mann], die aus dem Gefangenenlager Wahn bei Cöln kamen und Lohschälarbeiten in den Waldungen des Freiherrn von Dorth [Verwalter Herr von Pidoll, Wartenstein] ausführen sollten. Einige waren für die Arbeit nicht geeignet. Eines Tages streikten die Russen wegen des Mittagessens. Es kam ein Offizier, der

ihnen drei Tage Arrest bei Brot und Wasser zudiktierte. Das half schon am zweiten Tage; sie wollten wieder arbeiten.

Die Russen sind griechisch-katholisch. Da kein Evangelischer darunter ist, hat der Pfarrer mit ihnen keine Berührung. Der Dolmetscher ist jüdisch – ein intelligenter Mann.

Mittwoch, 6. September 1916: Synode in Sobernheim. Das Mittagessen war der Kriegszeit entsprechend einfach. Dem Herrn Superintendenten war es noch gelungen, Fleisch für das Essen genehmigt zu erhalten.

Mittwoch, 20. September 1916: Ein Gesuch der israelitischen Gemeinde Hennweiler um Beurlaubung des Hornbläsers Baum [Musiklehrer Samuel Baum] aus Bruschied zum Blasen [Widderhorn] am israelitischen Neujahrsfest wird auch dem Pfarrer zur Befürwortung vorgelegt, der nur die bestehende Sitte konstatiert und bescheinigt.

NB. Das Gesuch hat nicht geholfen. Man sieht, was für Blüten der Krieg zeitigt. – Zumutung!

Mittwoch, 29. November 1916: trifft Nachricht ein: Friede in Sicht!

Sonntag, 4. Februar 1917: Der Pfarrer macht bekannt, daß die Prospekt-Orgelpfeifen für Kriegszwecke beschlagnahmt seien.

Donnerstag, 8. Februar 1917: Presbyterium Hennweiler beschließt, die 41 Principal-Pfeifen, die den Prospekt der Orgel bilden, der Militärverwaltung zur Verfügung zu stellen. Im ersten Feld sind es fünf, im zweiten zwölf, im dritten sieben, im vierten zwölf und im fünften Feld fünf Pfeifen. Das nach der Tabelle geschätzte Gewicht beträgt 79,50 kg.

Montag, 12. bis Montag, 19. Februar 1917: wurden die Schulen auf Befehl des stellvertretenden Generalkommandos wegen Kohlenmangels geschlossen.

Februar 1917: Brotzusatzkarte: Im Februar dieses Jahres waren es zwei Jahre her, daß die Brotkarte eingeführt wurde. Sie hat manche Veränderungen und Ergänzungen erfahren. Der Grundsatz der Einheitsbrotkarte mit gleicher Ration für die Bevölkerung wurde zunächst durch die Zusatzbrotkarte durchbrochen. Der Gedanke, daß gewisse Bevölkerungsschichten mit besonderem Brotbedürfnis eine erhöhte Brotration erhalten müßten, hat dazu geführt, den Schwerarbeitern und späterhin auch den Jugendlichen im Alter von 12 bis 17 Jahren außer der Einheitskarte noch eine Sonderkarte zu gewähren. Sonderzulagen erhielten auch die Schwerstarbeiter, also mehr als die Schwerarbeiter.

Reisebrotkarte: Zur Erleichterung des Reiseverkehrs wurde die Reisebrotkarte [zuerst ein Heftchen, dann ein Bogen mit zehn Marken] eingeführt, praktisch wegen ihrer leichten Verwendbarkeit und unbegrenzter Gültigkeitsdauer – nur müßte sie rechtmäßig verwendet werden.

Freitag, 6. April 1917: Karfreitag: Der Pfarrer bittet noch einmal, sich bereit erklären zu wollen zur Aufnahme von Stadtkindern. Die Kriegswirtschaftskommission werde von Haus zu Haus mit Aufnahmelisten gehen [Vergütung monatlich 15 Mark]. Die Kinder sollen wegen der städtischen Ernährungsschwierigkeiten auf dem Lande herausgefüttert werden. Sie sollen dafür auch arbeiten, leichtere Dienste versehen. Es wird gebeten, alle Grobheiten freundlichst beiseite zu lassen. Es gilt ein Werk der Liebe, ein Werk Christi, des Vaterlands.

Samstag, 5. Mai 1917: Am Abend trafen von den 500 Kindern aus Crefeld, die im Kreise Kreuznach untergebracht werden sollen und mit Extrazug nach Kreuznach kamen, 13 Kinder unter Führung des Lehrers Gerhardt hier ein. Acht Knaben. waren schon in Oberhausen abgesetzt worden. Nach Callenfels hatte Lehrer Ohlmann fünf Kinder gebracht. Einige Leute hier luden die Eltern der Kinder ein zum Besuch, der eigentlich nicht stattfinden sollte, damit die Eltern nicht noch lästig fallen sollten. Allmählich aber riß die Mode ein, so daß auch Eltern uneingeladen kamen und es sich hier nicht bloß wohl sein ließen, sondern auch noch Lebensmittel hamsterten. Mehrere Pflegeeltern erklärten zum Schluß, daß sie der Sache überdrüssig seien, auch im nächsten Jahre keine Stadtkinder mehr nehmen wollten. Durchweg sahen die Kinder bei ihrem Fortgang sehr gut aus, durchschnittlich hatten sie zehn bis zwölf Pfund in den drei Monaten zugenommen. Die Kinder besuchten hier die Schule und auch den Pfarrunterricht.

Samstag, 16. Juni 1917: Heute wurden die Prospektpfeifen herausgenommen vom Pfarrer und dem Schreiner Otto Emrich, in eine Kiste verpackt und an die Orgelbauanstalt Gebr. Oberlinger, Windesheim, als die amtliche Ablieferungsstelle gesandt. Die Militärverwaltung zahlte dafür 337,40 Mark. Die Unkosten betrugen

25,30 Mark. Die übrig bleibende Summe von 312,10 Mark wurde auf der Kreissparkasse eingezahlt und bildet den Grundstock zu einem Orgelfonds, aus dem später ein neues Principalregister beschafft werden soll.

Montag, 30. Juli 1917: An diesem Tage wurde unsere Glocke durch den Fuhrmann Peter Müller II. nach Kirn gefahren zur Glockenablieferungsstelle im Klosterschulhof. Dort lagert sie mit anderen Gefährten, drei evangelische Glocken und zwei katholische Glocken von Kirn und ein Glöcklein von Hahnenbach.

„Das –Sturmsignal – der Deutschen:

Kartoffelsupp', Kartoffelsupp',
den ganzen Tag Kartoffelsupp' –
Supp'. Supp', Supp'.

Es gilt für alle, die zu Haus
Und die im Felde liegen –
Wir halten durch mit dem Signal,
Mit ihm wir werden siegen."

Propagandapostkarte (HWZB)

Gedenktafel des Turnvereins Hennweiler: „Seinen im Weltkrieg 1914-18 gebliebenen Turnbrüdern in dankbarer Verehrung gewidmet". Die Tafel wurde anläßlich des 25jährigen Vereinsjubiläums am 20.06.1920 enthüllt. (Herzlichen Dank an Herrn Hans-Werner Ziemer aus Hennweiler, der das Dokument und dieses Bild freundlich zur Verfügung stellte.)

Inflation 10.11.1923

Bekanntmachung

Die Höchstpreise für Fleisch und Wurst werden wie folgt festgesetzt:

a.) für 1 Pfund Rind- oder Kalbfleisch auf francs 2,50
b.) für 1 Pfund gwöhnliche Leberwurst auf francs 2,50
c.) für 1 Pfund gute Leber-, Fleisch-, Mett-, Knoblauchwurst
   & Schwartenmagen auf francs 4,--

Alle diejenigen, die keine francs verdienen, können heute früh in der Zeit von 9-12 Uhr ihren Bedarf an Fleisch und Wurst mit deutscher Papiermark decken, wobei 1 francs mit 500 Milliarden zu bewerten ist. Die Metzger haben diesen Umrechnungskurs an gut sichtbarer Stelle in ihren Läden anzubringen und Listen zu führen, aus denen klar ersichtlich ist, welche Mengen an Fleisch und Wurst sie heute Morgen während der oben angegebenen Zeit gegen deutsche Papiermark verkauft haben. Die Käufer haben den Metzgern in einer besonderen Spalte dieser Liste über die abgeführten Papiermarkbeträge zu quittieren.
Kurz nach 12 Uhr sind zwecks Prüfung die Listen auf dem Bürgermeisteramt abzugeben. Der Gegenwert an francs steht alsdann den Metzgern zur Verfügung.

Bis heute Mittag 12 Uhr ist es den hiesigen Banken verboten, ohne besondere schriftliche Genehmigung des Aktionsausschusses für jeden einzelnen Fall, francs gegen Papiermark zu wechseln.
Meisenheim, den 10. November 1923
Der Ortskommissar [Aktionsausschuss der Seperatisten] gez. Karl Laubenheimer.

Geldschein der französischen Besatzungsmacht, sog. Regiefrancs „0,05 francs" = 5 Centimes (HWZB Nachlaß Dr. Baum, Odernheim)

„Fünf Milliarden Mark", Notgeld-
schein für die Kreise Kreuznach und
Meisenheim und die Stadt Kreuznach
vom 15. Oktober 1923. (HWZB)

Erste rheinische Kelterei für alkoholfreie Weine, Friedrich Bechtel, Bad Kreuznach 1925

Alkoholfreie Naturweine, wobei wir besonders das Wort Natur betonen. Der Leser wird erstaunt fragen, ob es denn so etwas überhaupt gibt, und da freuen wir uns, die Schilderung eines solchen Betriebes bieten zu können, um so mehr, als in diesem Falle es der Weinhandel bezw. der Weingutsbesitz selbst ist, der die alkoholfreien Naturweine in den Handel bringt. Zu denen, die zuerst die anscheinend widerstrebenden Begriffe „Weinhandel" und „alkoholfrei" in eine harmonische Vereinigung gebracht haben, gehört der Weingutsbesitzer Friedrich Bechtel, Inh. Julius Bechtel, dem es nach vielen mühsamen Versuchen gelungen ist, alkoholfreie Naturweine zu gewinnen, die sich in bezug auf Geschmack, Reinheit und Haltbarkeit seit 25 Jahren bewährt haben. Die Erzeugnisse führen den Kollektivnamen „Bechtels Nektar", sie werden nach einer Anregung des Professors Müller (Thurgau), die bei dem heutigen Stande der bakteriologischen Wissenschaft bedeutend verbessert worden ist, in unvergorenem Zustand erhalten und verbleiben in reinem Naturzustand ohne jeden Zusatz. Man erhält sonach nicht etwa einen Extrakt oder ein Destillat oder sonst ein Kunstprodukt, sondern es ist der wirklich reine, frische und unvergorene Saft der Traube. Rechnet man zu, daß nur ausgesucht edle Trauben, meist eigener Kreszenz, genommen werden, resp. die besten Aepfel und Birnen der rheinischen Erde, so ergibt sich, daß „Bechtels Nektar" ein wirklich wohlschmeckendes, bekömmliches, alkoholfreies Getränk ist; dabei edelstes Kurmittel, das die Heilung aller Kranken beschleunigt.

Besondere Spezialitäten sind: „Burgunder", roter Traubensaft, vorzüglich für junge Mütter und Blutarme; der extraktreiche weiße „Riesling", besonders für nervöse Magenleiden, „Apfel-Nektar halbsüß", unvergorener Saft von frischen Aepfeln; „Borsdorfer", desgl. mit feiner Säure und viele andere. Besondere Wirkung wird erzielt bei Entziehungskuren, ebenso bei Herz-, Nerven-, Nieren- u. Stoffwechselkrankheiten sowie bei Rekonvaleszenzen jeder Art. Für Fieberkranke gibt´s nichts besseres! Der Versand erfogt nur in Originalabfüllungen mit obigen Etiketten.

Dr. Müller Börner

Die deutschen Gaststätten. Bilder aus ihrer Vergangenheit und Gegenwart.
Hrsg. von Wilhelm Bredeborn. Bd. 1. Düsseldorf: Pestalozzi-Verl., 1925. S. 167.

Wirtschaft und Verwaltung des Kreises Kreuznach 1929

Von Karl Geib

Das Nahetal ist als eines der bedeutendsten deutschen Weinbaugebiete bekannt. Der Weinbau gibt denn auch der Wirtschaft des Kreises das Gepräge. Unter 8941 forst- und landwirtschaftlichen Betrieben befinden sich 4061 Weinbaubetriebe, die 13 617 Menschen Brot geben. Vom Weinbau ist abhängig ein umfangreicher Weinhandel, eine blühende Maschinen- und Geräteindustrie, sowie die Herstellung von

Schädlingsbekämpfungsmitteln, die in bedeutenden chemischen Fabriken betrieben wird.

Die landwirtschaftlichen Betriebe leiden allgemein unter der allzu starken Bodenzersplitterung, die einen im Vergleich zu anderen Gebieten geradezu erschreckenden Umfang angenommen hat. Es ist daher eine der dringendsten Aufgaben der Verwaltungsbehörden, durch eine zielbewußte Förderung der Umlegung die schädlichen Wirkungen der Besitzzersplitterung wenigstens nach und nach zu beseitigen und der Rationalisierung der landwirtschaftlichen Betriebe die Wege zu ebnen.

Gruppenfotos mit der Belegschaft und Produkten der Stromberger Neuhütte (KMZ)

Wenn auch der Kreis Kreuznach noch zu den überwiegend ländlichen Kreisen gezählt werden muß, so ist er doch im Vergleich zu den Nachbargebieten schon verhältnismäßig stark mit Industrie durchsetzt. Auch hier zeigt sich wieder eine außerordentliche Mannigfaltigkeit. Die älteste und im eigentlichen Sinne bodenständige Industrie ist die Lederindustrie in den wasserreichen Städten Kreuznach und Kirn, die etwa 1500 Arbeiter beschäftigt. Rohstofforientiert ist die bedeutende Steinindustrie in Kirn und Stromberg, ein Braunsteinbergwerk in Waldalgesheim, sowie die Sägewerkindustrie in den waldreichen Teilen des Kreises, absatzorientiert die schon erwähnte Fabrikation von weinbaulichen Bedarfsartikeln und Schädlingsbekämpfungsmitteln. Daneben werden die verschiedenartigsten Industriezweige gepflegt. Große und aufblühende Fabriken befassen sich mit der Herstellung von Strümpfen, Schuhen, Gelatine, Kartonagen, photographischen Objektiven. Sie beschäftigen eine erhebliche Anzahl von Arbeitern und Angestellten. Dazu kommen die zahlreichen Mühlen, Ziegeleien und Brauereien, die in der Hauptsache für den örtlichen Bedarf arbeiten. In ganz Deutschland und darüber hinaus ist das Nahegebiet bekannt geworden durch die Radiumsolbäder Kreuznach und Münster am Stein und die Luftkurorte Stromberg im Hunsrück, Sobernheim an der Nahe, bekannt durch Pastor Felke und Waldfriede im Soonwald, der Heimat des Jägers aus Kurpfalz.

Der „Stromberg"-Herd, ein gefragtes Produkt aus Stromberg (HWZB)

Der Struktur der Wirtschaft entsprechen die Aufgaben der Verwaltung. Im Vordergrunde steht die Arbeit für Landwirtschaft und Weinbau. Die äußeren Formen dieses Verwaltungszweiges entsprechen dem in anderen Kreisen üblichen. Als Besonderheit ist jedoch zu vermerken, daß der Kreis seit mehreren Jahren eine Weinkosthalle besitzt, die mit Erfolg der Propaganda des guten Naheweines dient. Ferner ist er Eigentümer eines Weingutes, das sich zu einem der bedeutendsten deutschen Rebschnittgärten entwickelt hat und unter der Leitung des weit über die Grenzen des Nahegebietes hinaus bekannten Weinbauinspektors Willig Vorzügliches für die Organisation der Rebenzüchtung im Kreise Kreuznach leistet. Zur Bekämpfung der Reblaus, die leider an der unteren Nahe schon erheblichen Schaden angerichtet hat, ist eine besondere staatliche Organisation eingerichtet, deren Oberleitung im Kreise Kreuznach in den Händen des Landrats ruht. In diesem Zusammenhange darf nicht unerwähnt bleiben, daß Landwirtschaft und Weinbau des Kreises unendlich viel der staatlichen Domäne Niederhausen und der Provinzial-Obst- und Weinbauschule in Bad Kreuznach verdanken. – Ein insbesondere auch für die Landwirtschaft und Weinbau sehr segenreich wirkendes Institut, dessen Arbeitsbereich weit über die Grenzen des Kreises hinausgreift, ist das Nahrungsmittel-Untersuchungsamt, eine Sonderabteilung der Kreisverwaltung.

Die Kollegen des Nahrungsmittel-
untersuchungsamtes in den 20er Jahren. Es war
im Kreisständehaus untergebracht. (KMZ)

Der stets zunehmende Verkehr hat die Verwaltung schon seit langem gezwungen,
ihre besondere Aufmerksamkeit dem Ausbau des Wegenetzes zuzuwenden. Der
Kreis unterhält Straßen mit einer Gesamtlänge von 160 km.

Daß in einem so großen Kreise ein umfangreiches Hochbauamt nicht fehlen darf, ist
selbstverständlich. Ihm liegt insbesondere die Beratung der örtlichen Polizeibehör-
den, die Errichtung und Erhaltung öffentlicher Bauten der verschiedenen Kommu-

Die Dienstkutsche
des Kreisbau-
meisters Damm
um 1930 (KMZ)

nalverbände, sowie die fachmännische Beratung des baulustigen Publikums ob. Vor besonders schwierige Aufgaben ist die Verwaltung auf dem Gebiete des Hochwasserschutzes gestellt. Die Nahe ist einer der hochwassergefährlichsten Flüsse Deutschlands. In den Jahren 1918, 1920 und 1926 ist durch Hochwasser an der ganzen Nahe und ihren Nebenflüssen unermeßlicher Schaden angerichtet worden. Die Verwaltung ist daher eifrig bemüht, für die baldige Regulierung der Wasserläufe zu sorgen.

Ein Sonderbetrieb der Kreisverwaltung ist die Kreissparkasse, die einen Umsatz von 180 Millionen RM hat. Zur Deckung der Ausgaben solch zahlreicher Verwaltungszweige, unter denen die auftragsweise Erledigung staatlicher Angelegenheiten nicht die letzte Stelle einnimmt, sorgt eine umfangreiche kreiskommunale Finanz- und Steuerverwaltung. Alles in allem sind bei der Kreisverwaltung etwa 90 Beamte und Angestellte beschäftigt. Der Ausbildung des Beamtennachwuchses dient eine Verwaltungsschule, deren Geschäfte die Stadt Kreuznach führt.

Der Regierungsbezirk Koblenz. Berlin-Halensee: Dari-Verl., 1929. S. 138-134

Dienstwagen des Landrats von Nasse. Im Opel mit der Karbidlampenbeleuchtung sitzt Philipp Degen am Steuer. Er war der Vater von Alex Degen, der von 1974-79 Landrat Schumm kutschierte. (KMZ)

Die Sparkasse des Kreises Kreuznach 1929

Die Sparkasse des Kreises Kreuznach wurde im Jahre 1878 gegründet, und zwar errichtete man sie in der im Mittelpunkte des Kreises Kreuznach gelegenen Stadt Sobernheim.

Auf Drängen der Aufsichtsbehörden erfolgte 1913 ihre Verlegung nach dem Sitze der Kreisverwaltung in Bad Kreuznach. In Sobernheim verblieb in dem im Jahre 1900 errichteten Sparkassengebäude eine selbstständige Zweigstelle. In Bad Kreuznach wurde ein eigenes Gebäude am Bismarckplatz [heute Kornmarkt] erworben, das zweckentsprechend umgebaut und mit einer Tresoranlage versehen wurde. Im Jahre 1927 erfuhren die Kassenräume in dem Gebäude eine zeitgemäße Umgestaltung.

Bis zu dem Zeitpunkte der Verlegung vollzog sich die Entwicklung der Kreissparkasse in langsamen Bahnen. Mit der Verlegung nach Bad Kreuznach begann ein Aufblühen, das allerdings durch Krieg [1914-18] und Nachkriegszeit zur Scheinblüte ward. Aus der Inflation rettete die Sparkasse einen Goldmarkbestand von Mk. 4201,97 in die Stabilisierungsperiode hinüber. Nach der ersten schwierigen Zeit begann ein neuer Aufstieg, der für die Zukunft zu den schönsten Hoffnungen berechtigt. Die Spareinlagen betragen heute, am 31.8.[19]28, RM. 5 667 136,00, die Giroeinlagen betragen RM. 866 959,00.

Im Jahre 1917 wurde in Kirn die dort befindliche Annahmestelle in eine selbstständige Zweigstelle umgewandelt. Die dritte Zweigstelle wurde 1927 in Bingerbrück eröffnet. Damit erhielt die Bevölkerung der unteren Nahe die Verbindung mit ihrer Kreissparkasse, die ihr bis dahin fehlte.

Zur Aufbringung der 15%igen Aufwertung der Spareinlagen reichen die vorhandenen Aufwertungsaktiven nicht aus, sodaß für die Kreissparkasse eine ungedeckte Aufwertungslast von rund RM. 540 000,00 besteht.

Ihre vornehmsten Ziele erblickt die Kreissparkasse in der Förderung der sozialen Sparidee, der Pflege des Kredites des Mittelstandes und des kleinen Mannes, besonders noch in der Pflege des Hypothekarkredits.

Der Regierungsbezirk Koblenz. Berlin-Halensee: Dari-Verl., 1929. S. 185-186

Innenansicht der
Kreissparkasse,
Zeichnung von Carl
Kastenholz 1929
(HWZB)

Das Gebäude der
Kreissparkasse auf
dem Kornmarkt,
Zeichnung von Carl
Kastenholz 1929
(HWZB)

Eisgang der Nahe
Ende Februar 1929

Eine Besprechung sämtlicher Bürgermeister des Kreises fand unter Zuziehung mehrerer Sachverständiger Samstag unter Vorsitz von Landrat Müser im Landratsamt statt, sie galt den Maßnahmen zur Verhütung einer Katastrophe bei einsetzendem Eisgang der Nahe. Nach eingehender Aussprache konnte Landrat Müser feststellen, daß nach menschlichem Ermessen alle möglichen Maßnahmen getroffen wurden, um den gefahrlosen Abgang des Eises herbeizuführen, so daß zu irgendwelcher Besorgnis für die Bevölkerung kein Grund vorliegt. Im ganzen Kreis haben sich Wasserwehren und Sprengkolonnen gebildet, die unter sachverständiger Führung stehen. Besonderen Schutz erfahren die Brücken, um Eisstauungen zu vermeiden. Am Kraftwerk Niederhausen sind alle Sicherheitsanlagen in Ordnung.

Von einem Teilnehmer der Besprechung, an der auch die Vertreter der Provinzialverwaltung, des Elektrizitätswerkes, der Kreuznacher Sprengkolonne, der Feuerwehr und der Sanitätskolonne Bad Kreuznach teilnahmen, gehen uns noch folgende Mitteilungen zu:

Landrat Müser betonte: Gegen ein normales Hochwasser sind alle Vorkehrungen getroffen. Es ist natürlich Pflicht jedes Einzelnen, im Sinne der behördlichen Maßnahmen alles zu tun, was geeignet ist, die Gefahr auf ein Mindestmaß herabzusetzen. Provinzial- und Kreisbehörden, Reichsbahn und R. W. E. haben die Sicherheitsmaßnahmen gemeinsam durchgeführt oder in die Wege geleitet. Als besondere Gefahrpunkte wurden vor allem die Brücken gesichert. Sprengungen sollen verhindern, daß sich dort das Eis ansetzt und zu Wasserstauungen führt. Die Sprengtrupps setzen sich in der Hauptsache zusammen aus ehemaligen Pionieren und Feuerwehrleuten, die durchaus die Gewähr einer sachgemäßen Durchführung aller Maßnahmen bieten. Bäume und Sträucher in den Flußbetten müssen beseitigt werden, zum Teil ist das schon geschehen.

Die Bürgermeister berichteten über die besonderen, in ihrem Gebiet getroffenen Maßnahmen. Bürgermeister Bongartz – Kirn hatte im Bereich der Stadt Kirn die beiden Nahebrücken und die Hahnenbachbrücken zu schützen, was auch im Verein mit der Reichsbahn durchgeführt wurde. Zur Eisfreihaltung von Nahe und Hahnenbach wurden unter Unterstützung der Kirner Hartsteinwerke Sprengungen durchgeführt und Sprengkolonnen gebildet, die bei einsetzendem Tauwetter sofort ihre Tätigkeit aufnehmen werden. In den Orten Hahnenbach und Kallenfels, wo die Gefahr einer Ueberschwemmung größer ist, als an der Nahe, wurde angeordnet, daß alles an den Ufern des Hahnenbachs gelagerte Holz von den Besitzern der Gehöfte wegzuschaffen ist. Zur Durchführung der Sprengungen stehen im ganzen 102 Feuerwehrleute und 32 Sanitätsmannschaften zur Verfügung.

Bürgermeister Reiß – Kirn-Land: Die Vorsteher der Bürgermeisterei haben alle Hindernisse von den Ufern der Nahe entfernen lassen. Die Brücke bei Hochstetten ist pfeilerlos, läßt also das Eis glatt hindurch. Seit der Katastrophe 1918 ist der Bogen der Brücke wesentlich erweitert worden. An der Hahnenbachbrücke in Kallenfels wurden vor 2 Jahren neue Eisbrecher angebracht.

Bürgermeister Thöne – Monzingen: Die beiden großen Durchlässe unter dem Bahndamm in Martinstein wurden verstopft. Die gefährdete Brücke der Provinzialverwaltung wird von ihr ausreichend gesichert.

Bürgermeister Schlemmer – Waldböckelheim: Am Wehr in Oberhausen sind Sprengungen notwendig. Zu diesem Zweck setzt sich der Kreis mit dem Bezirksamt Rockenhausen in Verbindung. Die gefährdeten Drahtwerke in Waldböckelheim wurden durch Eisenbahnschienen gegen das Eis geschützt. Kreisbaumeister Starig betont, daß auch dort die Gefahr nicht allzu groß ist.

Ein Vertreter des Bürgermeisters von Sobernheim erklärt: Die Meddersheimer Brücke wurde freigelegt durch Sprengkommandos ehemaliger Pioniere. Das Strombett der Nahe wurde gereinigt, Sträucher usw. daraus entfernt. Auf der Höhe der Ewaldschen Fabrik wurden schon im Sommer starke Eisbrecher angelegt.

Bürgermeister Buch – Rüdesheim: In Niederhausen und Norheim nimmt das Kraftwerk die Sprengungen vor, an der Oberhausener Brücke das Bezirksamt Rockenhausen. Die Norheimer Feuerwehr hat eine Sprengkolonne gebildet.

Ing. Ramm vom Elektrizitätswerk Bad Kreuznach: Seit Eintreten der Frostperiode haben wir die Schützen [verschließbare Tore] im Wehr bei Niederhausen freigehalten. Wenn wir die Eisklappe umlegen, sind wir imstande, 100 Kubikmeter Wasser in der Stunde abfließen zu lassen. Am Norheimer Wehr, wo sich das Eis staut, müssen Sprengungen vorgenommen werden. Wenn in Niederhausen sämtliche 3 Schützen eisfrei sind, was seit Sonntag der Fall ist, dann ist eine Durchflußöffnung von 70 Metern vorhanden. Oeffnen sie sich infolge irgend eines – praktisch ziemlich ausgeschlossenen Versagens nicht, dann reißt der Reißdamm am rechten Ufer der Nahe und verschafft so den Wassermengen Abfluß. Dem Sprengtrupp von 32 Mann stehen im Bedarfsfalle noch zahlreiche Straßenbahner und Montagearbeiter zur Seite. Der elektrische Antrieb wird vom Niederhäuser Werk und vom Kabelkraftwerk gespeist, kann also nicht versagen. Wir haben im ganzen 3 Sprengtrupps bereit stehen, die auch in Norheim sprengen werden unter Leitung des dortigen Schießmeisters.

Bürgermeister Herhaus – Münster a. St.: In Verbindung mit Reichsbahnrat Süß wurden wie 1893 Maßnahmen zum Schutz der Eisenbahnbrücken getroffen. An gefährdeten Tagen besteht ein ständiger Wachtdienst. Sprengungen werden auf der Nahe ausgeführt von der obersten Nahebrücke bis zum Naheknie. Als Sprengkolonne haben sich genügend Feuerwehrleute und ehemalige Pioniere zur Verfügung gestellt. Sprengmaterial werden wir von der Firma Mecking in Stromberg beziehen.

Stadtrat Völker – Bad Kreuznach: Zu schützen sind oberhalb der Salinenbrücke das Schwimmbad, die Gradierwerke und die Spielplätze. Auf der Roseninsel werden die Behälter und Pontons der Beckerschen Badeanstalt entfernt. An der Villa Wandesleben wird ein Schutzdamm gebaut, davor werden Eisenbahnschienen schräg gestellt, um das vom Kaiser-Wilhelm-Ufer abfließende Wasser aufzuhalten. Die freien Durchgänge nach der Nahe an der Kaiseraubrücke und an der Bootsanlegestelle werden abgeschlossen. An der Lindenmühle ist ein besonderer Schutz nicht nötig, weil dort in der großen flachen Ebene das Wasser leicht abfließen kann. Die beiden städtischen Brücken werden durch Sprengungen unter Leitung von Major Pies geschützt. Als Sprengmaterial dient Ammonit. Die Kanalausflüsse der Stadt werden gereinigt, geölt und gangbar gemacht. Für die beiden anderen Kreuznacher Brücken sorgen Provinzialverwaltung bezw. die Feuerwehr. Die Firma Collein stellte uns einen Schießmeister zur Verfügung, der zugleich die Munition beschafft.

Bürgermeister Grell – Langenlonsheim: Gefahrenpunkte bestehen an der Transformatorenstation in Bretzenheim, die vom Elektrizitätswerk außer Spannung gesetzt werden soll. Das ehemalige Wasserhaus in Bretzenheim wird von seinem Besitzer, dem rechtzeitig Wassermeldungen übermittelt werden, wohl geräumt werden müssen, vielleicht auch die Rumpfsche Mühle in Laubenheim. An der Brücke ist das Eis noch offen, außerdem hat sie sehr breite Pfeiler, so daß keine Gefahr besteht. Das Strauchwerk aus dem Nahebett wurde entfernt.

Bürgermeister Lönartz – Bingerbrück erklärt, daß auch bei ihm alle Sicherungsmaßnahmen getroffen wurden. Die Brücke bei Münster hat eine Bogenspannung von 28 Metern, dürfte also genügend Wasser durchlassen. Dagegen hat die Drususbrücke sehr enge Bogen, hier müssen Sprengungen vorgenommen werden.

Oberbrandmeister Wilh. Metzger und Vorsitzender Fouqet von der Sanitätskolonne bestätigen die Bereitschaft der Feuerwehr im Kreise bezw. der Sanitätskolonnen. Major Pies berichtete über die Durchführung der Sprengungen.

Im ganzen ergab sich aus der Besprechung das Bild, daß im ganzen Kreise alle Sicherungen getroffen sind, um eine Katastrophe zu vermeiden. Einzelne kleinere Schäden werden sich selbstverständlich nie vermeiden lassen. Wir können aber bei einem normalen Verlauf des Hochwassers dank der Initiative des Landrats und der Umsicht der Bürgermeister und ihrer Helfer getrost den kommenden Dingen ins Auge sehen, menschlichem Ermessen nach sind alle Gefahrenpunkte ausgeschaltet.

Öffentlicher Anzeiger, 25.02.1929

Der Ö.A. berichte später, daß am Nachmittag des 25.02.

Eisgang auf der Nahe einsetzte und sich in der Folge das gesprengte und

abgetriebene Eis zwischen Bretzenheim und Laubenheim aufstaute.

Bereits im Dezember 1928 waren durch die große Kälte Wasserleitungen eingefroren. Hier holen sich Einwohner von Bad Münster a. St. das Trinkwasser aus einem Hydranten. (KMZ)

Arbeitskolonne am Naheufer des Kreuznacher Kurparkes 1929 (KMZ)

Eisgang an der
Elisabethen-
quelle 1929
(KMZ)

Eisgang an der
Drususbrücke am
03.03.1929 (KMZ)

Eisgang an
der Nahe-
mündung am
03.03.1929
(KMZ)

Sobernheimer Verkehrsfragen 1930

In früheren Jahren ist unsere Stadt im Verkehr oft stiefmütterlich behandelt worden, besonders von der damals kgl. preußischen Staatsbahn, die eifrig zugunsten der verkehrsärmeren Kreisstadt Meisenheim die Schnellzüge in Staudernheim halten, in Sobernheim durchfahren ließ. Bei der Post war es besser bestellt, immerhin hat auch hier die Reichspost versäumt, rechtzeitig, als noch geeignetes Gelände vorhanden war, ein eigenes Postamt zu bauen. In Kirn und Oberstein ist das geschehen, für Sobernheim hielt man das nicht für nötig, und jetzt, wo die Verhältnisse zu einer Lösung drängen, zerbricht man sich – hoffentlich nicht vergeblich – den Kopf darüber.

Erfreulicherweise hat sich auf dem Gebiet des Verkehrs in den letzten Jahren vieles zum Vorteil Sobernheims geändert. Seine Bestrebung als aufstrebender Industrieort und nicht zum mindesten seine wachsende Geltung als vielbesuchtes Felkebad haben verkehrsfördernd und bessernd gewirkt. Die Stadtverwaltung und der 1926 gegründete sehr rührige Kur- und Verkehrsverein haben in gemeinsamer Arbeit schon recht beachtliche Erfolge zum Wohle Sobernheims und seiner Bürger erzielt. Was bleibt dem gegenüber noch zu tun?

Der Fahrplan der Reichsbahn ist im großen und ganzen heute für Sobernheim nicht ungünstig. Zwischen den beiden Zügen in Richtung Bingerbrück 14.56 Uhr (Eilzug) und 18.04 Uhr ist die Spanne etwas lang, und ein etwa 16.30 zum Rhein fahrender Personenzug wäre erwünscht. Von den Glanzügen fährt jetzt einer bis Sobernheim durch und wird gut benutzt. Sobenheim ist heute der wirtschaftliche Mittelpunkt für das mittlere Nahe- und untere Glantal und wird in steigendem Maße auch von den Bewohnern der Glanorte besucht. Wir hoffen, daß die Reichsbahn diesem Umstand Rechnung tragen und sich entschließen wird, sämtliche Glanzüge von Staudernheim bis Sobernheim – es sind nur 3 Kilometer – durchzuführen. Wünschenswert ist ferner das Halten der beiden Mittagsschnellzüge in Sobernheim, wo sie sicher nicht weniger als in Kirn benutzt werden. Unser Bahnhof ist durch verschiedene Um- und Anbauten nicht unwesentlich vergrößert worden. Er ist trotzdem zu klein, besonders die Schalterhalle zu eng. Da man den stattlichen heute für Staudernheim zu groß gewordenen Bahnhof leider nicht mit Aladdins Wunderlampe nach Sobernheim versetzen kann, wird nichts anderes übrig bleiben als den Wartesaal 2. Klasse zur Schalterhalle hinwegzunehmen und ihn durch einen Anbau auf der Ostseite des Empfangsgebäudes zu ersetzen. Am besten wäre freilich der Neubau eines Bahnhofs, wozu heute noch genügend passendes Gelände vorhanden ist. Aber das wird vorläufig ein frommer Wunsch bleiben. Ebenso wohl auch der erstrebte Bahnbau von der Mosel zur Nahe, um den sich Kirn und Sobernheim bemühen. Die Linie Gemünden-Kirn ist zwar kürzer als die Linie Gemünden-Sobernheim, diese aber leichter zu bauen und wirtschaftlicher, weil sie weit mehr Ortschaften berührt.

Bei der Einrichtung der Kraftposten hat Sobernheim einige sehr begrüßenswerte neue Verkehrsverbindungen bekommen. Wir haben heute Kraftpostlinien von Sobernheim über Waldböckelheim nach Kreuznach, ferner nach Eckweiler-Soonwald-Martinstein und eine nach Bärweiler-Lauschied. Die Linie Sobernheim-Bockenau ist leider eingegangen, wegen zu geringer Benutzung. Vielleicht wäre diese Linie mehr benutzt worden, wenn ihr Fahrplan einigermaßen den Wünschen und Bedürfnissen der Bevölkerung Rechnung getragen hätte. Das tat er aber nicht, denn er war lediglich auf das Interesse der in der Sobernheimer Industrie beschäftigten Personen eingestellt und als diese aus hier nicht zu erörternden Gründen wegblieben, verschwand die Kraftpost. Das ist sehr bedauerlich. Sobernheim ist z. B. durch den Bau der Kleinbahn Kreuznach-Winterburg schwer geschädigt worden. Es hat ein altes Recht auf eine Verbindung mit dem „Amt", und wir hoffen, daß in der Frage einer Kraftwagenverbindung Sobernheim-Bockenau-Winterburg das letzte Wort noch nicht gesprochen ist.

Der Fahrplan der Kreuznacher Linie bedarf sehr der Verbesserung. Nach Eintreffen der Frühpost von Waldböckelheim in Sobernheim 8.59 Uhr sind glücklich alle Züge in der Richtung Bingerbrück weg. Anschluß ist erst 2 Stunden später (11.09 Uhr), nur Sonntags 9.32 Uhr. Nach 15.00 Uhr fährt kein Wagen mehr von Sobernheim nach Kreuznach. Wer von Steinhardt, Waldböckelheim und anderen Orten nachmittags Geschäfte in Sobernheim hat, kann zu Fuß laufen. Es wäre ein leichtes, den 19.40 Uhr von Kreuznach in Waldböckelheim eintreffenden Wagen bis Sobernheim durchlaufen zu lassen. Er würde hier kurz vor 20.00 Uhr eintreffen und könnte im Anschluß an die Abendzüge etwa 20.15 Uhr nach Waldböckelheim zurückfahren. So wäre in beiden Richtungen eine gute Spätverbindung hergestellt, der Herr „Schafför" müßte freilich ein Stündchen länger Dienst tun. Sonntags besteht auf der Strecke Sobernheim-Waldböckelheim überhaupt nur einmalige Verbindung. Das ominöse W (nur werktäglich) findet man leider nur zu oft bei den Kraftpostfahrplänen. Wäre die Reichspost ein bischen kaufmännischer veranlagt, dann ließe sie nach dem Beispiel der Reichsbahn Sonntags mehr aber nicht weniger Wagen laufen. Unseres Wissens verpflichtet sich die Stadt Sobernheim alljährlich für eine von der Post geforderte Garantiesumme – ohne diese macht die Reichspost nichts – hat sich die Stadt dafür auch ein Mitbestimmungsrecht für die Fahrpläne gesichert?

Von Kirchberg geht ein Postauto über Gemünden nach Martinstein und von da nach Merxheim, macht dort kehrt und fährt auf dem gleichen Wege zurück. Merxheim ist nur etwa 10 Kilometer von Sobernheim entfernt, dazwischen liegt der besuchte Felkejungborn „Englicher Hof" und der Bürgermeistereiort Meddersheim. Bei dieser kurzen Entfernung wäre es ebenso leicht wie einfach, die Kraftpost von Merxheim nach Sobernheim durchzuführen und so eine direkte Verbindung zwischen den Städten Kirchberg und Sobernheim herzustellen. An diesbezüglichen Bemühungen – besonders der Kur- und Verkehrsvereine – hat es nicht gefehlt; bis jetzt leider ohne Erfolg. Hoffentlich gelingt es, diese billig und bequem zu schaffende Verkehrsverbesserung in Bälde doch noch zu erzielen.

Durch 5 von Sobernheim ausstrahlende Landstraßen ist nach allen Richtungen gute Verbindung, was bei dem heutigen Kraftwagenverkehr doppelt von Bedeutung ist. Nur nach dem Süden hapert es etwas. Das kommt daher, weil das weiland hessenhomburgische Ländchen (heute Kreis Meisenheim) in kleinlichster Kirchturmpolitik die Straße Meisenheim-Meddersheim vom Hottenbachtal über den Berg, statt dem Laufe des Baches folgend geführt hat. Um sie möglichst fern von dem „ausländischen" Sobernheim zu halten. Die Sobernheimer haben dann den großen Fehler begangen, die steinerne Nahebrücke am falschen Platz zu bauen. Hätte man sie an der „Alten Bleiche" errichtet, so wäre damit allen Forderungen des Verkehrs, Forstverwaltung (Holzabfuhr) Genüge geschehen, und man stände heute nicht vor der Frage der Errichtung einer neuen Brücke, die sich immer dringlicher als notwendig erweist. Die über die Nahe liegenden Kurhäuser, das Erholungsheim und die Landfrauenschule des Vaterländischen Frauenvereins sind auf einen Holzsteg, im Winter auf den Nachen angewiesen. Ein auf Dauer unhaltbarer Zustand. Man will sich nun vorläufig einen festen Steg (nur für Fußgänger und Karren) errichten. Damit wäre schon viel gebessert und besonders die Verkehrsschwierigkeit in der ungünstigen Jahreszeit beseitigt. Wirkliche Abhilfe kann indessen nur eine Brücke schaffen. Die Frage ob man diese oberhalb- oder unterhalb des Holzsteges bauen soll, gehört nicht in diese Besprechung, wohl aber die Forderung, daß Hand in Hand mit dem Brückenbau der Bau einer Landstraße durch das Igelsbachtal und über die Höhe nach Abtweiler gehen muß, die den Wert der Brücke für Sobernheim ganz erheblich erhöhen, das weite Waldgebiet südlich der Nahe erschließen und

Sobernheim endlich die ihm lang vorenthaltene direkte Straße auch in südlicher Richtung geben wird.

Mancherlei Aufgaben – hier sind nur die Verkehrsfragen besprochen – harren aber der Lösung in Sobernheim. Mögen sie eine weitblickende Stadtverwaltung und eine stets am Gemeinwohl tätig teilnehmende Bürgerschaft finden.

Dr. phil Wilh. Fuchs – Sobernheim

Öffentlicher Anzeiger, 29.07.1930

Werbebild der Städtischen Verkehrs-gesellschaft Bad Kreuz-nach, um 1930 (KMZ)

Omnibus der Linie Strom-berg-Simmern Ende der 20iger Jahre (KMZ)

Die elektrische Küche 1930

Während einer Veranstaltung in der Festhalle Bingen 1930 warb die Rhein-Nahe-Kraftversorgung A. G. Bad Kreuznach für die Vorteile des Einsatzes einer elektrischen Küche. Unter dem Motto „Alles elektrisch!" gab es Koch- und Backvorführungen, neueste Modelle von Elektroherden und elektrischen Kochplatten lockten Neugierige an. Die Tafel im Hintergrund fasste die wesentlichen Vorzüge zusammen:

bequem – ohne Holz u. Kohle, sofort betriebsbereit, kein Anbrennen, kein Überkochen, da genau regelbare Wärme. Geringste Aufsicht erforderlich. Keine verstopften Brenner, kein Zurückschlagen der Flamme.

sauber und gefahrlos – Kein Schmutz durch Kohlen, Asche, Rauch, Russ usw.
keine Explosionen, keine Vergiftungen.
billig – denn Haushaltsstrom kostet nur 9 Reichspfennig je KW-Std.!
Wer im Monat für 9 Reichsmark Kochstrom entnimmt, enthält ferner Lichtstrom
für 18 ½ Reichspfennig je KW-Std.!

Fleischbeschau 1930

Bei der Fleischbeschau wurden 1930 in Kreuznach 21,8 Prozent aller Tiere, also
3218 von 14 789 untersuchten Tieren beanstandet. 17 Tiere wurden der Abdecke-
rei, 824 Tiere der Freibank übergeben. 1269 Tiere waren tuberkulös (8,6 Prozent).
Von 324 bakteriologisch untersuchten Tieren waren 59,6 % Bakterienträger, 3 Tiere
hatten Paratyphuskeime, 2 andere Milzbrand.
Öffentlicher Anzeiger, 03.07.1931

Stürmische Bürgerversammlung in Bad Münster a. St. 1932

Die schweren Auswirkungen der Weltwirtschaftskrise erreichten in Deutschland 1931/32 ihren Höhepunkt. Diese trafen nicht nur große Teile der Bevölkerung, sondern auch die kommunale Ebene, welche zunehmend unter finanziellen Druck geriet. Notverordnungen der Regierung Brünings sollten die Situation mildern und verbessern. Der nachstehende Text ist ein typisches Beispiel aus der lokalen Berichterstattung jener Zeit.

5. Jan. Fast 600 Personen waren gestern zu der Bürgerversammlung im Hotel Kaiserhof erschienen; die keinen Sitzplatz gefunden hatten, standen während der dreieinhalbstündigen Versammlung, selbst die Flure waren gedrängt voll Menschen. Kurz nach 8 Uhr eröffnete Hotelier Knörzer die Versammlung und erklärte: Das Jahr 1931 hat uns geschäftlichen Rückgang, Arbeitslosigkeit, Lohn- und Gehaltsabbau und dazu erhöhte Steuern gebracht. Zahlungseinstellungen und Konkurse sind die Folgen dieser Entwicklung. Die Bevölkerung von Münster a. St. wirft nun dem Gemeinderat vor, daß er die Pflichten gegen seine Wähler nicht erfüllt und die Interessen der Bürgermeisterei denen der Bürger vorangestellt habe. Die Entlassung des bewährten Kurdirektors Kuipers hat dem Bad, von dem die ganze Bürgerschaft lebt, schwer geschadet. Sein Nachfolger war derart in seiner Handlungsfreiheit beschränkt, daß ersprießliche Tätigkeit nicht möglich war. Die jetzige Personalunion von Kurdirektor und Bürgermeister wird von der Bevölkerung abgelehnt. Die Bürgermeisterei verursacht etwa 75 000 M Verwaltungskosten, die nicht mehr tragbar sind. So schmerzlich das auch manchem ist: die Bürgermeisterei kann nicht mehr gehalten werden. Eine Anleihe würde die Sachlage nur verschlimmern, da die Zinsaufbringung die Steuerzahler neu belastet, ebenso eine Erhöhung der Bürgersteuer. Gegen die Eingemeindung nach Kreuznach müssen wir aus Selbsterhaltungstrieb heraus protestieren. Sie würde unser Bad schwer schädigen und auch wieder nur Steuererhöhungen bringen. Es bleibt nur der Anschluß an die Bürgermeisterei Rüdesheim unter Erhaltung in seiner Selbstständigkeit übrig. Dadurch erreichte Ersparnisse müßten zur Steuer-, Strom- und Wasserpreissenkung dienen und zur Stärkung der Kurverwaltung.
Dr. Gerber ging in fast einstündigem Referat auf die augenblicklich für Bad Müns-

ter gegebene Sachlage ein und erklärte unter stürmischem Beifall eines Teils der Zuhörer: Meine Aufgabe besteht in einer Kritik der gegenwärtigen Verhältnisse. Die Gemeinde Bad Münster ist in große Verschuldung geraten, z. T. durch allzugroße Nachgiebigkeit bei der Eintreibung früherer Steuern. Vielfach haben die Mitglieder des Gemeinderats auch einseitig nach parteipolitischen Gesichtspunkten abgestimmt, anstatt sich nach den wirklichen Bedürfnissen der Bürgerschaft zu richten. Jetzt soll die Gemeinde plötzlich 45 000 M aufnehmen, um über die dringendsten Verpflichtungen hinwegzukommen. Der Gemeinderat war zu freigiebig in der Bewilligung von Ausgaben, er hat ohne weiteres 8 000 M für den Einbau einer Zentralheizung in die Bürgermeistereiwohnung und eine 2. Wohnung im Bürgermeistereigebäude bewilligt, ferner 12 000 M für neue Gewächshäuser usw. Wir beanstanden ferner die Art und Weise, mit der der Bürgermeister sich die Obliegenheiten des Kurdirektors übertragen ließ, während auf der Tagesordnung der betr. Sitzung nur stand: Kurangelegenheiten. Die Wahl erfolgte seiner Zeit nur mit geringer Mehrheit. Kurz darauf sollte dann der bisherige Kurdirektor als Kursekretär wieder angestellt werden.

In der recht lebhaften Diskussion regte Fink ein Volksbegehren auf Auflösung des Gemeinderats an. Lorenz verlangte eine Stellungnahme der anwesenden Gemeinderäte zu den vorgetragenen Fragen. Auf eine Anfrage von Betz jun. erläuterte Dr. Gerber das langwierige Verfahren eines etwaigen örtlichen Volksbegehrens.

Grünewald sen.: Rüdesheim hat sich früher an uns gesund gemacht, wir mußten Dreiviertel der Kosten aufbringen. Wir wollen selbstständig werden, aber Kurdirektor und Bürgermeister kann sehr gut einer zugleich sein. Die ganzen Verwaltungsgeschäfte kann man in 2 Stunden erledigen, die Kurdirektorgeschäfte in 4 Stunden. (Große Heiterkeit.) Ich habe mich davon überzeugt.

Knörzer: Die Kurverwaltung macht erheblich mehr Arbeit, der vorige Kurdirektor mußte mehrfach wegen Ueberarbeitung in Urlaub gehen.

Falkenstein: Die Geldkalamität der Gemeinde kommt zum großen Teil von den mangelnden Steuereingängen. Ehe der jetzige Bürgermeister kam, hat eine große Mißwirtschaft geherrscht. Z. t. ist viel zu teuer gewirtschaftet worden, aber das fing an, ehe der jetzige Bürgermeister und Gemeinderat da waren. 1911/12 hat man die Bürgermeisterei Münster auf viel zu kleiner Grundlage errichtet, man hätte noch Norheim, Niederhausen und Hüffelsheim einbeziehen müssen, um die Lasten besser zu verteilen. Es machte früher keinen guten Eindruck, wenn man als Kurgast nach Münster kam und las Bürgermeisterei Rüdesheim. Wenn wir jetzt aber mit Kreuznach verschmolzen würden, könnten wir uns gleich begraben lassen. Sehr drücken uns auch die Bäderdarlehen, die viele angenommen haben, in der Hoffnung, sie wie die Winzerkredite nicht zurückzahlen zu brauchen. Auch dafür kann der Bürgermeister nichts. Und ebensowenig kann er für das ungeheure Anwachsen der sozialen Lasten. Die Anlage der Heizung im Bürgermeistereihaus war unvorsichtig, aber der Bürgermeister zahlt 200 M mehr Miete als sein Vorgänger, das ist doch wohl eine genügende Verzinsung des angelegten Kapitals? Die strengere Steuereintreibung war sehr notwendig. Die alte Art des Einziehungsverfahrens in Münster brachte Zustände wie im Saustall.

Knörzer: Mit einer einzigen Ausnahme hat niemand daran gedacht, die Bäderanleihen nicht zurückzuzahlen.

Fink: Sämtliche 12 Gemeinderäte sind wohl gern zum Rücktritt bereit, wenn Sie sich Ersatz suchen, von denen jeder 40-50 000 M mitbringt, dann wäre der Gemeinde wohl geholfen. Als vor 4 Jahren, ehe jemand an Bürgermeister Heideloff dachte, der Einbau der Zentralheizung beschlossen wurde, war Knörzer auch damit einverstanden. Die Reparatur des unmöglichen alten Treibhauses hätte 2-3 000 M gekostet, das lohnte sich doch nicht mehr, die Anlage des neuen Treibhauses war dringend nötig. Der Bürgermeister hat der Gemeinde schon sehr viel genützt, fragen Sie nur die Hausbesitzer! Er hat auch den Gemeinderat ordnungsgemäß über die Besetzung der Kurdirektorstelle abstimmen lassen. Die 5 Mitglieder, die dagegen waren, konnten sich ja beim Kreisausschuß beschweren. Warum will man die Personalunion nicht einmal versuchen, der Kurdirektor Kuipers, der unser Bad auf die Höhe gebracht hat, war ja anfangs nur Ingenieur ohne jede Erfahrung in der Leitung eines Bades. Der Kredit dieses Jahr ist nichts außergewöhnliches. Wir haben jedes Jahr einen Ueberbrückungskredit aufnehmen müssen durch die Kreissparkasse. Vor 20 Jahren waren wir froh, als wir selbstständig wurden [01.04.1912] und haben 20 Jahre lang jährlich 3 000 M Abfindung dafür an die Bürgermeisterei Rüdesheim gezahlt. Und jetzt sollten wir wieder zurückwollen?

Knörzer: Ich war mit der Heizung nie einverstanden.

Fink: Die Gemeinde hat nicht 360 000 M Schulden, da sind ja alle Liegenschaften, die zu verzinsen sind, mitgerechnet. Wenn eine neue Inflation kommt, dann haben wir unsere Liegenschaften und sind unsere Schulden los. (Heiterkeit, Protest.)

Knörzer: Sanitätsrat Kable hat neulich erklärt, er wisse bestimmt, daß in Kreuznach die Eingemeindung sehr intensiv betrieben werde. Wenn sie wirklich kommt, kann der Bürgermeister garnichts dagegen machen. Ich erinnere nur an die letzte preuß. Notverordnung.

Fink: Je größer die Gefahr für Bad Münster ist, desto mehr müßte die Bürgerschaft sich einig zusammenschließen, anstatt sich zu zersplittern. (Beifall.)

Nach einigen Ausführungen von Hessel, Platz und Heblich zur Arbeitslosenfrage erklärte Gärtnereibesitzer Grünewald: Bürgermeister und Gemeinderat sollen jetzt auslöffeln, was ihre Vorgänger verfahren haben. Ich habe mich selbst dadurch geschädigt, daß ich für die Anlage der Gewächshäuser eingetreten bin, aber sie war dringend und unumgänglich notwendig.

Knörzer schlug dann folgende Resolution vor: Die Teilnehmer der Bürgerversammlung vertreten die Ansicht, daß der Kostenaufwand, den die Aufrechterhaltung der Bürgermeisterei erfordert, für die Bevölkerung nicht mehr tragbar ist und befürwortet daher als einzigen Ausweg aus Ersparnisgründen den Anschluß an die Bürgermeisterei Rüdesheim.

Klaube: Es gibt nicht viele, die sich zu einem solch unsinnigen Beschluß verleiten lassen. Zu erwägen wäre die Einsetzung eines Ausschusses aus Kreisen der Bürgerschaft, der die Interessen der Bürgerschaft gegenüber Bürgermeisterei und Kurverwaltung zu vertreten hätte. Wir sind keine A. G., unser Bad gehört der Gemeinde, also ist auch der Bürgermeister für die vernünftige Leitung des Bades verantwortlich und muß scharf durchgreifen, auch wenn er dabei manchmal jemandem wehtut. Wenn wir einen neuen Kurdirektor wählen, dann verlangt er Geld, um aus dem Bad etwas zu machen und zu zeigen, was er kann. Bewilligen wir ihm kein Geld, dann leistet er eben nichts. Es muß sehr gut ein paar Jahre lang gehen, daß man im Sommer einen Kursekretär einstellt, der dann vielleicht später, in besseren Zeiten einmal Kurdirektor wird. Wir lehnen die Resolution ab, weil sie Unsinn ist.

Knörzer: Die Resolution soll nur die Einleitung von Vorverhandlungen ermöglichen.

Meckes: Der Bürgermeister ist der Mann den wir brauchen. Er ist sparsam, fleißig, ich bin überzeugt, wenn man ihm Gelegenheit dazu gibt, wird er sich als Kurdirektor bewähren. Wer Gemeinsinn hat und es irgend kann, hilft der Gemeinde mehr, als große Reden. Am besten läßt man für eine Saison beide Posten vereinigt, dann kann man ja sehen.

In der jetzigen Debatte ergibt sich, daß die Bürgerschaft in ihrer Mehrzahl gegen eine Vereinigung mit Rüdesheim ist, Knörzer läßt daher diesen Teil der Resolution fallen. Heblich verlangt, daß auch die Kurinteressen zu den Werbungskosten für das Bad herangezogen werden. Knörzer meint, daß schon durch Steuern, Solwasser usw. genügend geschehe.

Entschließung

In der Abstimmung wurde die Vereinigung mit Rüdesheim mit großer Mehrheit abgelehnt und beschlossen, die Gemeinde unter allen Umständen als selbstständige Bürgermeisterei zu erhalten. Ueber die Frage, ob eine Personalunion, zwischen Bürgermeister und Kurdirektor stattfinden solle, oder nicht, erging kein Beschluß. Schluß der Versammlung nach 11 Uhr.

Oeffentlicher Anzeiger in Bad Kreuznach 05.01. u. 06.01.1932 (HWZB)

Eingesandt (Ohne jede Verantwortung der Redaktion, 20 Zeilen frei, jede weitere Zeile 50 Pf. Kürzungen behalten wir uns vor.) **Bürgerversammlung Bad Münster am Stein**

Als Leiter der Versammlung habe ich zur Berichterstattung über den Verlauf der Versammlung eine Richtigstellung zu machen. Es wir in diesem Bericht gesagt, daß durch Abstimmung beschlossen wurde, „die Gemeinde unter allen Umständen als selbstständige Bürgermeisterei zu erhalten". Dies entspricht nicht den Tatsachen. Eine diesbezügliche Abstimmung hat nicht stattgefunden, sodaß ein solcher Beschluß auch nicht erfolgen konnte.

Bad Münster a. St., 8. Jan. J.[akob] Knörzer.

Oeffentlicher Anzeiger 08.01.1932 (HWZB)

Die Auflösung des Kreises Meisenheim 1932

Im Jahre 1932 griff die preußische Regierung mit dem Erlaß einer Verordnung über die Neuordnung von Landkreisen in die Verwaltungsorganisation an Nahe und Glan ein. Durch die Eingliederung des Kreises Meisenheim, in dem etwa 13 600 Menschen in 25 Gemeinden lebten, entstand der „Großkreis" Kreuznach. Die Meisenheimer Bevölkerung stand dieser Neubildung aus unterschiedlichen Gründen skeptisch gegenüber. Weder politische noch zivile Proteste konnten die Zusammenlegung verhindern. Während einer Sitzung des Kreuznacher Kreistages am 13.09.1932 erklärte Landrat Müser: „Daß der Kreis Meisenheim nicht mit besonderer Liebe zu uns kommt, verstehe ich. Aber die Herren dürfen überzeugt sein, daß wir für ihre Wünsche stets ein offenes Ohr haben werden." 1959 urteilte Bürgermeister Walther Celius in seinen „Gedanken um Maßnahmen der Gebiets- und Verwaltungsreform an der Nahtstelle des Landes Rheinland-Pfalz": „... So soll hier nochmals ausdrücklich allen Bestrebungen widersprochen werden, die darauf zielen, den Kreis Meisenheim wieder aufleben zu lassen, insbesondere da wir bei dem Kreis Kreuznach gut aufgehoben sind und weil in unserem Gebiet durch die Einrichtungen der Amtsverwaltungen der Landkreis in kleine Wirtschaftsräume gegliedert ist, in denen, stellvertretend für die Kreisverwaltung, jeder Bürger in allen Selbstverwaltungs- und Auftragsangelegenheiten Rat und Hilfe finden kann, ohne daß er der entfernt liegenden Kreisstadt selbst vorsprechen müßte."

Bereits im Januar 1932 kochte das Thema in der Presse hoch. Der Öffentliche Anzeiger aus Meisenheim nannte es den „Streit im „Blätter"wald im Kreise Kreuznach um den Kreis Meisenheim". Besonders Diplom-Volkswirt Robert Bürger aus Kirn, Bürgermeister Dr. Sturm und Dr. Willy Fuchs aus Sobernheim polemisierten über die künftige Kreiseinteilung. Sie wünschten sich einen Landkreis Kirn oder Sobernheim. Damit erregten sie Meisenheimer Kreisbewohner, die sich leidenschaftlich mit der Veröffentlichung anonymer Leserbriefe Luft machten. Daraus zwei Kostproben aus dem Bestand der Heimatwissenschaftlichen Zentralbibliothek.

Eingesandt ... Nun nach Sobernheim. Haut ihn – den Lukas! Schon wieder hat sich einer gemeldet, der da glaubt „Sturm" [Dr. Sturm] laufen zu müssen gegen den Kreis Meisenheim. – Meine Feder sei zu spitz gewesen und mein „Ton" habe nicht sonderlich gefallen. Schadet nichts! Wenn in dem „Blätter"wald der „Sturm" heult und der „Fuchs" [Dr. Fuchs] bellt, dann macht bekanntlich der Ton die rechte Musik. Zudem bin ich kein Akademiker und schreibe so, wie ich es in meiner einfachen Elementarschulbildung gelernt habe. Trotzdem verstehe ich doch, was Sie mit Ihrem Satz „daß Sobernheim zwar kein Weltbad" ist, daß aber „gerade bei Angst- und Depressionszuständen beachtliche Erfolge erzielt worden sind", sagen wollen. Und daß ich Sie verstehe, beweist Ihnen wohl, daß ich „Lehmbäder" vorerst noch nicht nötig habe. Mein Eingesandt, das mit „Ein Meisenheimer" unterzeichnet war, hätte ebensogut mit „Die Meisenheimer" unterschrieben sein können, denn in dieser Frage steht die ganze Bürgerschaft hinter mir. – Sie schreiben: „Wenn daher die Zeit des Kreises Meisenheim gekommen ist, und sie wird kommen, ob früher oder später, dann wird man es den in letzter Instanz zuständigen Stellen, das sind Staatsministerium und Landtag, ruhig überlassen können, eine gerechte Lösung für diesen gesamten Fragekomplex zu finden." – Sehr richtig, aber sagen Sie, warum hat man das im Kreise Kreuznach nicht getan? – Daß eine Verwaltungsreform kommen wird und muß, „ohne Rücksicht auf lokale oder sonstige Interessen", wissen wir Meisenheimer ebenso gut, wie die Sobernheimer. Ob sie aber in der von Ihnen so sehr gehofften und ersehnten Weise erfolgt, möchte ich noch dahingestellt sein lassen. Jedenfalls gibt es noch andere Möglichkeiten! – Mit scheint, daß man an der Nahe unsere Herren Minister in Berlin für sehr dumm hält, wenn man denkt, sie würden einen Kreis auflösen und mit dem „unzufriedenen" Teil eines Nachbarkreises einen neuen Kreis bilden und die Verwaltung verlegen. Wo bliebe da die Sparsamkeit? ... Sie haben den „Fuchs´schen" Artikel nicht genau gelesen, sehen Sie bitte mal dort nach, was da nicht alles aufgeführt wird, was Sobernheim berechtigen würde, zur Kreisstadt erhoben zu werden! – Wenn Sobernheim noch einmal so groß ist wie Meisenheim und wenn es all die vielen Vorteile hat, die Dr. Fuchs aufführt, so könnte es sich ja damit begnügen und uns Meisenheimern auch etwas lassen, denn wir wollen doch auch leben. Solange wir eben die Kreisverwaltung hier haben, kämpfen wir mit aller Macht gegen die Fortnahme. Das ist nicht Nervosität, sondern Selbsterhaltungstrieb. Können Sie das nicht verstehen? „Was Du ererbt von Deinen Vätern hast, erwirb es, um es zu besitzen"; dieses Wort gilt auch für uns. Das einzig Wahre in dem „Sturm"schen Artikel ist der Schlußsatz: „Wir Sobernheimer haben bisher ohne die Steuerkraft des Kreises Meisenheim ganz gut leben können und hoffen das auch in Zukunft zu tun". – Dieses Bekenntnis freut uns! Handeln Sie aber auch in Zukunft danach. Wir werden Sie jedoch nicht von der Schuld rein waschen, daß Sie den Streit vom Zaune gebrochen haben, und werden uns auch nicht mehr mit Ihnen befassen, denn, wem nicht zu raten ist, ist nicht zu helfen.

Nun zu Ihnen Herr Bürgermeister, persönlich. Nach unserer Ansicht hätten Sie besser getan und Ihrer Stadt einen weit größeren Dienst erwiesen, wenn Sie sich nicht in die Sache eingemischt hätten, sondern die Suppe hätten die auslöffeln lassen, die sie sich eingebrockt haben. Sie sind noch zu kurze Zeit in Ihrem Sobernheimer Amt und können nicht wissen, daß dies nicht das erste Mal ist, daß man von der Nahe her Attacke reitet auf den Kreis Meisenheim. Lassen Sie sich von der „Nasse´schen" Zeit [Landrat von Nasse] erzählen, dann werden Sie verstehen, daß die Federn in Meisenheim bei solchen Fragen spitz werden. Aus dieser Zeit stammt auch die Bezeichnung „Der Kleinegernegroß". Wir glauben nicht, daß Sie Meisenheim so gut kennen, um behaupten zu können, „es könnte vielleicht Lehm und Kies dazu Verwendung finden, den Wall der Mittelalterlichkeit um Meisenheim zu verewigen". Wenn wir nicht sofort mit gleichen Füßen in den sogenannten „Fortschritt" hineinspringen, so können wir aber von uns behaupten: „Wir sind klein, aber rein". Sie werden wohl zugeben müssen, daß doch unser Bürgemeister, ein weit größeres Interesse an der ganzen Frage hätte als Sie, trotzdem überläßt er die Sache „den in letzter Instanz zuständigen Stellen". Sie wären eben auch besser „Stumm" geblieben. Die Meisenheimer.

Öffentlicher Anzeiger Bad Kreuznach 21.01.1932

Eingesandt: An den oder die „Meisenheimer" Dem namenlosen „Meisenheimer", der nicht den Mut hat, seinen Namen unter sein Geschreibsel zu setzen und der sich bei seinen anonymen Ausfällen auf Kreis und Stadt Kreuznach, sowie die Städte Sobernheim und Kirn wahrscheinlich überaus geistreich vorkam, möchte ich nur mit wenigen Worten erwidern. Die Frage der Auflösung des Miniaturkreises Meisenheim ist ein altes Kapitel. Wenn sie heute wieder behandelt wird, verdenkt es kein Mensch der Stadt Meisenheim und ihren Bürgern, daß sie sich bis zum äußersten gegen Wegnahme der Kreisverwaltung wehren, ebensowenig aber wird es niemand den Städten verübeln, die gegebenenfalls bei einer Verwaltungsreform als Landratssitz in Frage kommen, wenn sie das Thema erörtern. Ohne Zorn und Eifer und nicht in lächerlich-gereizter Weise, wie es der „Meisenheimer" getan hat. Die Tonart des anonymen Herrn hat Bürgermeister Dr. Stumm schon hinreichend gekennzeichnet. Der Meisenheimer braucht nicht erst zu versichern, daß er „kein Akademiker" sei. Sein Stil beweist es! Es war auch garnicht meine Absicht, diesen unbekannten Herrn einer Erwiderungszeile zu würdigen. Wenn ich es trotzdem tue, so geschieht es nur, um Unwahrheiten zu widerlegen. Wir an der mittleren Nahe sind keineswegs ein „unzufriedener Teil" des Kreises Kreuznach, in dem wir uns sogar recht wohl fühlen, interessieren uns aber trotzdem für die kommende Verwaltungsreform. Wenn der Bürgermeister unserer Stadt zu dieser in den Tageszeitungen erörterten Frage Stellung nimmt, so ist das sein gutes Recht, ja seine Pflicht. Gänzlich abwegig ist auch die Behauptung des „Meisenheimers" von neulich, der Kreis Kreuznach wolle durch Einverleibung des Kreises Meisenheim seine Finanzen sanieren. Nein, Herr Namenslos, dazu braucht der Kreis Kreuznach das Duodezgebiet Meisenheim nicht. Nur immer schön sachlich bleiben! Wird Meisenheim Kreuznach einverleibt, dann geschieht das aus ganz anderen Gründen. Das ist alles, was ich dem Herrn „Meisenheimer" auf seine abgeschmackten Artikel zu sagen habe. Er mag jetzt mit einer spitzen oder stumpfen Feder mit Rundschriftfeder oder Schreibmaschine schreiben. Antwort von mir bekommt er nicht mehr. Sobernheim Dr. Willy Fuchs.

Öffentlicher Anzeiger Bad Kreuznach, 23.01.1932

> **Das Ende des Kreises Meisenheim:** Berlin, 4. Aug.
> Die neue preußische Staatsregierung ordnete an: Die
> Geschäfte des Kreises Meisenheim führt ab 1. Oktober 1932
> der Landrat des Kreises Kreuznach. (Allgemeiner Anzeiger Meisenheim)

Zur Auflösung des Kreises Meisenheim am 04.08.1932

Wer am vergangenen Montag abend im Gemeindehause der großen Protestversammlung gegen die Auflösung des Kreises beiwohnte und die Gesichter der den Saal Verlassenden beobachtete, konnte konstatieren, daß auf ihnen eine tiefe seelische Ergriffenheit gelagert war. War man sich doch durch das von allen Rednern Gehörte bewußt geworden des großen Ausmaßes ganz unverdienten Unglücks, das über den Kreis Meisenheim, vorzüglich über die Bewohner Meisenheims, durch die Auflösung des Kreises kommen muß. Die schwerlastende Wucht des Gedankens an das mit Sicheheit aufkommende Unheil, das uns alle treffen wird, wirkte so lähmend selbst auf Menschen, die sonst rasch und schlagfertig auf gestellte Fragen zu antworten verstehen, daß sie sich zu einer Aussprache nicht aufraffen konnten. Dahingegen sah der Schreiber dieses in den Augen mancher Frau und denen verschiedener Männer Tränen, die Kunde gaben von der Ergriffenheit, ihrer Erbitterung und stillen Wut über die durch nichts aber auch gar nichts gerechtfertigte Maßnahme der Regierung. Sie können den Beschluß, der die Zerstörung eines blühenden Gemeinwesens im Gefolge hat, nicht billigen und gutheißen, sie fühlen sich tief verletzt ob der Undankbarkeit und Ungerechtigkeit des Staates gegen einen kleinen, solid basierten, in schwerer Zeit sich aus eigener Kraft erhaltenden Verwaltungsbezirk. Sie sagen sich vergleichsweise nicht mit Unrecht, daß man in früherer Zeit einen Verschwender unter staatliche Aufsicht, unter Kuratel gestellt, daß man aber einem soliden, sparsam seine Finanzen in Ordnung habenden Menschen seine Freude gelassen habe. Nunmehr scheine der Staat das Umgekehrte zu lieben und zu loben, denn unser in finanzieller Beziehung vorzüglich dastehender Kreis käme zum Dank für seine Solidität und Sparsamkeit zu dem stark verschuldeten Kreis Kreuznach in Verwaltung und Aufsicht. Die Leute denken unter vielem an-

dern auch zurück an die Zeit des Krieges, in der der kleine Kreis Meisenheim, pro-
zentual genommen, am meisten an Nahrungsmitteln zugunsten der Allgemeinheit
ablieferte von allen Kreisen Preußens; sie lassen in ihren Gedanken aufleben die
Ausweisungszeit unseligen Andenkens, als von etwa 1850 Meisenheimern 138 von
Haus und Hof vertrieben wurden. In Gedanken sehen sie auch noch, wie unsere
kleinen Handwerker, Kaufleute und Gewerbetreibenden, streng sich an den seitens
der Regierung erlassenen Befehl haltend, die Regiebahn nicht benutzten, sondern
lieber den Handkarren von Meisenheim nach Kreuznach, Mainz und Bingen etc.
zogen, als daß sie in ihrer Treue zu ihrem Vaterlande erlahmten.

Und die Auflösung des Kreises ist nun der Dank für die dem deutschen Gedanken gehaltene Treue! Die Leute greifen sich an die Stirn und möchten aufschrei-
en vor tiefem seelischen Weh. Ersparnisse sollen durch die Auflösung des Kreises
gemacht werden. Die Kreiseingesessenen fragen sich: wo sind die Ersparnisse, die
das Finanzamt seinerzeit durch die Verlegung der Finanzamtsnebenstelle von Meisenheim nach Kreuznach gemacht hat? Die Reise, die in jeder Woche der Herr Fi-
nanzassessor nach Meisenheim gemacht hat, ist erspart worden, dahingegen sind
größere Ausgaben entstanden durch den Umzug der Beamten, deren höhere Orts-
klasseneinstufung, höhere Wohnungsmieten etc.

Genauso wird es mit der Auflösung des Kreises sein, gespart wird so gut wie nichts
werden, die von den Kreisbewohnern aufzubringenden Kreisumlagen werden aber,
das ist sicher, das doppelte, wenn nicht das dreifache wie bisher ausmachen.

Der vergangene Mittwoch, also der 1. August, an dem die Auflösung des Kreises
in Berlin beschlossen wurde, ist ein sogenannter dies ater [schwarzer Tag], ein Unglückstag für den Kreis und für Meisenheim. Er reiht sich würdig an jenen 23.
Januar 1798, an dem der französische Kommissar Rudler den Glan zur Grenze zwischen dem Departement Donnersberg und dem der Saar machte. Die Stadt Meisenheim, der Sitz der Verwaltung des Pfalz-Zweibrückischen Oberamtes Meisenheim,
wurde damals getrennt von nicht weniger als 69 Ortschaften, die auf dem rechten
Glanufer lagen und bald 350 Jahre von Meisenheim aus verwaltet worden waren.

Der zweite Unglückstag war der 14. April 1816. Damals bekam Bayern unter vielen
anderen Landstrecken das Herzogtum Zweibrücken mit Ausnahme Meisenheims
und den Ortschaften Raumbach, Desloch, Breitenheim, Jeckenbach und Medard,
alter pfälzischer Besitz, der den Grundstock zu dem späteren Hessen-Homburgischen Oberamte Meisenheim, dem heutigen Kreis Meisenheim, bildete. Wäre damals Meisenheim zur Krone Bayerns gekommen, wie das die Meisenheimer in einem Bittgesuch an den Landgrafen von Hessen-Homburg wollten, wie anders hätte

sich Meisenheim entwickeln können, welchen Scherereien wäre es entzogen gewesen. Der größte Unglückstag aber wird für Meisenheim bleiben der 1. August 1932, Kind und Kindeskinder Meisenheimer Eltern werden noch diesem fluchen, denn er zertrümmert, was in jahrelanger, sorgsamer, solider und treuer hingebungsvoller Arbeit aufgebaut wurde, er nimmt den Bewohnern in schwerer Zeit auch den letzten Hoffnungsschimmer auf einen Wiederaufstieg und läßt Verzweiflung und Bitterkeit in den Herzen zurück. S.

Öffentlicher Anzeiger Meisenheim 04.08.1932

„Gefolgschaft des damaligen Landratsamtes Meisenheim (Glan)" am 9.08.1932. (HWZB)

Ständiges Hineinreden 1935

Aus dem Lagebericht des Landrates von Bad Kreuznach über den Monat Dezember 1935

Daß die unteren Parteidienststellen jedoch vielfach noch mit recht ungeeigneten Persönlichkeiten besetzt sind, habe ich oft berichtet und ist leider noch heute der Fall. Zwar wurde mir von den Amtsbürgermeistern und den Gendarmerie-Beamten in den letzten Dienstversammlungen mündlich vorgetragen, daß die Zusammenarbeit zwischen den Partei- und Behördenstellen besser geworden sei. Demgegenüber aber steht die Äußerung von durchaus vertrauenswürdiger Seite, daß die Partei ihrerseits die Zusammenarbeit mit den Behörden als nicht zufriedenstellend bezeichnet, und zwar deshalb nicht, weil die Behördenstellen nicht genügend „parieren". Nach meiner Auffassung ist das Verhältnis zwischen Partei und Behörden dahin zu charakterisieren, daß die Behördenleiter, namentlich die der öffentlichen Verwaltung, sich allmählich an das ständige Hineinreden politischer Leiter in reine Verwaltungsdinge so gewöhnt haben, daß sie diesen Zustand dann als erträglich ansehen, wenn allzu heftige Auseinandersetzungen vermieden werden können. Es ist aber ein ungesunder Zustand, wenn im Interesse des guten Einvernehmens und des Ansehens immer nur von den Behörden Nachgiebigkeit – oft zum Schaden der Sache – geübt wird. Nach einer bald dreijährigen Dienstzeit im Kreise fühle ich mich verpflichtet, hier nochmals mit aller Deutlichkeit zu sagen, daß der Dualismus der Partei- und Behördenarbeit in Verwaltungsangelegenheiten auf die Dauer unerträglich und geeignet ist, die Aufbauarbeit stark zu gefährden. Diese Auffassung wird nicht nur von mir, sondern auch von alten Parteigenossen, die als langjährige Verwaltungsbeamte leitende Stellen bekleiden, ausgesprochen. Denn gerade diese sind es, die sich mir gegenüber im besonderen Maße beklagen, daß die unteren Parteidienststellen offenbar infolge der Schulung durch ihre übergeordneten Parteistellen den Standpunkt vertreten, die Behörden seien lediglich ihre Ausführungsorgane. In der Tat ist die Meinung des hiesigen Kreisleiters die: „es darf im Kreise Kreuznach keinen anderen Willen geben als den seinen". Selbstverständlich wird dieser Grundsatz von den nachgeordneten örtlichen Parteileitern noch schärfer gehandhabt. Oft werden geradezu Beschwerdefälle und Eingriffsmöglichkeiten gesucht, um den Behörden die Parteiaufsicht fühlen zu lassen. Ohne über einen entsprechend geschulten Apparat zu verfügen, bearbeiten die Parteistellen Verwaltungsangelegenheiten und treffen Vorentscheidungen, die entweder bei den Behörden bereits ordnungsgemäß erledigt wurden oder die in der Schwebe sind, die dann letzten Endes den Behörden in eigener Verantwortung zur Durcharbeit und Entscheidung überlassen werden müssen. Bis dahin wird jedoch sehr viel Doppelarbeit geleistet und Zeit und Kraft vergeudet. Ich habe den Eindruck, daß bei alledem der persönliche Ergeiz der politischen Leiter eine Rolle spielt, der dahin zielt, die Erfolge der behördlich geleisteten Arbeit in der Öffentlichkeit, insbesondere in der Presse, allein für sich in Anspruch zu nehmen, während Mißgriffe, die von ihnen verursacht wurden, gerne den Behörden, die ja ohnedies die Verantwortung tragen müssen, abgewälzt werden.

Der Ausdruck des Kreisleiters, daß allein sein Wille maßgeblich sei, kam deutlich auch in seiner Eigenschaft als Kreisbeauftragter zum Ausdruck. Diese Stellung wirkt sich im übrigen praktisch als zweite Kommunalaufsichtsbehörde aus, und ich kann sie nach den bisherigen Erfahrungen nicht als besonders glückliche Lösung bezeichnen. ... Infolgedessen herrscht vielerorts Mißstimmung darüber, daß der Kreisbeauftragte weder vor der Ernennung der Gemeinderäte, wie vorgeschrieben, die Bürgermeister hörte, noch bei seinen Vorschlägen für die Ernennung der Bürgermeister eine Anhörung der Gemeinderäte vorgenommen hat. Bemerkenswert ist hierbei, daß der Kreisbeauftragte an die Beigeordneten, bevor sie noch von mir berufen wurden, von sich aus Berufungsschreiben richtete, vermutlich deshalb, um der behördlichen Berufung aus Prestigegründen zuvorzukommen. Auf diese gesetzliche Unmöglichkeit hingewiesen, erklärte der Kreisleiter, daß sein Schreiben die Berufung durch die Behörden in Aussicht stellen sollte. Ich kann mich nicht des Eindrucks erwehren, daß solche und ähnliche Eingriffe in die Verwaltung geflissentlich den Zweck verfolgen, nach Außen die persönliche Vorherrschaft zu betonen.

Die Tatsache ferner, daß für die Berufung der Gemeinderäte und Bürgermeister weniger ihre persönliche Geignetheit als ihre Parteizugehörigkeit den Ausschlag gab, läßt vermuten, daß von vorneherein eine persönliche Abhängigkeit der Gemeindeorgane gegenüber den Parteidienststellen hergestellt werden sollte. In Wirklichkeit ist es auch so, daß sich die Bürgermeister und Gemeinderäte meistens mehr der Partei als ihrer übergeordneten Dienststelle gegenüber unterstellt fühlen. Dies hat nicht nur Unzufriedenheit in einem großen Teil der Bevölkerung verursacht, sondern hatte zur weiteren Folge, daß den Gemeindeorganen zum Schaden der nationalsozialistischen Bewegung vielfach Ablehnung und Widerstand entgegengesetzt werden.

Das Bestreben der politischen Leiter, Beamten- und Angestelltenstellen bei den Behörden ausschließlich vom Gesichtspunkt der längeren Parteizugehörigkeit besetzt zu wissen, geht oft so weit, daß Nichtparteigenossen und solche Parteigenossen, die nach dem 30. Januar 1933 der Partei beitraten, selbst dann ausgeschaltet werden, wenn sie bei weitem bessere fachliche und moralische Eigenschaften aufweisen. Ein besonders krasser Fall ist der, daß für die hier zu besetzende Stelle des Kreiswohlfahrtsleiters bei recht befähigten sonstigen Bewerbern von der Kreisleitung ein Beamter ... ausgewählt und dann vom Kreisausschuß gewählt wurde, der zwar älterer Parteigenosse ist, sich aber weder fachlich noch charakterlich eignete, und der wegen Amtsunterschlagung in seiner früheren Dienststelle ... inzwischen verhaftet werden mußte. Es kann daher nicht ausbleiben, daß in der Bevölkerung oft die Meinung laut wird, die Partei verfolge die Aufgabe, Parteigenossen ohne Rücksicht auf ihre Eignung in öffentliche Ämter unterzubringen und mache letzten Endes dasselbe, was von ihr im alten System bekämpft worden sei.

Auch von alten Parteigenossen wird diese Ansicht bestätigt. Allerdings handelt es sich hier um solche, die es grundsätzlich ablehnen, wegen ihrer Parteizugehörigkeit persönliche Vorteile zu erlangen.

Eine Beseitigung der erwähnten Mißstände, die im Interesse der Staatsautorität und einer Aufbauarbeit unbedingt geboten erscheint, muß sehr bald durch eine klare Abgrenzung der Zuständigkeiten für die Parteidienststellen erreicht werden. In einer Verbindung der Parteidienststellen mit den Behörden vermag ich eine Lösung weder bei der Kreisverwaltung noch bei den Ortsbehörden zu erblicken. Außerdem muß m. E. die Verantwortung der politischen Leiter nicht nur eine moralische, sondern eine durch gesetzliche Regelung betonte sein.

Heyen, Franz Josef: Nationalsozialismus im Alltag. Quellen zur Geschichte des Nationalsozialismus vornehmlich im Raum Mainz-Koblenz-Trier. Boppard: Boldt, 1967. (Veröffentlichungen der Landesarchivverwaltung Rheinland-Pfalz, 9) S. 263-266
Hellmuth Rademacher (1900-1984) war vom Juni 1933 bis Januar 1936 Landrat des Kreises Kreuznach.

Der Reichsarbeitsdienst „Gruppe 244 Kreuznach" in den Jahren 1933-1935

Nach der Machtergreifung durch den Nationalsozialismus wurden die in den Kreisen Kreuznach, Simmern, Bernkastel und Baumholder, sowie die im Landesteil Birkenfeld bereits vorhandenen Arbeitslager durch den Verein zur Umschulung freiwilliger Arbeitskräfte auf eine einheitliche Linie gebracht. Die Gruppe Nahe-Birkenfeld wurde als letzte Gruppe am 1. September 1933 unter der Nummer 244 in die Gau-Organisation einbezogen.

Das Lager Dorsheim bei Langenlonsheim wurde mit der Abteilung Langenlonsheim verschmolzen. Aus den Lagern Kirn, Hennweiler und Becherbach entstand die Abteilung Kirn mit dem Sitz auf der Kyrburg. Die Lager Bärenbach und Hottenbach bildeten ebenfalls eine geschlossenen Abteilung. An der mittleren Nahe wurden die vier Arbeitsdienstlager Staudernheim, Meisenheim, Sobernheim und Boos zur Dienstabteilung Sobernheim zusammengezogen. Mit der entgültigen Schaffung und Umgrenzung der Gruppe 244 konnte der Gruppensitz am 1.9.1933 nach Kreuznach verlegt werden. Der Gruppenstab war notdürftig in dem Wirtschaftsgebäude der ehemaligen Automobilkaserne – einem in der Besatzungs entstandenen Gebäude – in drei kleinen Räumen untergebracht. Von Kreuznach aus, wo der Verein zur Umschulung freiwilliger Arbeitskräfte im August 1932 seine Tätigkeit aufgenommen hatte, wurde das Gebiet der mittleren und untern Nahe bearbeitet.

Die alljährlich auftretenden Überschwemmungen dieses Flusses veranlassten schon früh die Gemeinden am Unterlauf der Nahe, durch Dammbauten das von Wasser bedrohte Land zu schützen. Diese Dämme waren zum grössten Teil ungenügend und lückenhaft. Die Pläne für einen grossen neuen Damm lagen bereit, es fehlten aber die Mittel zur Inangriffnahme der Arbeiten. Da entsann man sich des Arbeitsdienstes. Am 3. April 1933 rückten 30 Mann in Langenlonsheim ein und bezogen einen grossen Gasthaussaal als Unterkunft. Es fehlte an allem, angefangen bei den Betten und Spinden bis zu den notwendigsten Dingen des täglichen Bedarfs. Dafür brachten aber die Freiwilligen den entschlossenen Willen mit, alle Schwierigkeiten zu überwinden. Schon im Mai betrug die Mannschaftsstärke 230 Mann, die alle in dem einen Saal untergebracht waren. Dieser Raum war Tagesraum, Schlafsaal,

Schreibstube und Kammer. Aber trotz dieser enge und Dürftigkeit entstand eine vorbildliche Kameradschaft.

Auch auf der Bautstelle fehlte es an brauchbaren Arbeitsgeräten. Loren, Gleise und Werkzeuge waren schlecht und erneuerungsbedürftig. Die Anschaffung neuer Geräte und die Förderung mit zwei kleinen Lokomotiven erhöhte die Arbeitsleistung ganz beträchtlich. Die Notunterkunft war mit der Zeit unhaltbar geworden. Im November 1933 wurde mit dem Bau eines Barackenlagers begonnen, das im Juni 1934 von der Abteilung bezogen werden konnte. Nachdem das Lager in folgenden Monaten mit Sorgfalt und Eifer seine innere Ausgestaltung erfahren hatte, wurde es im November 1934 in feierlicher Form durch den Kreis Kreuznach an den Gauarbeitsführer übergeben. Die Arbeiten am Nahedamm schritten unterdessen rüstig weiter. Bis zum heutigen Tag sind 2 ½ km Damm fertiggestellt. Damit ist die Hochwassergefahr für Langenlonsheim beseitigt.

Die Verhütung und Beseitigung von Hochwasserschäden wies auch in Sobernheim und den benachbarten Orten Staudernheim, Boos und Meisenheim grosse Einsatzmöglichkeiten für den Arbeitsdienst. Zehn erwerbslose Saarländer zogen Ende 1932 in Sobernheim ein, um dort den Grundstein für die spätere Arbeitsdienstabteilung 4/244 zu legen. Aus der Besatzungszeit waren verschiedene Gebäude in der Nähe des Flugplatzes vorhanden, die zahlreichen Familien als Obdach dienten. Ein solches Gebäude wurde durch Stadtratsbeschluss dem Arbeitsdienst zur Verfügung gestellt.

Es wurde vermehrt Wert darauf gelegt, die Freiwilligen nicht nur in eine nach nationalsozialistischen Grundsätzen geführte Arbeitsgemeinschaft zu bringen, mit deren körperlicher Kraft lediglich volkswirtschaftlich wertvolle Arbeit geleistet werden konnte, sondern es wurde unter einheitlicher Leitung der Gruppe in den Dienstabteilungen eine rege Tätigkeit entfaltet mit dem Zweck, die im Arbeitsdienst zusammengefassten Männer weltanschaulich zu schulen und ihr Tun und Treiben planvoll zu gestalten.

Kameradschaft, Zucht und Ordnung, die bei der Freiwilligkeit der damaligen Arbeitsdienstangehörigen trotz aller primitiven Einrichtungen der Anfangszeit verhältnismässig leicht zu halten waren, bekamen durch einen strammen Innendienst eine einheitliche Richtung. Dem äusseren Auftreten der Arbeitsmänner, die inzwischen die neue Tracht des Arbeitsdienstes erhalten hatten, sollte durch eine einheitliche Vorschrift für die Ordnungsübungen die nötige Grundlage gegeben werden. Inzwischen haben die Abteilungen der Gruppe 244 den ersten Jahrgang der durch das Reichsarbeitsdienstgesetz [26.06.1935] erfassten Arbeitsdienstpflichtigen aufgenommen. Diese neuen Arbeitsmänner werden mit dem gleichen Eifer ihre Pflicht tun wie ihre freiwilligen Vorgänger. Sie errichten Dämme an der Nahe, bauen Feldwege, regulieren Bäche, entwässern Wiesen und schaffen durch Rodung wertvolles Ackerland auf den Höhen des Hunsrück.

Gau-Chronik. Reichsarbeitsdienst Arbeitsgau XXIV Mittelrhein.
Koblenz: Straub, 1936. S. 78-89 (Auszug)

Eine Abteilung des Reichs-
arbeitsdienstes beim Marsch
durch die Kreuznacher Kaiser-
Wilhelm-Straße. Rechts das
ehemalige Hotel Klapdohr.
(KMZ) s. Vogt, Werner: „Boden-
verbesserung durch Beschäfti-
gungslose. Aus den Anfängen
des Arbeitsdienstes, später
„RAD" – Neun Abteilungen mit
Sitz Bad Kreuznach" (Bad Kreuznacher Heimatblätter 2001.1)

Pferderennen 1936

Kreuznach. Das Kreuznacher August-Rennen nahm, dank einer trefflichen Organisation, einen glänzenden Verlauf. Der Samstag war etwas verregnet, der Sonntag brachte das richtige Rennwetter. Die Felder waren gut besetzt; in den einzelnen Rennen liefen bis zu 12 Pferde auf der Bahn. Es gab harte, zuweilen aufregende Kämpfe, besonders beim Nahetal-Rennen und beim Rennen um den Siegespreis (1550 Mk. in Geld) und die Ehrengabe der Stadt Bad Kreuznach. Besonderes Interesse erregte das Bauern-Rennen heimischer SA-Reiter. Es liefen dabei Pferde, die täglich im Geschirr und an der Arbeit stehen, mit gutem Erfolg und wird von der Einführung dieses Rennens ein nachhaltiger Erfolg für die Zucht unserer Pferdebesitzer erwartet.

Zeitungsausschnitt, 06.08.1936 (HWZB)

Nationalsozialistische Wirtschaftspropaganda: Weinpatenschaften 1936

Zur Förderung krisengeschüttelter Weinregionen wurden ab 1935 Weinpatenschaften ins Leben gerufen, die durch Reichsnährstand, NSDAP und Verwaltung, im großen Rahmen organisiert wurden. Unter dem Motto „Trinkt deutschen Wein" sollte der vorhandene Weinüberschuß reduziert werden. Die Patenschaft für Bad Kreuznach und den Nahewein übernahm Leipzig. Das Thema wurde 2010 von Hartmut Keil und Felix Zillien bearbeitet. Ihr Buch „Der deutsche Wein 1930 bis 1945" ist in der HWZB vorhanden.

Der Kreis Kreuznach ist der größte weinbautreibende Kreis Preußens. Die wirtschaftliche Lage des Winzerstands hat daher entscheidenden Einfluß auf die wirtschaftliche Lage des gesamten Kreises. Hieraus ergibt sich notwendig, daß der

Weinbau von Seiten der Kreisverwaltung mit allen Mitteln zu fördern ist. An großen Aufgaben liegen vor:

1. Im Weinbau muß die Betriebsweise aller, auch der kleinsten Winzer, allgemein auf diejenige Höhe gebracht werden, auf der jetzt die besten Beispielbetriebe und Musterwirtschaften sind. Träger dieser Arbeit müssen die Winzergenossenschaften werden.
2. Die Kelter- und Kellerwirtschaft muß allgemein vervollkommnet werden, daß ein sauberer, reintöniger, ansprechender Wein entsteht, Kelterei- und Kellerbehandlung müssen nach den weinwissenschaftlichen Erkenntnissen und den großen Erfahrungen geleitet werden, die in unseren Weinbauschulen vorhanden sind. Deshalb müssen diese Arbeiten aus den kleinen Winzerkellern heraus in die Keller der Winzergenossenschaften verlegt werden.
3. Der Weinabsatz ist nach wie vor durch eine öffentliche Weinpropaganda zu unterstützen.

Die Weinpatenschaftsaktion wurde im vergangenen Jahre von mir als dem Gauwirtschaftsberater des bedeutenden Weinbaugebietes ins Leben gerufen und durch die tatkräftige Zusammenarbeit von allen Partei- und staatl. Stellen und durch den Einsatz der gewaltigen Organisation des Reichsnährstandes zu einem unerwarteten Erfolg geführt. Die Weinpatenschaftsaktion hat durch den eintretenden Erfolg bewiesen, daß der Patenschaftsgedanke an Werbekraft jede andere Werbeidee in den Schatten stellte. Sie war verankert in der nationalsozialistischen Ideenwelt. In den Tagen der Patenschaftsaktion standen nicht mehr Stadt und Land, nicht Osten und Westen, nicht Arbeiter und Bauer fremd und anteillos gegenüber. Einer fühlte sich dem anderen verbunden im Bewußtsein gleichwertiger Zugehörigkeit zu einem einzigen Volk, in dem er mit gegenseitigen Rechten und Pflichten verankert ist. Das ganze deutsche Volk fand sich zusammen, um dem Winzerstand zu helfen, der die Achtung der Nation besitzt und auf dessen gesichertes Dasein die Nation nicht verzichten kann.
Das Ziel der Weinpatenschaftsaktion, die Mentalität des deutschen Volkes dem Weintrinken gegenüber zu ändern, wurde damit erreicht. Wein ist heute in den Augen des deutschen Volkes kein Luxusgetränk mehr, sondern das Erzeugnis deutscher Erde, das Produkt harter und fleißiger Arbeit der schwer um ihre Existenz ringenden deutschen Winzer.
Das Werbemittel der Zukunft muß neben einer öffentlichen Weinpropaganda vor

allem der Wein selbst sein in seiner Güte und in seinen auch für ärmere Volksgenossen erschwinglichen Preisen. Wenn Winzerstand, Weinhandel und Gastwirte-
gewerbe dem deutschen Konsumenten einen guten und nicht zu teueren Wein zu
geben in der Lage sind, wird, unter Beibehaltung einer allgemeinen öffentlichen
Weinpropaganda, der deutsche Wein ausreichenden Absatz finden. Die Unterstützung des Winzerstandes im Kreise Kreuznach durch die Kreisverwaltung wird sich
in dem dargelegten Aufgabenkreis bewegen. Dr. Nikolaus Simmer, Landrat
Aus einem Vortrag vom 27.09.1936 (Heimatkalender des Kreises Kreuznach 1937, S. 111-112)
Lebenslauf Dr. Simmer s. Weiß, Petra: Die Stadtverwaltung Koblenz im Nationalsozialismus.
Diss. 2011. (Internetausgabe S. 262-300)

Mitglieder der Rüdesheimer
Winzertanzgruppe auf einem
Festwagen im Rosenkostüm.
Beim Kreuznacher Winzer-
fest 1938 gewann der Wagen
„Rüdesheimer Rosengarten" den
1. Preis. (KMZ)

Zwei Flugblätter: politischer Protest im Landkreis während der NS-Zeit

„Statt Kraft durch Freude Krieg durch Hitler / Wenden!" (HWZB)

„Wenn die Nazis wegziehn, Wird der Frieden aufblühn / Wenden!" (HWZB)

„Drei Jahre! Fünf Jahre!! Acht Jahre!"
„Bitte Herr Führer, wie lange dauert noch ihr Blitzkrieg?", Postkarte (HWZB)

Post aus dem KZ Theresienstadt 1944

Karl Heymann, Theresienstadt, Langestr. 7
An Fräulein Amalie Reichert, Hochstr. 42, Bad Kreuznach
Theresienstadt, den 14.02.1944

„Liebes Malchen! Ich habe verschiedene Karten von Dir erhalten, sonst zu meinem grossen Bedauern weiter gar nichts von dorten. Aus den Nachrichten ersah [ich], dass ein Teil meiner Post nicht dorten angelangt ist, denn ich hatte z. Zt. über das Ableben Eurer Mutter ausführlich berichtet. Sag bitte Frau Büttenbender, die wiederholt darum geschrieben, dass ihr Bruder bei Hannah sei. Meiner ersten Frau und mir geht es nach wie vor gut. Mit Euren Paketen haben wir uns immer sehr gefreut. In letzter Zeit haben wir uns hier mit Herrn Unger, der Oberrabbiner ist, angefreundet und kommen wir des öfteren zusammen. – Ich hoffe Euch Alle beim besten Wohlsein und verbleiben mit vielen herzlichen Grüssen Dein Karl Heymann."

(Archiv Kreisverwaltung)

Karl Heymann (geb. 1884 in Gau-Algesheim) war letzter Vorsteher der Jüdischen Gemeinde in Bad Kreuznach und wohnte in der Traubenstraße 13. Er wurde am 27.07.1942 mit seiner Frau in das KZ Theresienstadt deportiert, am 12.10.1944 in das KZ Ausschwitz verschleppt und am 27.10.1944 als „Schutzhäftling – Jude" in das KZ Dachau verbracht. Er starb am 05.12.1944. Seine Frau Paula Rebecca blieb in Ausschwitz verschollen. (Hans-Werner Ziemer)

Die Anspielung auf die erste Ehefrau (Emmy Heymann, geb. Dannenbaum ✧ 31.08.1888 in Bad Kreuznach – † in Bad Kreuznach 25.03.1927) ist als verschlüsselter Hinweis auf die lebensbedrohlichen Umstände im Konzentrationslager zu verstehen.

Kirn 1939-1945: Erinnerungen des Stadt- baumeisters Ewald Lehnen

Im Nachfolgenden sind die Begebenheiten in unserer Stadt während der Kriegsjahre 1939/1945 geschildert, deren Bedeutung über dem alltäglichen Geschehen liegt, doch ohne Anspruch auf Vollständigkeit Anspruch zu erheben.

1939 August: Räumung des Saargebietes von der Zivilbevölkerung. Für die Stadt Kirn waren für eine Nacht mehrere Tausend Volksgenossen aus dem Saargebiet zu beherbergen. Zur Durchführung dieser Aktion sind an die Haushaltungen schriftliche Aufforderungen ergangen, Schlafstellen für die Unterbringung von Evakuierten zur Verfügung zu stellen.

Oktober: An der unteren Nahe baut die TENO (Technische Nothilfe) im Einvernehmen mit dem Stadtbauamt eine für schwerste Kriegsfahrzeuge befahrbare Behelfsbrücke in Holzkonstruktion, die sog. Oberst-Schaum-Brücke.

1941 September: Infolge der Inanspruchnahme der beiden Schulgebäude, Neue Schule und Klosterschule, für die Einrichtung von Kriegslazaretten, sind im Fabrikbau der Firma Pelzer, in der Hülsbach, Behelfsschulen eingerichtet worden. Da nach Lage der Dinge anzunehmen war, daß auch das Krankenhaus von der Heeresverwaltung ebenfalls als Lazarett in Anspruch genommen werden wird, stellte Jakob Müller seinen Fabrikbau zur Verfügung. Im Hof der Neuen Schule wird als Splitterschutz gegen Sprengbomben, vor der Fensterfront des Erdgeschosses, eine 2 m hohe Massivmauer errichtet. Für die Einrichtung eines Kindergartens ist die Villa Böcking, Bahnhofstr. 37 in Anspruch genommen worden.
Die Dringlichkeit der Schaffung einer großen Materialreserve für Kriegszwecke hat die Erfassung der eisernen Einfriedungen notwendig gemacht. Es erging daher die Anordnung, daß alle eisernen Einfriedungen, Vorgartengitter usw. ab 1. Juni d. Jrs. ablieferungspflichtig sind. Der Abbruch von Einfriedungen vor dem 1. Juni und ebenso der Abtransport des Materials, wird kostenlos durchgeführt. Nach dem 1. Juni kommt ein kostenloser Abbruch und Abtransport nicht mehr in Frage.
Es ist notwendig erachtet worden, bei evtl. Brandbombenabwurf Wasservorräte durch den Einbau von Staustufen im Hahnenbach zu schaffen. Zusätzlich sollen auch in den Nebenbächen geeignete Stauvorrichtungen eingebaut werden.

1942 Juli: Die Glocken der evg. Kirche sind abmontiert und auf einer Sammelstelle deponiert worden.

1943 Im städtischen Krankenhaus wird eine Entgiftungsanlage eingerichtet. Ferner wird als Luftschutzmaßnahme, gegen evtl. Brandbombenabwurf, auf dem Speicherfußboden eine starke Sandschicht aufgetragen. Auf dem östlich gelegenen Gartengelände des Krankenhauses werden Fliegerdeckungsgräben ausgehoben, die durch Betonkonstruktion gewölbeartig stabilisiert werden. Im Kellergeschoß der Rathausschule wird ein größerer Luftschutzraum eingerichtet. Als Gefangenenlager für die in Kirn zu Arbeitsleistungen eingesetzten ital. Kriegsgefangenen wird der Saalbau in den Hedwigsgärten in Anspruch genommen. Für öffentliche Bekanntmachungen wird in den Strassen der Stadt eine Gemeinschafts-Rundfunkanlage mit insgesamt 18 Lautsprechern installiert. Die Zentrale befindet sich im Dienstzimmer des Bürgermeisters. Eine der ersten Maßnahmen der im März 1945 in Kirn einrückenden amerik. Streitkräfte war die restlose Zerstörung dieser Anlage.

1944 Öffentliche Luftschutzmaßnahmen sind in verstärktem Maße gefördert worden. So u. a. der Ausbau von vorhandenen Stollen in der Wilhelmstraße, in der Kallenfelserstraße (frühere Eiskeller der Brauerei), am Lohweg (beim Ausschachten ist ein alter Stollen freigelegt worden), am Gauskopfweg, Im hohen Rech, Am Hermannsbrunnen und an der Alaunhütte (alte Bergwerksstollen). Damit die Stollen in der Kallenfelserstraße von den Schutzsuchenden schneller erreicht werden können, sind in der Schulstraße, bei den Anwesen Schöll und Römer sowie Röth, Zugangsstege über den Hahnenbach erstellt worden. Für die hier beschäftigten Ostarbeiter (Ukrainer) ist auf dem Gelände am Meckenbacherweg (Über Nahe) ein größeres Barackenlager errichtet worden.
16 Mai: Man beobachtet erstmalig den Einsatz der V I, beim Überfliegen des Stadtgebietes. 28 August: Feindlicher Fliegerangriff auf die Bahnanlage am Empfangsgebäude und auf das Gaswerk. 1. Oktober: Höhererorts wird der Bau von Panzersperren in den Straßenausgängen angeordnet, so in der Bingerlandstraße, am Lohweg, Im hohen Rech, Bergerweg und in der Kallenfelserstraße. Bei der Spielmannswiese wird, das Krebsweilertal überquerend, ein etwa 100 m langer Panzergraben von 4 m Tiefe und 10 m oberer Breite gezogen. In der Sulzbacherstraße werden getarnte Panzerfallen ausgeschachtet. Die Arbeiten werden von dem inzwischen aufgestellten Volkssturm ausgeführt. 26. November: Erneuter Fliegerangriff auf die Bahnanlagen und das Wohnviertel des Niederbergs. Das Wohnhaus der Ww. Born wird dabei schwer beschädigt.

1945 11. Januar: Feindlicher Fliegerangriff auf die Kyrburg, in deren Kellerräumen, in Verbindung mit dem Funkhaus an der Spielmannsmühle, eine Radarstation der Wehrmacht installiert war. Zur gleichen Zeit fielen Sprengbomben in den Bereich Auf der Schanze, Kyrau und Kallenfelserstraße. Es waren Tote zu beklagen. 11. Februar: Erneuter Bombenangriff auf die Bahnanlagen und das Gaswerk. 14. Februar: Ein Bombenvolltreffer auf den Bahndamm, oberhalb der Eisenbahnbrücke, zerstörte die Gleisanlage, wodurch der Bahnverkehr für kurze Zeit unterbrochen war. 16. Februar: Erstmalig wird der Volkssturm alarmiert. 21. Februar: Feindlicher Bombenangriff auf das Stadtgebiet im Bereich Saarplatz, Kallenfelserstraße und Meckenbacherweg. 22. Februar: Bombenangriff auf die Bahnanlage im Bereich der Nahebrücke. 23. Februar: desgl. in den Bereich Saarplatz, Langgasse und wieder Gaswerk. Infolge der durch die wiederholten Luftangriffe stark beschädigten Gaswerkanlagen, muß die Gasproduktion eingestellt werden. 3. März: Massiver Luftangriff auf den Bereich Große Brücke, Teichweg mit Teichbrücke, Bahnanlage, Wörtherweg, Sulzbacherstraße und auf Halmen. Erhebliche Schäden an beiden Brücken, Bahnanlagen und Wohngebäuden. Der Eisenbahn- und Strassenverkehr war für längere Zeit unterbrochen. 14. März: Erneuter Luftangriff auf Bahnhofstraße, Übergasse und Gauskopfweg. 16. März: Gegen Mitternacht wird der Volkssturm erneut alarmiert und von der inzwischen eingetretenen kritischen Lage der Kampfhandlungen auf dem Hunsrück in Kenntnis gesetzt und die Bereitschaft angeordnet, d. h., Anweisungen für einen evtl. Einsatz bei Kampfhandlungen gegeben. 18. März: Bei einem erneuten Luftangriff auf die Bahnanlagen wird der Bahnhof mit Bordwaffen beschossen. Noch am späten Nachmittag – es war ein Sonntag – fielen auf den Marktplatz Bomben. Unter den Trümmern lagen sieben Tote. Von deutschen Pionieren waren beim Rückzug die Hahnenbachbrücke in der Kallenfelserstraße und die untere Hahnenbachbrücke – Gerbergasse – gesprengt worden. Außerdem wurden die Nahebrücke und der Schillersteg gesprengt. Amerikanische Streitkräfte, von der Mosel über den Hunsrück vorrückend, hatten auf den Bergener Höhen Stellung bezogen und die über die Obersteinerstraße in Richtung Meisenheim sich absetzenden deutschen Heereseinheiten unter Artilleriebeschuß genommen, wobei eine Anzahl Wohnhäuser starkt beschädigt wurden. Die Verluste an deutschen Soldaten und pferdebespannten Fahrzeugen waren erheblich. Die ersten amerikanischen Panzer rollten gegen 17 Uhr auf den Marktplatz. Sie kamen über die Kallenfelserstraße. Weitere Infanterieeinheiten folgten aus Richtung Hahnenbachtal. Die Besetzung der Stadt erfolgte kampflos. Der Volkssturm kam nicht zum Einsatz. Als erste Handlung holten die Amerikaner alle Zivilisten aus den Häusern. Sie interessierten vor allem die Männer. Viele Hundert wurden in die Werkshallen der Firma Auto-Maurer in der Gerbergasse zusammengetrieben. Sofort nahm Jakob Schweikert mit dem höchsten amerikanischen Offizier Fühlung auf und versicherte diesem, daß in Kirn keinerlei Aktionen gegen die Besatzer zu befürchten seien. Er schilderte die Verhältnisse in der Stadt und übernahm die Verantwortung für alle Verhaftungen. Bauern wurden sofort wieder entlassen. Am Nachmittag durften auch die übrigen Verhafteten wieder nach Hause gehen.

4. April: An die männlichen Personen in der Stadt, im Alter von 18 bis 50 Jahren, erging die Aufforderung zum Arbeitseinsatz bei Aufäumungsarbeiten im Stadtgebiet. Die in der Obersteinerstraße und bei Nachhutgefechten am Meckenbacherweg gefallenen deutschen Soldaten sind in der Leichenhalle auf dem Kirner Friedhof

aufgebahrt und mit militärischen Ehren auf dem Ehrenfriedhof beigesetzt worden. Die bei dem Beschuß der Obersteinerstraße getöteten 20 Bespannungspferde sind in dem Panzergraben bei der Spielmannsmühle beerdigt worden.

Nach dem Abzug der amerikanischen Truppen ist für die Stadt Kirn eine amerikanische Kommandantur eingerichtet worden. Auf Anordnung derselben sind die Polizeibeamten der Stadt Kirn ihres Dienstes enthoben worden. Die Stadtverwaltung war inzwischen aufgelöst worden, es konstituierte sich ein Bürgerausschuß unter der Leitung des kommissarischen Bürgermeisters Jakob Schweikert.

30. Juni: Die Beamten und Angestellten der Stadtverwaltung, die der NSDAP als Mitglied angehört haben, werden von amerikanischen Beauftragten auf dem Bürgermeistereiamt über ihre Tätigkeit in der Partei vernommen. Demzufolge sind einige Entlassungen aus dem Dienst ausgesprochen worden. 6. Juli: Die restliche amerikanische Besatzung wird von den einrückenden französischen Streitkräften abgelöst. Diese haben die Neue Schule als Quartier bezogen. 16. Juli: Bei ehemaligen Parteigenossen der NSDAP werden Möbel beschlagnahmt. 20. Juli: Die Instandsetzungsarbeiten am Gaswerk sind soweit fortgeschritten, daß erstmalig wieder Gas ins Rohrnetz abgegeben werden kann. 29. Juli: Erstmaliger Einsatz der ehemaligen Parteigenossen der NSDAP zu Arbeitsleistungen des sonntags, so u. a. Verfüllen des Panzergrabens an der Spielmannsmühle. 4. November: Ein Teil der französischen Besatzungstruppen rückt ab. Ende Oktober waren die Instandsetzungsarbeiten am Stromnetz soweit durchgeführt, daß die Straßenbeleuchtung wieder in Betrieb gesetzt werden konnte. 10. November: Für die Zeit von 12 bis 17 Uhr wurde erstmalig eine Stromsperre angeordnet. Vom 16. bis 21. Dezember mußte die Gasproduktion wegen Kohlenmangel eingestellt werden. Im übrigen konnten die zur Behebung der Kriegsschäden an Gebäuden, Straßen, Versorgungsleitungen usw. im Stadtgebiet notwendigen Maßnahmen, infolge Mangel an Material und geeigneten Arbeitskräften nur zögernd durchgeführt werden.

Niemand kam in dieser Umbruchzeit auf den Gedanken, nun gleichzeitig planerisch und vorausschauend zu arbeiten. Die zurückflutenden Heeresgruppen, die durchziehenden Besatzungstruppen, der Flüchtlingsdurch- und zustrom, die allenthalben lähmende Material- und Güterknappheit, taten ein übriges, geistige Kräfte im Sinne planvoller Gestaltung zu unterdrücken. Schließlich trug das Gespenst des Währungsverfalls entscheidend dazu bei, jedwede Initiative zu ersticken. Erst nach der Währungsreform im Jahre 1948 und durch die neugeschaffene Existenzbasis regten sich wieder spürbare Kräfte des Volkes und es begann das Leben wieder in normale Bahnen zu gleiten. Am 1. September 1948 trat das Aufbaugesetz des Landes Rheinland-Pfalz in Kraft. Demzufolge regte das Kreisbauamt Kreuznach die Stadt Kirn an, wissenschaftliche Grundlagen für die Erforschung des Wirtschaftsgebietes in Angriff zu nehmen. Dieser ebenso schwierigen wie umfangreichen Aufgabe hat sich der von der Stadt beauftragte Dr. Ing. Gensel unterzogen.

Ewald Lehnen: Erinnerungen an Geschehnisse in der Stadt Kirn während des II. Weltkrieges und der Folgezeit. 1978. Manuskriptauszüge (HWZB)

Ewald Lehnen (1894-1989) wirkte von 1936 bis 1957 als Stadtbaumeister in Kirn. Eine ausführliche Aufarbeitung der Kirner Kriegs- und Nachkriegszeit enthält die 2005 erschienene Chronik von Ulrich Hauth: Die Stadt Kirn und ihr Umland. (Heimatkundliche Schriftenreihe des Landkreises Bad Kreuznach, Bd. 34).

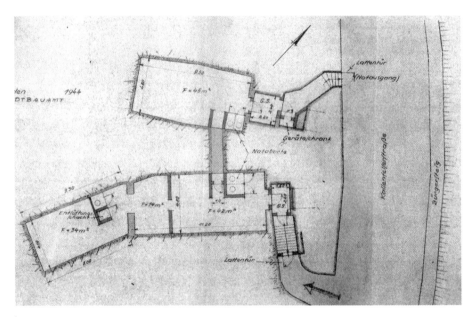

„Ausbau der Stollenanlage in der Kallenfelserstaße für Luftschutzzwecke. Fassungsraum 400 Personen. M 1:100. Kirn Stadtbauamt 1944."
(Archiv Kreisverwaltung)

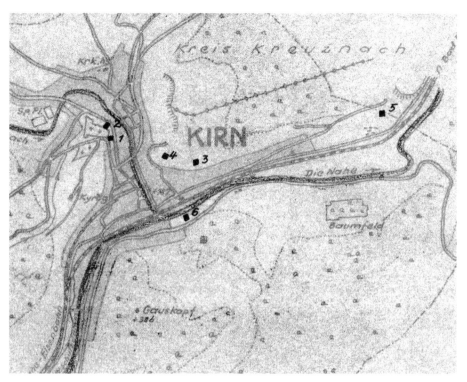

Luftschutzstollen in Kirn:
Nr. 1: Altmannsberger Kallenfelserstraße
Nr. 2: Phil. u. C. Andres
Nr. 3: Alb. Pfeifer, Wilhelmstraße
Nr. 4: Alb. Pfeifer, Halmerweg
Nr. 5: Alb. Pfeifer, Hellberg
Nr. 6: Stadtgemeinde Kirn, Klingelrech
(Archiv Kreisverwaltung)

Kriegsgefangenenlager Bretzenheim April 1946

An den Herrn Regierungspräsidenten in Koblenz

Betrifft: Erstattungskosten, die durch das Kriegsgefangenenlager in Bretzenheim usw. entstanden sind, bezw. noch entstehen.

Nach dem Einmarsch der alliierten Truppen im März 1945 wurde von der amerikanischen Besatzung in der Gemarkung Bretzenheim auf wertvollem Ackerland ein Lager für Kriegsgefangene errichtet. Die Verpflegung und die Unterhaltung des Lagers erfolgte zunächst ausschl. durch das amerikanische Militär. Im Juli 1945 ging das Lager an die franz. Besatzung über. Nach der erfolgten Übergabe mussten die deutschen Behörden zunächst für die gesamte Verpflegung des Lagers sorgen. Daneben musste, und müssen heute noch die Kosten für die Beschaffung
von Arznei- und Ungezieferbekämpfungsmittel,
für Feuerungsmaterial,
für Wegeherrichtmaterial,
für die Herrichtung und Instandhaltung einer Elektrizitätsanlage,
für den Stromverbrauch,
für die Herrichtung und Unterhaltung einer Lautsprecheranlage,
für die Transporte von Holz, von Lebensmitteln, von Material und von Arbeitskräften,
für die Lieferung von Stroh, Lampen und Motore,
für die Reinigung von Bettwäsche,
für die Beschlagnahme einer Grossbäckerei
getragen werden. Ausserdem müssen noch zusätzliche Lebensmittel für Kranke usw. des Lagers geliefert werden.
Neben dem Kriegsgefangenenlager in Bretzenheim wurde in Bad Kreuznach ein Kriegsgefangenenlazarett errichtet. Gemäss Anweisung der franz. Militärregierung vom 14.8.1945 (Nr. 569/ Santé) ist für die Versorgung der Krankenhäuser für deutsche Kriegsgefangene mit Lebensmitteln die deutsche Verwaltung zuständig. Von der franz. Intendantur wird dafür pro Mann und Tag 1,20 RM vergütet. Mit diesem Beitrag werden zweifellos die Gesamtkosten für die Verpflegung und Unterhaltung des Lazaretts nicht gedeckt. Die restlichen Beiträge müssen also ebenso von deutschen Dienststellen getragen werden.

Neben diesem Kriegsgefangenenlazarett wurde auf Veranlassung der franz Militärregierung in Sobernheim ein Kriegsgefangenenerholungsheim errichtet, indem nicht mehr transportfähige deutsche Kriegsgefangene die aus anderen Gefangenenlägern kommen nach Bretzenheim als Entlassungslager kommend, untergebracht und solange ärztlich betreut und verpflegt werden, bis sie entlassen werden können. Die Kosten für diese Erholungsstätte fallen den Deutschen zur Last. Es handelt sich in 1. Linie um Verwaltungs-, Personal-, Verpflegungs- und Einrichtungskosten. Hinzu kommen auch in sehr vielen Fällen noch Krankenhaus-, Zahnbehandlungs- und andere Kosten. Bei Todesfällen müssen die Bestattungskosten getragen werden. Ob Mietzahlung in Frage kommt, steht noch nicht fest.

Neuerdings wird in dem früheren Lehrererholungsheim Stromberg eine Lungenheilstätte für deutsche Kriegsgefangene eingerichtet. Auch hier werden laufende Kosten wie in Sobernheim entstehen.

Das Kriegsgefangenenlager Bretzenheim hat nun auch noch verschiedene Arbeitskompagnien eingesetzt, für die auch Kosten z. B. für die Transporte der Kommandos von ihrer Unterkunft von Bad Kreuznach zu den einzelnen Arbeitsplätzen, die teilweise viele Kilometer weit auseinanderliegen, zu tragen sind. Es sind solche Kommandos, die zum Holzfällen für die Besatzung und für die vorgenannten Läger bzw. Häuser eingesetzt sind. Ferner sind aus dem Lager in Bretzenheim sogenannte Werkstattkompagnien in Autoparks usw. eingesetzt. Durch die Unterbringung der Arbeitskommandos und der Werkstattkompagnien, deren Transport zur Arbeitsstätte, für die Beschaffung von Heiz- und Brennmaterial, für die Reinigung der Bett- und Leibwäsche, sowie der Arbeitsanzüge, entstehen ebenso eine Reihe von Kosten.

Da es sich bei allen Einrichtungen um solche für deutsche Kriegsgefangene handelt, müsste es m. E. Sache der Besatzungsbehörde sein, auch die Kosten dafür aufzubringen. Sie tut dies jedoch nicht. Von dem Kreis kann indessen nicht verlangt werden, dass er, weil die Einrichtungen in seinem Bezirk errichtet wurden, nun die Kosten dafür aufbringen soll. Wenn die Kosten schon aufgebracht werden müssen, so können diese nur von überörtlicher Stelle getragen werden. Da die Besatzungsfondsmittel zunächst von der gesamten Provinz getragen werden, halte ich es der Einfachheithalber für angebracht, diese Kosten aus dem Besatzungskostenfonds zu entnehmen, zumal es sich zweifellos um Kosten, die durch die Besatzung entstehen, handelt. Das Kreiswirtschaftsamt hier, dem bisher die Betreuung der Läger usw. oblag, hat diese Kosten auch als Besatzungskosten verbucht und angefordert. Falls hiergegen Bedenken bestehen, bitte ich um Verfügung; gleichzeitig aber auch um eine Mitteilung, woher die Mittel genommen werden sollen. Kreisbesatzungamt Bad Kreuznach, 27.04.1946

(Archiv Kreisverwaltung)

Aufruf! 1946

Bauern des Kreises!

Der Winter steht vor der Tür! Es gilt den Arbeitskameraden der Städte und der Industrie, dem schaffenden Volk aller Berufsstände rechtzeitig vor Eintritt des Frostes die notwendigen Winterkartoffeln zu beschaffen.

Es ist eine Ehrenpflicht meiner Bauern, die auferlegten Pflichtablieferungen prompt zu erfüllen und damit eine reibungslose Versorgung der Verbraucherschaft sicherzustellen.

Männer und Frauen der Städte und Industrie!

Ich habe einer an mich ergangenen Anregung folgend bei der deutschen und bei der Militärregierung beantragt, die Auslieferung von Winterkartoffeln auf die Menge von 3 Zentnern pro Kopf der Bevölkerung zu erhöhen. Den Erfolg dieses Antrags kann ich nicht verbürgen. Ich werde aber mit allen Kräften dafür eintreten und auch im übrigen versuchen, die Ernährungslage zu verbessern, wo immer ich dies kann.

Bauern des Kreises! Männer der Wirtschaft und des Handels!

Mein Ziel ist die freie Wirtschaft!

Noch ist dies Ziel aber nicht erreichbar! Noch zwingt die Not der Zeit zur Plan- und Zwangswirtschaft! Noch ist der Zeitpunkt nicht sichtbar, in welchem die Aufhebung der Zwangswirtschaft erfolgen kann!

Das Ziel der freien Wirtschaft kann aber angesteuert, eine Lockerung zwangswirtschaftlicher Methoden kann angebahnt und in Aussicht genommen werden, wenn die beteiligten Berufsstände aus dem Gefühl innerer Verbundenheit, aus dem Gefühl nationaler und moralischer Verantwortung heraus dasjenige freiwillig tun, was sonst durch brutale Methoden des Zwangs, der Kontrolle und der Bestrafung erzielt werden muß.

Ich erwarte von meinen Bauern und ich erwarte es von allen sonst beteiligten Berufsgruppen, daß sie ihre Pflichten gegenüber der hungernden Bevölkerung begreifen. Insoweit dies gegen Erwarten in Einzelfällen nicht geschehen sollte, oder meine Absichten sabotiert werden, muß ich die Betreffenden zu einer besseren Einsicht erziehen.

Wenn beispielsweise ein Transporteur die von mir angeordneten Lebensmittel-transporte verweigert, um statt dessen lukrativere Fahrten zu unternehmen, werde ich ihm die Fahrerlaubnis entziehen, sein Fahrzeug beschlagnahmen und dasselbe einem einsichtigeren Kreisbürger zuweisen. Ich gebe mich jedoch der Hoffnung hin, daß mir derartige oder ähnliche drastische Maßnahmen durch die freiwillige Mitarbeit aller Beteiligten erspart bleiben.

Der Landrat: **Gräf**.
(KMZ)

Aufruf!

Bauern des Kreises!

Der Winter steht nahe vor der Tür! Es gilt, den Arbeitskameraden der Städte und der Industrie, dem schaffenden Volk aller Berufs-stände rechtzeitig vor Eintritt des Frostes die notwendigen Winter-kartoffeln zu beschaffen.

Es ist eine Ehrenpflicht meiner Bauern, die auferlegten Pflichtab-lieferungen prompt zu erfüllen und damit eine reibungslose Versorgung der Verbraucherschaft sicherzustellen.

Männer und Frauen der Städte und der Industrie!

Ich habe einer an mich ergangenen Anregung folgend bei der deutschen und bei der Militärregierung beantragt, die Auslieferung von Winter-kartoffeln, auf die Menge von 3 Zentnern pro Kopf der Bevölkerung zu erhöhen. Den Erfolg dieses Antrages kann ich nicht verbürgen. Ich werde aber mit allen Kräften dafür eintreten und auch im übrigen versuchen, die Ernährungslage zu bessern, wo immer ich dies kann.

Bauern des Kreises! Männer der Wirtschaft und des Handels!

Mein Ziel ist die freie Wirtschaft!

Noch ist dies Ziel aber nicht erreichbar! Noch zwingt die Not der Zeit zur Plan- und Zwangswirtschaft! Noch ist der Zeitpunkt nicht sichtbar, in welchem die Aufhebung der Zwangswirtschaft erfolgen kann!

Das Ziel der freien Wirtschaft kann aber angesteuert, eine Lockerung zwangswirtschaftlicher Methoden kann angebahnt und in Aussicht genommen werden, **wenn** die beteiligten Berufsstände aus dem Gefühl innerer Verbundenheit, aus dem Gefühl nationaler und moralischer Verantwortung heraus dasjenige freiwillig tun, was sonst durch brutale Methoden des Zwanges, der Kontrolle und der Bestrafung erzielt werden muß.

Ich erwarte von meinen Bauern und ich erwarte es von allen sonst beteiligten Berufsgruppen, daß sie ihre Pflichten gegenüber der hungernden Bevölkerung begreifen.

Insoweit dies gegen Erwarten in Einzelfällen nicht geschehen sollte, oder meine Absichten sabotiert werden, muß ich die Betreffenden zu einer besseren Einsicht erziehen.

Wenn beispielsweise ein Transporteur die von mir angeordneten Lebensmitteltransporte verweigert, um statt dessen lukrativere Fahrten zu unternehmen, werde ich ihm die Fahr-erlaubnis entziehen, sein Fahrzeug beschlagnahmen und dasselbe einem einsichtigeren Kreisbürger zuweisen. Ich gebe mich jedoch der Hoffnung hin, daß mir derartige oder ähnliche drastische Maßnahmen durch die freiwillige Mitarbeit aller Beteiligten erspart bleiben.

Der Landrat: **Gräf**.

Politischer Lagebericht 3. Vierteljahr 1947

1.) Allgemeine politische Lage

Die allgemeine politische Tätigkeit wird überschattet von den Sorgen um die nackte Lebensexistenz. Hinter den brennenden Problemen der Nahrung, Kleidung, Wohnung und Heizung stehen alle anderen Dinge weit zurück. Unter Berücksichtigung dieser Lage konzentrieren die Parteien ihre Tätigkeit auf die Festigung ihrer inneren Organisation, sowie die politische Ausrichtung ihrer Mitglieder. Vor allem haben die Parteien ihre Werbetätigkeit unter den Jugendlichen intensiviert.

Nach den anfänglichen organisatorischen Schwierigkeiten machen die Vertreter der Parteien in den Orts- und Kreisvertretungen von ihren Rechten Gebrauch und ihren Einfluss geltend. Neben diesen Merkmalen, mit ausgesprochen lokalem Charakter, sieht die Bevölkerung mit besorgten Augen nach den Stätten der gegenwärtigen, bedeutungsvollen, aussenpolitischen Ereignisse und erhofft von ihnen, trotz aller sich ergebenden Schwierigkeiten einen Beitrag zum Weltfrieden.

Die von der Presse stark herausgeschälten Ereignisse in den höchsten Stellen des Landes Rheinland-Pfalz brachten das anfangs starke Vertrauen gegenüber der Landesregierung etwas ins Wanken. Es bleibt zu hoffen, dass die verschiedenen schwebenden Fälle nach objektiver Beurteilung ihr Ende finden und die Bevölkerung wieder Zutrauen zu den von ihr gewählten Konstitutionen findet.

Ein wesentlicher Beitrag zu dem Verhalten des Volkes würde, wie bereits in meinem letzten Bericht erwähnt, eine baldige Klärung der Frage der Entnazifizierung bedeuten. Es wird erwartet, dass die Ungewissheit, die über zahlreichen Familien lastet, nach der nunmehr abgeschlossenen Bildung der einzelnen Ausschüsse, ihr baldiges Ende finden wird. Ein ganze Reihe wertvoller Menschen könnte dadurch wieder an geeigneter Stelle im Wiederaufbauwerk unseres Landes eingesetzt werden.

2.) Zusammenarbeit mit den örtlichen Militärkommandanten

Die Zusammenarbeit wickelt sich nach wie vor in normalen Bahnen ab.

3.) Aktive Bekämpfung des Nazismus in den eigenen und unterstellten Behörden

Die Arbeit in meiner eigenen, sowie in den unterstellten Dienststellen wird nach demokratischem Gesichtspunkt geleistet. Aktive nationalsozialistische Umtriebe sind nicht bekannt geworden.

4.) Stimmung der Bevölkerung unter besonderer Berücksichtigung
a) der **Wohnverhältnisse**
Die Wohnraumfrage bildet in steigendem Umfang eines der brennendsten Probleme. Trotz einer verhältnismäßig regen Bautätigkeit in meinem Kreisgebiet, die jedoch mehr gewerblichen und wirtschaftlichen Zwecken dient, wird verhältnismässig wenig Wohnraum gewonnen. Mit diesem Wohnraum kann jedoch weder die von Anfang an bestehende Wohnungsnot behoben, noch die zwischenzeitlich entstehende Wohnraumfrage, infolge Beschlagnahmung für die Besatzungstruppe, befriedigt werden. Zahlreiche Familien leben in Wohnverhältnissen, die die Kinder und vor allem die heranwachsende Jugend in moralischer und sittlicher Hinsicht stark gefährden. In den zerstörten Gemeinden des Kreises, vor allem Bad Kreuznach, Kirn, Bad Münster a. / St. und Bingerbrück, befindet sich ein grosser Teil von Wohngebäuden, die mit einem geringen Aufwand an Baumaterial instandgesetz werden könnten. Je länger jedoch die geringen Kontingente in dem bisherigen Umfang aufrechterhalten werden, umso grösser werden im Laufe der Zeit durch Zerfallserscheinungen, infolge Witterungseinflüssen usw. die Anforderungen sein. Besonderes Ärgernis ruft in der Bevölkerung immerwieder die Tatsache hervor, dass es Geschäftsleuten, die über entsprechende Kompensationswaren verfügen, gelingt, Baustoffe aller Art zu beschaffen, während der kleine Hausbesitzer noch nicht einmal eine Fensterscheibe erhalten kann. Das Problem dürfte meiner Auffassung nach nur in einer schärferen Erfassung der Baumaterialien direkt beim Erzeugungsbetrieb liegen.

b) der **Ernährungslage**
Wie bereits eingangs erwähnt, steht im Vordergrund aller Probleme die äusserst angespannte Ernährungslage. Über diese Frage wird in Presse und Rundfunk in den vergangenen Wochen so viel gesprochen, dass es an und für sich überflüssig wäre, hierüber noch weitere Worte zu verlieren. Trotzdem sehe ich mich veranlasst die lokalen Verhältnisse zu schildern.
Der Kreis Kreuznach, der zu den niederschlagärmsten Gebieten Deutschlands gehört, hat durch die anhaltende Trockenheit in diesem Jahre einen katastrophalen Ernteausfall zu verzeichnen. Der Ernteertrag liegt teilweise unter der Menge des ausgelegten Saatgutes. Nur 30 – 40% einer Normalernte ist das Ergebnis bei dem

Getreide. Der durch private Initiative stark gesteigerte Anbau von Gemüse ist durch die anhaltende Trockenheit und den damit verbundenen Wassermangel, selbst in Kleingärten, weit hinter dem Ergebnis des Vorjahres zurückgeblieben.

Die auf den Lebensmittelkarten zur Verteilung kommenden Lebensmittel reichen bei weitem nicht aus, um auch nur das geringfügigste Existenzminimum zu wahren. Infolge dieser Tatsache sind weite Kreise der Bevölkerung am hungern und um ein Anwachsen dieser Zustände zu einer ausgesprochenen Hungerkatastrophe zu vermeiden, sind Sofortmaßnahmen erforderlich. Sehr schmerzlich wird von der Bevölkerung empfunden, dass trotz der scharfen Erfassungsmassnahmen bei der Obsternte geradezu lächerlich geringe Mengen auf die Karten zur Verteilung kommen. Hierzu sei noch bemerkt, dass die Preisbildung gerade beim Obst und Gemüse sich zum Teil in unverständlichen Formen bewegt. So werden z. B. die jetzt zugeteilten Trauben bis zu 1,-- RM das Pfund verkauft, obwohl es sich hier um das ureigenste Produkt unserer engeren Heimat handelt. Ein Arbeiter und Vater einer fünf-köpfigen Familie muss unter diesen Umständen, um eine Zuteilung von 3 Pfund Trauben, pro Kopf für seine Familie kaufen zu können, eine halbe Woche arbeiten.

Gewisse Meldungen, die in den vergangenen Wochen über Presse und Rundfunk des In- und Auslandes zur Verbreitung kamen, haben eine stark demoralisierende Wirkung auf die breite Masse ausgeübt. Einige Beispiele seien hierzu herausgegriffen:

Belgien sucht Absatzgebiete für seinen Überschuss an Frühkartoffeln, die früher fast den ganzen Bedarf des westdeutschen Industriegebietes gedeckt haben. In Belgien wissen Molkereien nicht wohin mit ihrem Milchüberschuss, der erzeugte Quark wird von den Bauern auf dem Feld als Dünger untergepflügt. – Holland will Gemüse ausführen, – Transportzüge stehen beladen an der Grenze und der Inhalt verfault. – Dänemark sucht Absatz für seinen Überschuss an Fleisch, Gemüse und vor allem an Fischen. Die Bevölkerung hat angesichts der Notlage kein Verständnis für währungspolitische Schwierigkeiten usw. Es muss unter allen Umständen versucht werden Beziehungen anzuknüpfen, die die Hilfe des Auslandes für die kommenden Monate gewährleisten.

c) des **Arbeitsmarktes**

Zu diesem Punkt erlaube ich mir einen bemerkenswerten Ausschnitt aus dem Bericht eines Amtsbürgermeisters zu zitieren:

„Über den Mangel an landwirtschaftlichen Arbeitskräften ist bereits mehrfach berichtet worden. Eine Besserung ist bisher noch nicht eingetreten. Da und dort stellt sich irgendein zurückgekehrter Kriegsgefangener aus dem Osten bei einem Bauern ein und wird von diesem oft mit Freuden aufgenommen. Im Anschluss daran kommt dann der übliche Sonderantrag auf Zuzugsgenehmigung und die spätere Ablehnung. Die jungen Leute bleiben aber dann trotzdem da, denn sie wissen ja nicht, wo sie hinsollen. Scharfe Massnahmen hiergegen wären sinnlos, denn wie soll die Ernährungslage sichergestellt werden, wenn auch diese letzte Möglichkeit, den Bedarf an landwirtschaftlichen Arbeitern zu decken, genommen wird. Eine Überprüfung des Verfahrens, das bei Personen, die für die Volksernährung wichtig sind, anzuwenden ist, wäre daher sehr zu begrüssen, damit die labile Lage, in der sich diese Personen befinden, beseitigt werden kann."

Im übrigen ist der Mangel an Facharbeitern, vor allem an Bauarbeitern, gleichbleibend.

5.) Finanzlage ...

6.) Stand der Gesundheitsverhältnisse

Der Gesundheitszustand ist ständig im Absinken begriffen. Vor allem die Kinder sind für Krankheiten aller Art recht anfällig. Man kann ständig beobachten, dass selbst bei kühler Witterung die Kinder noch barfuss und äusserst mangelhaft gekleidet zur Schule gehen. Dieser Zustand wird beim Eintreten nasser, kalter Witterung nicht ohne ernsthafte Nachwirkungen bleiben. Dabei darf nicht unerwähnt bleiben, dass das Fehlen brauchbarer Waschmittel zur Körperpflege die Übertragung ansteckender Krankheiten fördert.

Auch seitens der dortigen Stelle müsste alles versucht werden, den Gesundheitszustand der Kinder durch die Durchführung der teilweise unterbrochenen Schulspeisung in den Wintermonaten, auf einem erträglichen Mass zu halten.

7.) Stand der Kriminalität und Selbstmorde

Obwohl die Arbeit der Polizei in den letzten Wochen wachsende Erfolge zu verzeichnen hat, wird angesichts der Notlage die Zahl der Einbrüche und sonstigen Delikte, immer grösser. Vor allem die Felddiebstähle nehmen trotz des verstärkten Ernteschutzes ständig zu. Teilweise treten regelrecht organisierte Gruppen von Stadtbewohnern auf, gegen die der verstärkte Wachdienst der Bauern und der verstärkte Polizeischutz in vielen Fällen machtlos sind.

8.) Fortschritte auf dem Gebiet der Wirtschaftsankurbelung

Die vor einiger Zeit in Bad Kreuznach stattgefundene Leistungsschau des Kreises Kreuznach hat gezeigt, zu welchen Leistungen die einheimische Industrie fähig ist. Dem durch diese Schau geschaffenen Optimismus steht jedoch weiterhin ein Rohstoffmangel auf allen Gebieten gegenüber. Vor allen Dingen ist es der Mangel an Kohle, als Urprodukt fast aller Industriezweige. Die unsichere Lage, die weiterhin durch die noch nicht zu übersehenden Folgen einer kommenden Währungsreform besteht, veranlasst viele Unternehmer zu vorläufig unproduktiver Arbeit.

9.) Fortschritte auf dem Gebiet des Wiederaufbaus und Verkehrs

Der Wiederaufbau krankt, wie bereits an anderer Stelle erwähnt, an dem ausserordentlichen Mangel an Baustoffen aller Art und an Arbeitskräften. Die im Kreis Kreuznach im Bau befindlichen Brücken gehen trotz aller Schwierigkeiten ihrer Vollendung entgegen. Dieses wird vor allen Dingen zur Erleichterung des Strassenverkehrs beitragen. Den zerstörten öffentlichen Gebäuden, z. B. Post-, Schul-, und Bahngebäuden müsste unbedingt mehr Beachtung geschenkt werden.

Im Eisenbahnverkehrswesen sind für das hiesige Kreisgebiet in Verwaltung und Wirtschaft durch die beabsichtigte Angliederung des grössten Teils der Nahestrecken an den Bezirk Trier, ernsthafte Bedenken entstanden. In wirtschaftlicher Hinsicht ist der Kreis Kreuznach von je her nach dem benachbarten Rheinhessen, mit dem Wirtschaftszentrum Mainz, orientiert. Die Kreisversammlung hat in einer entsprechenden Resolution an die Landesregierung um die Wahrung der Interessen des Kreises gebeten.

Ausserdem ist auf dem Gebiet des Eisenbahnverkehrs ein besonderes Vorkommnis zu berichten: Am 9.9.1947 um 21.00 Uhr liefen 31 Güterwagen des Güterzuges 19734, die wegen Bremsluftschadens zwischen Stromberger-Neuhütte und Rheinböllen bei km 21,3 zurückgelassen worden, beim Wiederansetzen der Zugspitze nach Bahnhof Stromberg ab und stiessen mit hoher Geschwindigkeit, infolge der abfallenden Strecke, im Bahnhof Stromberg auf den dort haltenden Personenzug Gm.P.8142 auf. Dabei kamen 2 Menschen ums Leben und 32 Personen wurden verletzt. Die Schuldfrage ist noch nicht geklärt.

Der Verkehr mit Kraftfahrzeugen hat noch keine Besserung erfahren, da die Beschaffung von Reifen, Batterien und sonstigen Ersatzteilen fast unmöglich ist. Besondere Beachtung verdienen die Kraftfahrzeuge der öffentlichen Verkehrslinien, die der Abwicklung des Berufsverkehrs dienen. Auf den im Kreis Kreuznach befahrenen Linien dieser Art herrschen mitunter betrübliche Zustände.

10.) Dringende Notwendigkeiten für die Zukunft

1.) Erhöhung der Lebensmittelration
   Beschaffung von Kartoffeln und Getreide durch Abschluss von Exportverträ-
   gen. Ausgleich der fehlenden Kartoffeln durch erhöhte Zuteilungen von Nähr-
   mitteln und Hülsenfrüchten. Zuteilung von etwas Wein während der Winter-
   monate. Aufrechterhaltung der Fleisch- und Fettration.
2.) Ausgabe von Schuhen und Bekleidung für Kinder und die werktätige Bevölkerung.
3.) Aufhebung der Zonengrenzen.
4.) Konzentrierung des Transportwesens auf die Winterversorgung.
5.) Ausrottung des Schwarz-, Schleich- und Schieberhandels.

Abschliessend darf ich noch bemerken, dass die Bevölkerung bereit ist alles zu tun,
um sich ihr Leben auf einer einigermassen erträglichen Existenzbasis zu erhalten.

Bad Kreuznach, den 30. September 1947
Der Landrat
(Archiv Kreisverwaltung)

Währungsreform 20.06.1948

Es wäre verfehlt zu sagen, die allgemeine Ernährungslage habe sich gebessert. Lediglich eine gewissen Stabilisierung ist eingetreten, da die vorgesehenen Rationen
etwas pünktlicher als bisher zur Ausgabe gelangen. Zeitbedingt erhalten die immer
noch unzureichenden Zuteilungen eine wertvolle Bereicherung durch Gemüse und
Obst aller Art. Schlagartig setzte am Tag nach der Währungsreform ein Zustrom
von Gemüse und Obst in der Stadt ein, der bis heute noch nicht versiegt ist. Gewiss
wird häufig heftige Kritik seitens der Bevölkerung geübt, denn eine Versorgung
in diesem Rahmen wäre schon eine geraume Zeit vorher möglich gewesen. Manchem Geschäftsinhaber wurde in diesen Tagen eine angebrachte Lehre erteilt, bis

diese wieder gemerkt haben, dass sie für die Kunden und nicht die Kunden für die Geschäftsinhaber da sind. Es bleibt auch hier zu erwarten, dass die Ablieferungen seitens der Erzeuger ansteigen und die Währungsreform auf dem Gebiet der Ernährung auch zu einer spürbaren Besserung führt.

Teils neidisch, teils ein wenig ungläubig hört und liest die einheimische Bevölkerung die Berichte über die Ernährungs- und Wirtschaftslage in den Ländern der Bizone. Es ist kaum möglich der Bevölkerung die Gründe für ihre Schlechterstellung klarzumachen. Hoffentlich bringt die bevorstehende wirtschaftliche Fusion auch eine Vereinheitlichung der Rationssätze mit sich, sodass diese ungesunden Verhältnisse auch einmal ihr Ende finden.

Politischer Lagebericht des Landrats 2. Vierteljahr 1948, 10.07.1948. S. 4
(Archiv Kreisverwaltung)

Berlin-Schöneberg: Politischer Bierabend mit Weinverkostung am 02.06.1964

Willy Brandt trug Landrat Gräff auf: „Grüßen Sie den Kreis Kreuznach"

Berlins Regierender Bürgermeister traf am letzten Abend des Berlin-Aufenthalts mit der Delegation aus dem Kreis Kreuznach zusammen – Abschied mit Geschenken und Dankesworten

„Sagen Sie allen, die im Kreis Kreuznach und in Westdeutschland an uns Berliner denken, unseren tiefempfundenen Dank!" Mit diesen Worten verabschiedete am Dienstag abend Berlins Regierender Bürgermeister Willy Brandt Landrat Gräf und die Delegation des Kreises Kreuznach, die im Schöneberger „Prälaten" mit ihren

Freunden aus Berlin zum letzten Male zusammengekommen war, um im Rahmen eines politischen Bierabends Abschied zu nehmen. Zuvor hatte Landrat Gräf dem Regierenden Bürgermeister unter dem Beifall der etwa 300 Gäste und unter dem Surren der Kameras des Berliner Fernsehens das Wappen des Kreises Kreuznach (Silber auf Holz) überreicht.

Landrat Gräf erinnerte bei der Übergabe des Geschenkes an die freundschaftlichen Beziehungen, die über den Regierenden Bürgermeister bei dessen Besuch im Jahre 1961 im Kreis Kreuznach mit Berlin angeknüpft worden sind. Gleichzeitig versicherte er, daß die Menschen im Kreis Kreuznach an den Problemen Berlins starken Anteil nehmen. Willy Brandt erklärte in seinen Dankesworten, daß er sich gerne des Kreises Kreuznach erinnere und seine Menschen schätzen gelernt habe.
Dem politischen Bierabend, der sich zu einem ausgedehnten Abschiedsabend mit Essen und buntem Unterhaltungsprogramm ausweitete, ging eine Probe von Naheweinen voraus, die vom Landkreis Kreuznach in Verbindung mit der Naheweinwerbung e. V. angestellt wurde. Zu ihr waren die Schöneberger Gastgeber und alle Berliner eingeladen, die mit der Delegation aus dem Kreis Kreuznach Kontakt bekommen hatten. Sie wurde von Paul Anheuser geleitet.
Die Probe war ansprechend vorbereitet worden. Paul Anheuser hatte einen repräsentativen Querschnitt von Weinen ausgesucht, die für die Nahe und ihre verschiedenen Landschaften charakteristisch sind. Sie reichten von guten Trinkweinen bis zu Kabinettweinen u. a. einem 1962er Kreuznacher Krötenpfuhl Eiswein-Nikolauswein von Paul Anheuser und einer 1947er Schloßböckelheimer Kupfergrube Riesling Beerenauslese von Graf von Plettenberg. Leider war die Sendung auf der Reise nach Berlin bestohlen worden, so daß ein Wein gar nicht und ein anderer nur in geringen Mengen zur Verfügung stand.
Paul Anheuser verstand es, obwohl die Probe unter Zeitdruck litt, weil der Schöneberger Bezirksbürgermeister Dr. Grunner zu einer Rundfunksendung mußte, den Berlinern den Nahewein „schmackhaft" zu machen. Er berichtete nicht nur über den Beruf des Winzers und das Wachsen des Weines, sondern wußte auch zu den einzelnen Weinen oder den Gemeinden, aus denen sie kamen, interessante Episoden zu erzählen. Bei der Weinprobe wurde ausreichendes Werbematerial aus dem Kreis Kreuznach und seinen Städten bzw. Gemeinden verteilt.
Im Rahmen der Weinprobe, einer der repräsentativsten Veranstaltungen des Berlin-Aufenthaltes und ohne Zweifel ein großer Erfolg für den Kreis Kreuznach, wurden die Geschenke übergeben, die aus dem Kreis Kreuznach mitgebracht worden

Landrat Gräf bei
der Übergabe des
Gastgeschenkes an
Willy Brandt (KMZ)

waren. Die anderen Delegationen hatten ihre Gaben bereits bei früheren offiziellen Gelegenheiten überreicht. Die Delegation aus dem Kreis Kreuznach mußte warten, weil nicht alle Geschenke rechtzeitig in Berlin angekommen waren. Der Zeitpunkt am letzten Abend in Berlin war jedoch, wie sich zeigte, glücklich gewählt, denn so konnte mit den Gaben der Dank für die freundliche Aufnahme abgestattet werden. Landrat Gräf wiederholte an die Adresse der Bezirksverordnetenversammlung und an den Bürgermeister Dr. Grunner sein bereits zwei Tage zuvor gegebenes Versprechen, im Sommer auf Kosten des Kreises 20 Berliner Ferienkinder aufzunehmen. Bürgermeister Dr. Grunner überreichte er als Erinnerungsgabe einen Wappenteller des Kreises Kreuznach, den in kleinerer Dimension auch jeder Fraktionsvorsitzende der Schöneberger Bezirksverordnetenversammlung erhielt. Dr. König, der Vorsteher der Bezirksverordnetenversammlung, erhielt ein wertvolles Zigarrenetui mit dem Wappen des Kreises.

Die drei Vorsitzenden der im Kreuznacher Kreistag vertretenen Fraktionen schenkten ihren Schöneberger Kollegen ansprechende Bilder für die Büroausstattung: Helmut Mühlender (SPD) überreichte Paul Brieger drei in einem Rahmen gefaßte alte Stiche aus Bad Kreuznach, Peter Stupplich (CDU) hatte für Wilhelm Kabus ein Gemälde mit dem Motiv des Rheingrafensteins mitgebracht, und Dr. Melsbach (FDP) schenkte seinem Kollegen Schwarck eine Nahelandschaft. Amtsbürgermeister Erich Döhl (Meisenheim), der über seinen Verwandten Dr. König mitgeholfen hatte, die Kontakte zu knüpfen, überreichte Dr. König das alte Meisenheimer Stadtsiegel in Bronze nachgegossen mit der entsprechenden Urkunde und Dr. Grunner einen vergrößerten Merianstich des mittelalterlichen Meisenheims.

In bestem Einvernehmen schieden die Politiker und Verwaltungsleute aus Berlin und aus dem Kreis Kreuznach. Als gestern mittag die Maschine, die die Kreuznacher wieder in ihre Heimat brachte, auf dem Frankfurter Flughafen landete, war die Mission noch nicht ganz erfüllt: Jetzt gilt es, die Kontakte auszubilden und unter der Bevölkerung des Kreises Kreuznach Früchte tragen zu lassen. Daran mitzuhelfen haben alle Delegationsmitglieder versprochen.

Zeitungsausschnitt ohne Angabe der Quelle (KMZ)

Erinnerungen an den Stromberger Bahnhof

Von Heinrich Gross

Leere Bahnsteige, leere Personenzug-Gleise, so bietet sich heute dem Betrachter der Bahnhof in Stromberg, auf dem einst ein reger Personen- und Güterverkehr herrschte. Seit dem 1.6.1984 verkehren zwischen Langenlonsheim und Simmern keine Personenzüge mehr; eine hundertjährige Eisenbahngeschichte ist zu Ende gegangen. Verursacher sind die vielen Autofahrer, die von der Schiene abgewandert sind. Betroffene sind ältere Leute, die Schüler, Studenten und Lehrlinge, die (noch) kein Auto besitzen.

In den dreißiger Jahren war dies alles anders, da machte die Deutsche Reichsbahn noch jährlich Überschüsse. Auch der Bahnhof Stromberg trug seinen Teil dazu bei.

Seine Einnahmen konnten sich sehen lassen. Sie waren sogar höher als die der grö-ßeren Bahnhöfe Langenlonsheim und Simmern.

Dazu trug vor allem die Firma Gebrüder Wandesleben bei, die werktäglich in ih-ren Gleisanschlüssen soviel Güterwagen mit zerkleinerten Steinen aus ihren aus-gedehnten Steinbrüchen und mit gebranntem und Düngekalk verluden, daß in Stromberg ganze Güterzüge zusammengestellt werden konnten. Zudem versandte die Firma Öfen und Emaillewaren aus eigener Herstellung.

Auch die Brotfabrik der Gebrüder Weinzheimer, die durch ein Anschlußgleis mit dem Bahnhof verbunden war, verschickte ihr gutes Hunsrückbrot werktäglich mit der Eisenbahn bis in größere Städte des Rheinlands und des Ruhrgebietes. Abends wurden die Eilgutwagen dem Personenzug nach Bingerbrück angehängt; andern Tags, morgens, wurde das Brot bereits in diesen Großstädten (Köln, Essen u. a.) verkauft.

Langholz aus den Waldgebieten von Neupfalz wurde verladen, im Frühjahr Lohe. Sogar Schafherden kamen in Spezialwagen an und wurden später wieder woanders-hin transportiert. Viele Waggons kamen mit Kohlen, Koks, Briketts, Kartoffeln und dergleichen mehr an. Stückgut für Firmen, Kaufleute und Privatleute kam reichlich

„Original Soonwaldbrot Doppel-
back" aus der Produktion der
Brotfabrik Gebrüder Weinzheimer,
1986 (Rudolf Hornberger / KMZ)

an und wurde verschickt, so daß sich sogar eine Bahnspedition lohnte. Die bot was ganz Rares, denn die „bahnamtliche Rollfuhre" wurde von einer Kuh durch die Straßen von Stromberg zum und vom Bahnhof gezogen.

Ein besonderes Ereignis war für die Stromberger Bürger ein glimpflich verlaufendes Bahnunglück. Am 30. Juli 1937, kurz nach 23 Uhr, entgleiste der von Simmern kommende Güterzug bei der Einfahrt in den Stromberger Bahnhof. Die Lokomotive fuhr quer über alle Rangiergleise und kam erst an der Wölbung der vorüberführenden Simmerner Straße zum Stehen. War das eine Sensation! Eine Dampflokomotive an der Straße und die Möglichkeit, sie von allen Seiten geruhsam betrachten zu können.

Heute wird vieles mit Lastwagen befördert. Dennoch hat der Bahnhof Stromberg/Hunsrück seine Bedeutung für die gesamten Hunsrückstrecken behalten. Die Kalksteinbrüche und Kalkwerke liefern gebrannten Kalk in Pulverform in Eisenbahnspezialwagen an die BASF in Ludwigshafen/Rhein; außerdem verkehrt zweimal wöchentlich je ein Zug mit gebranntem Stückkalk in Großraumwagen, mit je 140 Tonnen direkt von Stromberg nach den Hüttenwerken in Dillingen und Völklingen im Saarland. Daneben verkehren zweimal werktäglich noch drei Güterzüge auf der Strecke, einer nach Simmern, zwei nach Bingerbrück.

Einst hat die Eisenbahn die Postkutsche abgelöst, nun wird sie mehr und mehr vom Auto verdrängt.

Nahelandkalender 1986

Aufgaben und Stellung des Landrates

Aus der Antrittsrede von Hans Schumm, gehalten vor dem Kreistag 1967

Wir stehen heute nicht nur in der Verwaltung, sondern auch in vielen anderen Bereichen in einem Generationenwechsel, der aber in keiner Weise, so meine ich, ein Generationsproblem ist. Die Vertreter des Alten und des Neuen stehen sich weder fremd noch feindlich gegenüber. Großmütiges Vertrauen der Einen und Achtung vor der Leistung der Anderen vermögen es zu meistern.

Nach dem Steinschen Kreisordnungsentwurf von 1808 „sollte der Landrat, um seiner Bestimmung zu genügen, eine genaue Kenntnis der Örtlichkeit und der Verhältnisse seines Kreises besitzen. Dies wäre der wichtigste Grund für die Feststellung, daß der Landrat aus dem Kreis gewählt werde." Nach der Instruktion für Landräte von 1816 „hatte die fortgesetzte und unermüdliche Sorgfalt des Landrats allem zu gelten, was dem Staat überhaupt und dem ihm anvertrauten Kreise insbesondere zuträglich sein könne." Dabei sollte er sich vor „unnützen Schreibereien" hüten und den Geschäftsverkehr so viel wie möglich mündlich betreiben. Der Landrat war verpflichtet, das Schulwesen, soweit es in seine Zuständigkeit fiel, sorgfältig zu betreuen, dem Städtebau und seinen möglichen Auswüchsen seine Aufmerksamkeit zuzuwenden, auch Pflasterung und Reinhaltung der Ortsstraßen ebenso wie auf den Ausbau der Landstraßen und Gemeindewege zu achten. Die Gewerbeförderung in Stadt und Land wurde ihm genauso zur Pflicht gemacht, wie die Verbesserung der agrarischen Betriebswirtschaft. Stets habe er sich dabei das Beste der Städte und des platten Landes jederzeit und überall als zusammenhängend zu denken.

In den ersten Jahren nach dieser Instruktion ergab sich vor allem eine umfangreiche und häufig überflüssige Tätigkeit, die nicht mit dem Idealbild im Einklang stand. So klagte ein Beobachter aus dem Rheinland: „Die ganze Tätigkeit des Landrats wird nach oben hin absorbiert. Ein Landrat, der jeden Posttag einen Korb voll Briefe von seiner Bezirksregierung bekommt und wieder einen solchen voll Antworten einzusenden hat, kann natürlich keine Art von Tätigkeit nach unten hin verwenden. Die Angehörigen einer Regierung können den Landräten soviel zu tun und zu schreiben machen, daß diese keine Zeit übrig behalten, sich viel um ihre Gemeinden zu kümmern."

Die Stellung des Landrats hat im Laufe ihrer Entwicklung manche Veränderung erfahren, ohne ihr Wesen selbst einzubüßen. Die Stellung des Kreises und Landrats im Staatsaufbau der Bundesrepublik ist seit 1945 nicht mehr einheitlich, da bei der Neuregelung sich die Besatzungsmächte vielfach auf Vorbilder, die in ihrer Heimat bestanden, bezogen. In Rheinland-Pfalz und im Saarland blieben, entsprechend der damaligen französischen Besatzungszone, die Kreise staatliche Verwaltungsbehörden unter der Leitung des nach Grundsätzen der Kreisordnung von 1872 bzw. 1881 bestellten Landrats. Auch unsere neue gültige Kreisordnung, zuletzt novelliert 1964, hat nichts daran geändert, daß der Landrat Beamter des Landes aber auch Organ des Landkreises ist.

Ich bin der Auffassung, daß die vorhin zitierten Bestimmungen aus der Instruktion für die Landräte von 1816 auch heute noch auf die Tätigkeit des Landrats in Rheinland-Pfalz angewandt werden können. Ich möchte sie übersetzen und feststellen, daß ich mein Amt als Mittler zwischen Staatsverwaltung und Kommunalverwaltung, als Mittler zwischen Staat und Bürger, als Mittler zwischen Vergangenheit und Zukunft auffasse und allen Anliegen unserer Zeit gegenüber aufgeschlossen und zu jedem angebotenen Fortschritt bereit sein möchte.

Nahelandkalender 1968

Landrad Schumm als
Gratulant (KMZ)

10 Jahre Landrat Hans Schumm

Ein Glückwunsch aus dem Jahre 1977

Am 13. März 1967 trat Hans Schumm als 12. Landrat seit Bestehen des Kreises Kreuznach die Nachfolge von Philipp Gräf an, worüber im Naheland-Kalender von 1968 eingehend nachzulesen ist. 10 Jahre einer Amtsführung begründen noch kein Jubiläum, erlauben aber einen ersten Rückblick auf das, was angestrebt und seither geleistet worden ist. Als Hans Schumm sein Amt antrat, war er in der Kommunalpolitik kein Unbekannter mehr. Vorher 1. Bürgermeister und Kämmerer der Stadt Bad Kreuznach, hatte er schon dort und in den Gremien des Kreises gezeigt, was in ihm steckte, nämlich profundes Wissen, die Gabe zu reden und zu überzeugen, vor allem das Gespür für das zu haben, worauf es ankommt.

In den ersten Jahren der Amtführung durch Landrat Schumm war die territoriale Verwaltungsreform im Lande Rheinland-Pfalz das Hauptthema. Das Ringen um die richtige Lösung wurde durch die Gesetze vom 7.6.1969 und 7.11.1970 im wesentlichen abgeschlossen. Durch die damit verbundenen Kommunalwahlen wurde die Reform als neue Realität des Landes Rheinland-Pfalz in den politischen Alltag überführt. In der Schlußphase verblieben auch der Raum Kirn und die rheinhessischen Gemeinden, deren Abtrennung 1970 noch einmal gefordert worden war, beim Kreis Bad Kreuznach. Landrat und Kreistag hatten erfolgreich für eine vernünftige Arrondierung des Kreisgebietes gekämpft.

Auf allen wichtigen Gebieten wie Schulwesen, sozialer Bereich, Kindergartenplanung, Kreis- und Regionalplanung, Ausbau der Kreisstraßen, Wirtschaftsförderung, Müllbeseitigung, Rettungswesen, um nur einige herauszugreifen, traten grundlegende Gesetze und Zentralisierungsmaßnahmen in Kraft oder waren Initiativen zu ergreifen. Man mußte schon, wie Landrat Schumm, in allen Sätteln gerecht sein, um alle anfallenden Aufgaben termingerecht zu bewältigen. Ihm kam zugute, daß er als langjähriges Kreistags- und Kreisausschußmitglied mit der Kreispolitik bestens vertraut war. Dies gilt vor allem für den Bereich der Schulen und der Wirtschaftsförderung. Die bestmögliche Beschulung behinderter Kinder lag ihm besonders am Herzen. Als der Kreis kraft Gesetzes die Sonderschulen zu übernehmen hatte, waren die notwendigen Maßnahmen schon vorbedacht und innerhalb eines Jahres stand die Neuorganisation, die 1974 ihren krönenden Abschluß im Neubau des Sonderschulzentrums in Bad Kreuznach fand. Nicht minder forcierte er Schul- und Turnhallenneubau für die Gymnasien und die berufsbildenden Schulen. Mit seinem Einsatz für die Zentralisierung von landwirtschaftlichen berufsbildenden Schulen in Bad Kreuznach setzte Landrat Schumm Akzente für die Zukunft.

Was er schon in den Kreisgremien für die Förderung der Wirtschaft gefordert hatte, setzte er als Landrat in die Tat um. Gezielte Kreisprogramme minderten das Gefälle zu den sogenannten Fördergebieten. Erfolgreich vertrat er die Einbeziehung des Kreises in die überregionalen Förderprogramme. Ab 1.1.1975 ist der Landkreis Fördergebiet zur Verbesserung der regionalen Wirtschaftsstruktur. Auch die Fusion der Sparkassen im Kreis ist sein Werk und Verdienst.

Planen, vorausschauen und künftigen Entwicklungen rechtzeitig begegnen – schon immer eine besondere Stärke von Landrat Schumm –, ließen ihn bereits 1968 erstmals eine mittelfristige Finanzplanung für den Landkreis entwickeln. Er erreichte es auch, daß die Region Nahe als erste Planungsgemeinschaft im Lande Rheinland-Pfalz einen regionalen Raumordnungsplan vorlegen konnte, der auf allen Gebieten die Zukunftsaufgaben aufzeigt. In der Wasserversorgung und Abwasserbeseitigung setzte er zukunftsbezogene Planungen in Gang. Sportstättenleitplan, Kindergartenbedarfsplan und Altenplan vervollständigten die Palette und verdeutlichen die Vielschichtigkeit der Aufgaben des Kreises.

Doch damit nicht genug! Viele Funktionen im Vorsitz bedeutender Einrichtungen im Kreis beanspruchen den „Kreischef" und erfordern Lenkung, Leitung und Direktiven bis in die Details. Stellvertretend für viele andere seien hier seine Tätigkeit als Kreisvorsitzender des Deutschen Roten Kreuzes, der Ausbau des Sanitäts- und Rettungswesens und die Einrichtung einer Rettungsleitstelle in Bad Kreuznach im Jahre 1976 genannt.

Es ist schwer, Landrat Schumm ein dienstliches Steckenpferd zuzuschreiben. Wenn er sich für eine Sache einsetzt, tut er dies voll und ganz, bis das Ziel erreicht ist, dienstlich wie menschlich. Auch der Neubau des Kreishauses mag dafür als Beispiel dienen. Für seine Mitarbeiter sachgerechte, helle und freundliche Diensträume zu fordern, war ihm ebenso ein Herzensanliegen wie die Notwendigkeit, zu vertreten, daß die an acht Stellen untergebrachte Kreisverwaltung wieder zu einer organisatorischen Einheit zusammengeführt wurde. Menschliche Beziehungen über Grenzen und Klüfte hinweg herzustellen und zu aktivieren, war schließlich auch der Sinn und das Ziel der 1969 mit der israelitischen Stadt Kyriat Motzkin begründeten Partnerschaft des Kreises, die Landrat Schumm zu einem Kenner Israels und Bewunderer der Israelis werden ließ.

Die Einwohner des Landkreises Bad Kreuznach schätzen sich glücklich, in einer Zeit turbulenter Ausweitung von Aufgaben und Neuerungen einen Mann an der Spitze des Kreises zu wissen, der den vielseitigen Anforderungen des verantwortungsvollen Amtes gewachsen ist und der obendrein einer der Ihren ist: Eigenes Wachstum!, wie die Winzer das nennen. Er strahlt Güte und Menschlichkeit aus, die schon seinen Vorgänger auszeichneten und die auch dem wesentlich Jüngeren eigen sind. Dies empfinden die Menschen im Landkreis Bad Kreuznach täglich mit Dankbarkeit und wünschen Landrat Hans Schumm gute Gesundheit und Fortsetzung seiner Arbeit zum Wohle aller. Diesen Wünschen schließen sich die Mitglieder der Redaktion des Nahelandkalenders an, die wissen, was die Förderung des Landrats für die Arbeit des Kalenders bedeutet.

Die Redaktion des Naheland-Kalenders
Nahelandkalender 1977

Bad Kreuznach Holzmarkt am 07.10.1978: Landrat Schumm leitet die Überführung der Kleinbahnlok ins Freilichtmuseum Sobernheim ein. Sie kann heute in Bockenau besichtigt werden. (KMZ)

Im alten Dienstgebäude 1967

Im Laufe des Jahres 1967 entstand eine umfangreiche Fotodokumentation der Verwaltung, die Landrat Gräf anläßlich seiner Verabschiedung überreicht bekam. Zu diesem Zweck posierten sämtliche Mitarbeiter an ihren Wirkungsstätten. Die folgende Auswahl zeigt die Arbeitsbedingungen im alten Kreisständehaus, deren Veränderung zu einer zwingenden Notwendigkeit wurden. Die Negative werden im Kreismedienzentrum, der ehemaligen Kreisbildstelle, aufbewahrt.

Bildstelle: Gerhard Herrmann

Hausdruckerei: Kurt Jung

Kommunalaufsicht:
Anneliese Holzhäuser

Hausmeister
Waldemar Goldschmitt
am Erfrischungsstand

Personal-
referat:
Maria
Flasch und
Manfred
Hermann
als Auszu-
bildender

Kommu-
nalaufsicht:
Anita
Berg und
Hermann
Herzog

Hauptamt:
Heinz
Rehbein

Hermann-Josef
Schmitt als
Auszubildender

Schulamt: Gudrun
Bayer, geb. Fetter

Frau
Martina
Gilsdorf

Bauamt:
Erich Steiner

Polizeiamt: Annemie
Schopperth am
Fernschreiber

Schulamt:
Heinrich Ries

Bauamt: Egbert
Lengowski

Bauamt:
Fritz Eggert und
Erna Schaubach

Einbürgerungsbehörde:
Birgit Lips, geb.
Schneider und
Anton Gockeln

Ausländeramt /
Paßstelle: Gudrun
Stempel an der
Rundkartei

Bauamt:
Marlene
Lengowski,
geb. May

Sozialamt
Ludwig Mohr

An der Dienst-Tankstelle:
Albert Römmling, Alex
Degen und Rudolf Kliver

Poststelle:
Peter Sens

Bundestagswahl 1965:
Reinhold Hartmann,
Heinz Böhler und
Walter Krumm bei
der Sortierung der
Wahlbriefe

Wohngeldstelle /
Wohnbauförderung:
Friedrich Heisinger

Kreistagssitzung im
alten Sitzungssaal des
Kreisständehauses

Jugendamt:
Friedrich Scheid und
Karl Hoffmann

Kfz-Zulassungs-
stelle: Otto
Thomas

Kfz-Zulassungs-
stelle: Martina
Gilsdorf, geb.
Kleinz, Ilse
Eckes, Otto
Thomas,
Heinrich Mayer,
Arthur Erbach

Die Fahrer der
Kreisverwaltung:
Rudolf Kliver,
Albert Römmling
und Alex Degen

Rationalisierung 1972

Die Hausdruckerei im Jahre 1975. Hinten Hiltrud Iser, geb. Dörschug und Kurt Jung. (KMZ)

Das Landratsamt hat in der Vergangenheit keine Möglichkeit ungeprüft gelassen, um überkommene Verfahren durch zweckmäßigere und besser durchdachte zu ersetzen. Nach einer Organisationsplanung folgte der Einsatz von Diktiergeräten, elektrischen Schreibmaschinen, elektrotechnischen Tischrechnern, modernen Vervielfältigungs- und Kopiergeräten bis hin zur elektronischen Datenverarbeitung. Seit Juli 1972 ist im Landratsamt eine Klein-Computeranlage installiert. Neben der Aufstellung des Haushaltsplans, Tagesabschluß der Kasse, Finanzstatistik usw. werden auf dieser Anlage eine ganze Reihe von Aufgaben wahrgenommen, die eine nicht ganz unbedeutende Kosteneinsparung bringen.

Als weitere Rationalisierungsmaßnahme ist die programmierte Textverarbeitung zu nennen, ein neues und breites Feld, unter welches nicht nur die Entwicklung des Vordruckwesens fällt, sondern die Erfassung und Speicherung aller schematisierbarer Textanteile innerhalb der Verwaltung. Eine solche Anlage hat sich besonders bei der Bauabteilung bewährt. Einsparung von Schreibkräften und Entlastung der Sachbearbeiter sind die erkennbaren Ergebnisse.

Die Technisierung der Arbeiten im Büro muß allerdings im Einklang mit den dort arbeitenden Menschen vollzogen werden. Ohne ihre aktive Mitwirkung scheitert jede Rationalisierungsmaßnahme. Alle der Leistungssteigerung dienenden Maßnahmen sollten deshalb auch vom Personal als wünschenswert, nützlich und in seinem eigenen Interesse liegend empfunden werden.

Rückblick Kreis Bad Kreuznach. Ausgabe 1971-1972

Das neue Verwaltungs-gebäude 1976

Die einzelnen Abteilungen der Kreisverwaltung waren bisher in acht Gebäuden innerhalb der Stadt Bad Kreuznach untergebracht. Die Gebäude befanden sich zum Teil in einem sehr schlechten baulichen Zustand und waren als Bürogebäude ungeeignet, da sie größtenteils nicht als solche geplant und gebaut worden waren. Vor allem war es die räumliche Trennung, die ein rationelles Arbeiten der Bediensteten im Interesse der Bevölkerung verhinderte.

Bereits im Januar 1962 kam der Kreisausschuß zu dem Ergebnis, daß infolge der schlechten räumlichen Unterbringung der Beamten und Angestellten und der sich daraus ergebenden ungünstigen Arbeitsbedingungen eine Erweiterung der Dienstgebäude oder ein Neubau notwendig sei. Der Bauausschuß des Kreistages beschäftigte sich im August des gleichen Jahres mit der Angelegenheit und stellte fest, daß das Problem nur durch einen Neubau gelöst werden konnte. Am 23. Oktober gab der Kreistag seine grundsätzliche Zustimmung zum Neubau und beschloß einen Architektenwettbewerb auszuschreiben.

Mit dem Abriß des ehemaligen Hausmeistergebäudes – Salinenstraße 49 – und der Freilegung der Baustelle begann die Firma Gerharz am 10.9.1971. Beim Aushub der Baugrube stieß man mit dem Bagger auf wasserführende Felsspalten, obwohl vor dem Baubeginn durchgeführte Versuchsbohrungen keine Hinweise auf Grundwasser erbracht hatten. Dadurch wurden besondere Dichtungs- und Verankerungsarbeiten notwendig. Das 2. Untergeschoß liegt nach Fertigstellung des Baues unterhalb des Grundwasserspiegels. Anfang März 1974 war der 1. Bauabschnitt und ein Teil des 2. Bauabschnittes, der während der Bauzeit vorgezogen wurde, so weit fertiggestellt, daß der Umzug der in den Häusern Salinenstraße 47 und 51 untergebrachten Dienststellen in das neue Haus erfolgen konnte. Am 17. April wurde mit dem Abriß der beiden alten Dienstgebäude begonnen, dem sich die Fertigstellung des restlichen 2. Bauabschnitts anschloß. Im Juli 1975 konnte auch dieser Gebäudetrakt bezogen werden. Der 3. Abschnitt wurde im Sommer 1976 fertiggestellt und bezogen. Nach fünfjähriger Bauzeit konnte das neue Verwaltungsgebäude am 7. Oktober 1976 seiner Bestimmung übergeben werden.

Die Finanzierung der Baukosten in Höhe von rund 14 Millionen DM erfolgte durch einen Zuschuß des Landes in Höhe eines Drittels der anerkannten Baukosten, Entnahmen aus Rücklagen in Höhe von 2,8 Millionen DM und der Aufnahme von Darlehen.

Aus einer Kreisbroschüre aus dem Jahre 1976

Wappenstein der Stadt Kirn an der Fassade des alten Verwaltungsgebäudes (KMZ)

Die Wappensteine an ihrem ersten Aufstellungsort vor dem Verwaltungsgebäude im Jahre 1976. (KMZ)

Die neue KFZ-Zulassungsstelle 1981

Um die stetig gestiegenen Zulassungsvorgänge rationell und bürgerfreundlich abzuwickeln, wurde die Kfz-Zulassung am 17.08.1981 auf Automation umgestellt. Die Kreisverwaltung sammelte dabei Erfahrungen als Pilotanwender für den gesamten Landesbereich. Kürzere Wartezeiten und weniger Verwaltungsaufwand wurden schnell erreicht, denn in den Jahren 1981 bis 1985 nahm die Verkehrsdichte um etwa 9 % zu. Damit entfielen auf 1 000 Kreisbewohner 563 zugelassene Fahrzeuge. Die Fotos zeigen die Szenen aus der Anfangsphase.

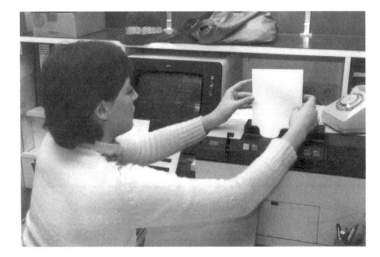

Der Arbeitsplatz von Heike Becker (KMZ)

Erwin Geib und Kolleginnen bei der Datenerfassung (KMZ)

Um für den öffentlichen Ansturm im Januar 1982 gewappnet zu sein, wurde am 29.12.1981 ein Probelauf in der Zulassungsstelle durchgeführt. Kollegen des Hauses übernahmen die Rolle des Publikums. Am Arbeitsplatz Udo Spyra: Von rechts nach links warten Rolf Beuscher, Walter Reimann, Heinrich Lorenz, Günter Hilsbos, Clemens Kost und Günter Jenal auf die Abfertigung. (KMZ)

Erna Jenal bei der Datenspeicherung (KMZ)

Ein weiterer Schnappschuss vom Probelauf (KMZ)

Das Jubiläumsjahr 1991

Walter Zuber nur elf Monate Landrat

Die veränderten politischen Verhältnisse als Folge der rheinland-pfälzischen Land-
tagswahl am 21.04.1991 führten auch zu personellen Änderungen an der Verwaltungsspitze der Kreisverwaltung Bad Kreuznach. Der bisherige Landrat des Kreises,
Walter Zuber (48), wurde zum Staatsminister des Innern und für Sport in der neu-
en rheinland-pfälzischen Landesregierung berufen. Damit endete die relativ kurze
Amtszeit Walter Zubers als 13. Landrat des Kreises Bad Kreuznach.

Walter Zuber wurde am 10.05.1990 vom Kreistag als Nachfolger von Landrat
Schumm gewählt. Mit seiner Person begann im Landkreis Bad Kreuznach gleich-

Landrat Zuber während der
Kreisbereisung im August 1990 in
der Bad Sobernheimer Matthias-
kirche (KMZ)

zeitig eine neue Ära. Alle Vorgänger waren „staatliche Beamte". Walter Zuber war der erste Landrat in der 175jährigen Geschichte des Kreises, der vom Kreistag nach neuem Recht für eine 10jährige Amtszeit als kommunaler Landrat gewählt wurde. Mit seiner Ernennung zum Staatsminister in der rheinland-pfälzischen Landesregierung hat Walter Zuber einen ungewöhnlichen Aufstieg in seiner bisherigen Berufslaufbahn vollzogen. Nach Tätigkeiten beim Finanzamt Mainz und der Stadtverwaltung Mainz war der engagierte SPD-Politiker von 1971 bis 1982 Abgeordneter des rheinland-pfälzischen Landtages und hier von 1979 bis 1982 Vorsitzender des Sozialausschusses. Seit 1982 war er Bürgermeister seiner Heimatstadt Alzey. Hier gehörte er von 1969 bis 1982 dem Stadtrat an, davon zehn Jahre als Vorsitzender der SPD-Fraktion. Kommunalpolitische Erfahrungen auf Kreisebene sammelte er zudem in seiner Funktion als Kreisdeputierter des Landkreises Alzey-Worms, bevor er am 01.07.1990 sein Amt als Landrat des Kreises Bad Kreuznach antrat.

Trotz der im Vergleich zu seinen Vorgängern relativ kurzen Amtszeit konnte Landrat Zuber durch seine engagierte Arbeit Akzente setzen. Seine Bürgernähe, Offenheit und persönlicher Arbeitseinsatz haben ihm bei der Bevölkerung große Sympathien eingebracht.

Nahelandkalender 1992 (Manfred Heinisch)

175 Jahre Landkreis Bad Kreuznach

Am 14. Mai 1991 bestand der Landkreis Bad Kreuznach 175 Jahre. Dies war sicherlich im Vergleich zum Alter der Kreisstadt und vieler Gemeinden ein bescheidenes Jubiläum. Dennoch entschloß sich die Kreisverwaltung anläßlich dieses Jubiläums an die Anfänge des Landkreises und seiner territorialen und strukturellen Entwicklung zu erinnern.

Im Mittelpunkt stand am 14. Mai 1991 eine Festsitzung des Kreistages. An diesem Tage wurden erstmals verdiente Persönlichkeiten mit einer neuerschaffenen Ehrenplakette des Landkreises ausgezeichnet. Landrat a. D. Hans Schumm und Kreistagsmitglied Erich Steinbach erhielten diese Ehrenplakette für besondere Verdienste um den Landkreis und die Kreisbevölkerung.

An der Schwelle zu einem neuen Jahrtausend steht auch der Landkreis Bad Kreuznach, wie alle Landkreise in unserem staatlichen Gefüge, vor großen Herausforderungen. Neben den eigenen Sorgen und eigenen Bemühungen um eine weitere Verbesserung der Lebensverhältnisse gilt es gerade in dieser Zeit besonders, auch der Verantwortung in einem größeren Rahmen gerecht zu werden. Trotz der positiven Entwicklung, die der Landkreis Bad Kreuznach zweifellos genommen hat, steht man vor Problemen, die es zu bewältigen gilt. Landrat Zuber hob in seiner Rede folgende Bereiche hervor:

Bedingt durch den strukturellen Wandel, den Rückgang der Landwirtschaft, gilt es für die weitere Entwicklung der Gemeinden im ländlichen Raum Akzente zu setzen. Im Kreis bedarf es dringend einer Verbesserung der Verkehrsverhältnisse. Benötigt wird ein verkehrs- und bedarfsgerechtes Straßennetz, insbesondere eine Anbindung an überregionale Verkehrswege. Auch der Kreis Bad Kreuznach wird künftig auf Hilfe von außen, von Bund und Land, angewiesen sein. Dennoch gilt es, auch eigene Maßnahmen zur Stärkung und Verbesserung der heimischen Wirtschaft zu ergreifen. Es wird eine der größten Herausforderungen sein, die Umwandlung bisher militärischer in zivile Arbeitsplätze für die Bevölkerung zu realisieren. Hier sind gemeinsame Anstrengungen der NATO, von Bund, Land, Landkreis und den Gemeinden notwendig. Der Landkreis allein vermag nicht, auch mittelfristig,

Frau Sieglinde Strunck (vorne) bereitete anläßlich der Ausstellungseröffnung „175 Jahre Landkreis Bad Kreuznach" eine „Ökonomische Suppe" zu, die den Besuchern dargereicht wurde. Das Rezept stammte aus dem Hungerjahr 1816. (KMZ)

den drohenden Substanzverlust an Wirtschaftskraft und Arbeitsplätzen zu ersetzen. Neben den berechtigten Sorgen um eigene Probleme muß sich der Landkreis auch einer größer gewordenen Verantwortung in unserem staatlichen Gefüge insgesamt stellen. Dies gilt für eigene Beiträge zum Aufbau von Wirtschaft und Verwaltung im östlichen Teil Deutschlands ebenso wie für die gemeinsame Verantwortung für das zusammenwachsende Europa.

Nahelandkalender 1992 (Manfred Heinisch)

Landrat Karl-Otto Velten neuer Landrat

Landrat Karl-Otto Velten wurde vom Kreistag am 11. Juni 1991 als Nachfolger von Landrat Walter Zuber als 14. Landrat gewählt. Die Wahl des engagierten SPD-Politikers fand im Kreisparlament eine breite Mehrheit. Damit mußten sich die Menschen innerhalb nur eines Jahres auf drei Landräte an der Spitze des Kreises einstellen.

Der 42jährige bisherige Bürgermeister der Verbandsgemeinde Rüdesheim schloß nach Schulbesuch ein Studium der Rechtswissenschaften an den Universitäten Mainz und Freiburg ab. Er war anschließend als Rechtsanwalt in Bad Kreuznach tätig, bevor er zum ersten hauptamtlichen Beigeordneten der Verbandsgemeinde Rüdesheim gewählt wurde. Der dortige Verbandsgemeinderat wählte ihn als Nachfolger des langjährigen Bürgermeisters Franz Haas zum Bürgermeister der Verbandsgemeinde Rüdesheim, der größten Verbandsgemeinde im Landkreis Bad Kreuznach, mit 27 Ortsgemeinden.

Bereits bei der Wahl durch den Kreistag umriß Landrat Velten wichtige Aufgabenschwerpunkte, die er beherzt anpacken möchte. Die Arbeit seiner geschätzten Vorgänger kontinuierlich fortzusetzen, ist für ihn eine besondere Verpflichtung. Landrat Velten betonte, daß er dankbar ist, in einem Bereich kommunalpolitische Verantwortung übernehmen zu dürfen, wo er Land und Leute und deren Probleme kenne. Neben den bisherigen Aufgabenstellungen nannte er als Schwerpunkte vor allem die Bereiche Umweltschutz und Abfallproblematik. Vorrangig nannte er eine Verbesserung der Verkehrsverhältnisse, insbesondere eine bedarfsgerechte Anbindung an das überregionale Straßennetz sowie die besondere Bedeutung der B 41 als zentrale Verkehrsachse des Raumes. Hoffnungen auf wirtschaftliche Verbesserungen seien nur dann realistisch, wenn hier entscheidend Fortschritte erzielt werden, auch im Hinblick auf die Einführung des gemeinsamen europäischen Binnenmarktes.

Als weitere Schwerpunkte seiner künftigen Arbeit nannte der neue Landrat die soziale Sicherung der Bevölkerung, wo auf den bereits ohnehin finanziell belasteten Landkreis neue Kosten zukommen, insbesondere im Bereich des Ausbaues und der Sicherung der Einrichtungen für ältere Menschen, sowie für den Bereich des öffentlichen Personennahverkehrs, wo der Landkreis Bad Kreuznach als ländlich geprägter Raum Akzente setzen müsse. Im Hinblick auf die hierbei zu erwartenden finanziellen Belastungen plädierte Landrat Velten im kommunalpolitischen Bereich für eine neue Bescheidenheit und ein Zurückschrauben übertriebenen Anspruchsdenkens. Auch auf kommunaler Ebene müsse die Frage nach dem Wachstum gestellt und die Abwägung zwischen qualitativem und quantitativem Wachstum vorgenommen werden. Angesichts des immensen Nachholbedarfs im östlichen Teil Deutschlands seien auch die kommunalen Gebietskörperschaften in den alten Bundesländern gefordert, eigene Beiträge zum Aufbau der kommunalen Selbstverwaltung mit sozialen und umweltgerechten Einrichtungen zu leisten.

Für Landrat Karl-Otto Velten hat eine solide Haushalts- und Finanzpolitik des Landkreises Bad Kreuznach oberste Priorität. Er wird seine Aufgaben mit Realismus, aber auch mit Optimismus beherzt anpacken.

Nahelandkalender 1992 (Manfred Heinisch)

Innenminister Walter Zuber, Landrat a. D.
Hans Schumm und Landrat Karl-Otto Velten
während des Empfanges einer Delegation aus
der Partnerstadt Kiryat Motzkin 1995 (KMZ)

B 41-Ausbau kostet Millionen 1996

Dem Verkehrsminister haben vor Freude wohl die Ohren geklingelt, denn soviel Lob wird Rainer Brüderle nicht jeden Morgen erreichen. Eitel Freude herrschte gestern beim ersten Spatenstich zum Ausbau der Bundesstraße 41. Auf dem Parkplatz an der Gaulsbachbrücke war alles versammelt, was Rang und Namen in der regionalen Politik hat. Jeder wollte beim Spatenstich dabei sein. Auch ein Protest-Plakat dicht dabei mit der Aufschrift „B 41 – ja! Aber nicht gegen uns!", konnte den Mainzer Minister nicht aus der Ruhe bringen. „Sie können nachher ja mit mir diskutieren und mir erklären, was Sie damit meinen", ließ der Minister die Protestierer wissen.

Man wählte den Start am Bauplatz an der Brücke, weil als erste Maßnahme eine neue breitere Brücke gebaut werden muß. Der Spatenstich dazu ist nun erfolgt, der Bau der Brücke hat begonnen. 400 000 Mark kostet das Bauwerk über den Bach. „Die B 41 ist ein Synonym für den Fortschritt im Naheland", sagte Landrat Karl-Otto Velten. Minister Brüderle sei ein verläßlicher Partner, der die einzelnen Projekte an der Bundesstraße vorangetrieben habe. Jedes neue B 41-Teilstück sei ein Signal dafür, daß es voran geht im Naheraum. Die Region wachse noch mehr zusammen und die Menschen seien stolz und dankbar dafür.

Für Verbandsbürgermeister Hans-Georg Janneck aus Bad Sobernheim ist der Spatenstich ein „hoffnungsvoller Aufbruch". Die Menschen an der Nahe nehmen ihr Schicksal in die Hände. Für Monzingens Ortschef Adolf Geib hilft die Bundesstraße 41 Arbeitsplätze zu erhalten. Die neue Ansiedlung eines Betriebes mit etwa vierzig Arbeitsplätzen sei nur mit dem Ausbau der B 41 möglich gewesen. Geib verhehlte nicht, daß es Kritiker gebe, vor allem wegen der Schließung der Ortsdurchfahrt.

In seiner Rede erklärte Minister Rainer Brüderle, daß mit dem Ausbau der Bundesstraße die Monzinger Ortsdurchfahrt sicherer und verkehrsgerechter werde. Mit einer neuen Zufahrtsstraße zum Bahnhof bindet man gleichzeitig einen Industriebetrieb an. Der westliche Knoten kann voraussichtlich schon in zwei Jahren in Betrieb genommen werden. Insgesamt wird mit dem Ausbau der B 41 die Wirtschaftskraft der Region gestärkt, so der Minister. Auch der Fremdenverkehr an der Nahe werde davon profitieren. Um den Naheraum besser an das Rhein-Main-Gebiet anzuschließen, seien in den vergangenen Jahrzehnten eine halbe Milliarde

Mark investiert worden. Mit dem Ausbau des Straßennetzes in der Naheregion reagiere man auch auf die steigenden Verkehrszahlen. In den vergangenen 15 Jahren stieg die Zahl der Kraftfahrzeuge pro 1000 Einwohner von 379 in 1980 auf 523 Kfz, also mehr als jeder Zweite lenkt sein Automobil.

Nach der Rede zeigte sich Minister Brüderle von seiner charmanten Seite, Blumen überreichte er an die Naheweinkönigin Martina Roßkopf.

Nahelandkalender 1997

Alles Kreisel oder was? 2008

Von Rainer Seil

„Roundabouts" im englischen, „carrefours" im französischen und „Kreisel" im deutschen Sprachraum. Sie sind international mittlerweile nicht mehr wegzudenken. Und doch sind sie gar nicht so neu, wie es zunächst den Anschein hat. Freilich muß einige Jahrzehnte zurückgeschaut werden.

Es gibt im Verkehrswesen verschiedene Möglichkeiten, den Verkehr an einer Kreuzung zu regeln. 1. Eine Ampel regelt den Verkehr. 2. Anstelle einer Ampel erfüllt Kreisverkehr mit einem Kreisel diese Funktion. Es ist in den letzten Jahren weitgehend in Vergessenheit geraten, dass es bis 1970 in der bundesdeutschen Verkehrsordnung noch den Kreisverkehr gab, mit einem eigenen Verkehrszeichen, ein seit 1954 geltendes rundes blaues Gebotszeichen mit entsprechendem Piktogramm, welches kreisförmige Kreisel durch drei gegen den Uhrzeigersinn drehende Pfeile darstellte. Durch eine Gesetzesänderung im Verkehrswesen wurde nach 1970 in der Bundesrepublik Deutschland der Kreisverkehr abgeschafft. Damit verschwanden auch diese auffälligen Verkehrszeichen aus dem Straßenverkehr und somit allmählich aus dem Bewusstsein der Bevölkerung.

Seit den letzten Jahren erfreut sich der Kreisel im Straßenumbau wieder wachsender Beliebtheit. Mit ihm verschwanden an vielen Kreuzungen nach und nach die bisher so vertrauten und nicht immer besonders geschätzen Verkehrsampeln. Es gibt bei der Gestaltung der Kreisel gewisse Typen:

1. Einfachausführung: Lediglich Kreisel mit Einsaat von Grassamen. Meist sind sie ebenerdig.
2. Gehobene Gestaltung mit gärtnerischen anspruchsvollen Elementen, so z. B. pflegeleichte Sand-, Stein- oder Kieskuppen, die oft einen Stein- oder Felsengarten symbolisieren, z. T. auch mit vereinzelten trockenheitsresistenten Pflanzen. Nicht selten erklären sich die ausführenden Gärtnereien und einheimische Firmen auch bereit, jene Kreisel das ganze Jahr über zu pflegen. Für sie ist es eine besondere Form der Werbung für ihren Betrieb, zumal sie dann berechtigt sind, ein Schild mit ihrem Firmennamen am Kreisel aufzustellen.
3. Besondere Gestaltung mit örtlichem Bezug: Hier ist je nach Ausführung zu unterscheiden. A) Bezug zu einem Wirtschaftsgut, das für den Ort oder eine ganze Region (z. B. Hunsrück-Nahe) typisch ist. So wird z. B. „Weinbau" durch das Anpflanzen von Rebstöcken symbolisiert (z. B. bei Waldlaubersheim an der Auffahrt zur A 61 usw.). In Windesheim stehen die Orgelpfeifen für die Orgelfabrik Oberlinger. Außerhalb des Kreisgebiets (z. B. im Stadtteil Idar von Idar-Ober-

Der Bretzenheimer Kreisel 2007 (KMZ)

stein) lassen sich natürlich an sicherer Stelle auch Edelsteine mit entsprechender Größe bei der Gestaltung verwenden. B) Künstlerische Gestaltung mit Bezug auf die jeweilige Ortsgemeinde mit geschichtlichem oder landeskundlichem Hintergrund: z. B. eine Brezeldarstellung in Bretzenheim, Brückenhäuser (mehrfach in Bad Kreuznach), Deutscher Michel-Darstellung an der Auffahrt zur A 61 (Stromberg usw.)

Bleibt noch abschließend festzuhalten, dass zwar der Kreisel mittlerweile wieder zum Straßenverkehr dazu gehört. Der Kreisel, den es vor 1970 schon einmal gab, kehrte somit zusammen mit den charakteristischen Kreisverkehrszeichen wieder ins allgemeine Bewusstsein zurück.

Nahelandkalender 2008

Der Windesheimer
Kreisel 2007 (KMZ)

Der Heimbergturm seit 2008 eine echte Touristenattraktion

Von Wilhelm Leyendecker

Seit 2008 hat die Region der mittleren Nahe ein neues Wahrzeichen – den hölzernen Aussichtsturm auf dem 302 Meter hohen Schloßböckelheimer Heimberg. Initiator war der Trägerverein Naturpark Soonwald-Nahe. Für den damaligen Landrat Karl-Otto Velten ist der Heimberg eines „der schönsten Fleckchen im Kreisgebiet". Daher reifte ab 2004 die Idee hier einen Aussichtsturm zu errichten. Um eine Vorstellung darüber zu erhalten, was von dort oben später alles zu sehen sei, ließen sich Velten und der Schloßböckelheimer Ortsbürgermeister Rudolf Staab im März 2007 im Korb einer Drehleiter der Feuerwehr auf die später vorgesehene Höhe der Aussichtsplattform von 24 Metern heben. Das Ergebnis war beeindruckend. Und so leitete der Trägerverein die nötigen Schritte zur Verwirklichung des Projekts ein. Mit der Planung und Bauaufsicht wurde der mit solchen Turmbauten erfahrene Architekt Hans Zosel aus Weinsheim beauftragt. Sein Konzept sah eine Holzkonstruktion mit quadratischem Grundriss vor, bestehend aus vier naturbelassenen Douglasienstämmen, die mit Stahlteilen verbunden und verspannt sind. Über 144 Treppenstufen ist die in 24 Metern überdachte Plattform zu erreichen. Die Kosten für das Projekt waren mit 180.000 Euro veranschlagt.
Nach dem Ankauf der betroffenen Fläche erfolgte im Juli 2007 der erste Spatenstich für die acht mal acht Meter große Betonplatte. Im Forstrevier Mengerschied wurden vier riesige Douglasien für die Konstruktion geschlagen, die in der Kirchberger Holzbaufirma Ochs und durch Zimmermeister Bär, ebenfalls Kirchberg, weiterverarbeitet wurden.
Am 13. Juni 2008 konnte Landrat Karl-Otto Velten den Bau seiner Bestimmung übergeben.

„Dem Wandern und den touristischen Angeboten dazu ist schon heute ein immer größerer Stellenwert beizumessen. Der markante Aussichtsturm mit seinem weiten Blicken in eine besonders reizvolle Wald-, Wein- und Kulturlandschaft ist bestens geeignet, den Bekanntheitsgrad unserer schönen Erholungsregion weiter zu steigern, so wie dies durch den Naheradweg, die Draisinenbahn oder den Barfußpfad bereits gelungen ist. Die Region durch attraktive touristische Projekte für Gäste noch anziehender zu machen, das ist unser gemeinsames Anliegen" betonte der Landrat.

Viele Wanderer auf dem Nahewein-Wanderweg oder dem Waldböckelheimer Rundweg „Naheblick" besteigen den Turm, um sich die Naturschönheiten einmal von oben anzusehen. Dabei schweift der Blick ins malerische Nahetal mit der Domäne, dem Lemberg und dem Gangelsberg. Bei klarem Wetter sind im Osten die Taunusberge mit dem Feldberg, im Westen der Erbeskopf und in Richtung Norden der Ellerspring zu sehen. Große Panorama-Bildtafeln auf der Plattform helfen bei der Orientierung.

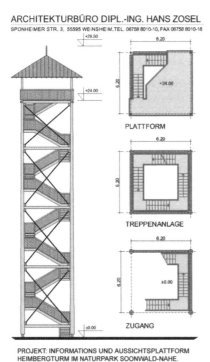

Bauzeichnung aus dem Architekturbüro von Dipl.-Ing. Hans Zosel

Montage des Daches
(Marco Rohr)

Landrat Karl-Otto Velten bei der Eröffnung 2008 (Marco Rohr)

Das letzte Hinderniss wird durchschnitten (Marco Rohr)

Der Heimbergturm in seiner gegenwärtigen Gestalt. (Uwe Metzroth)

Amtswechsel im Jahre 2009

Bad Kreuznach: Landrat Karl-Otto Velten ist „das schönste Amt im Landkreis Bad Kreuznach „ los". Denn der Wechsel an der Spitze der Kreisverwaltung wurde vollzogen: Der bisherige Direktor der Bildungsstätte Ebernburg und Leiter der Ländlichen Erwachsenenbildung Rheinland-Pfalz Franz-Josef Diel übernahm Amt und Verantwortung. Auf den Juristen Velten folgt der Dipl.-Pädagoge und Landwirt Diel, auf den Radfahrer der Langstreckenläufer, auf den Sozialdemokrat der Christdemokrat. Beide sind 60 Jahre alt, und voller Tatendrang gab Franz-Josef Diel zum Ausdruck, dass er sich auf acht erlebnisreiche Jahre freue.

An Erlebnissen wird es ihm nicht mangeln, darin waren sich gestern vor prominentem Besuch im großen Sitzungssaal alle Redner einig. Diel selbst zählte die wichtigen Politikfelder der nahen Zukunft auf: Schulentwicklung, Gebietsreform, Ausbau der B 41 und ihrer Querverbindungen, Hunsrückbahn mit Lärmschutz, die

Eins ins Rot, eins in Schwarz: CDU-Fraktionschef Ralf Hippert schenkte den Landräten „Fahrrad-Nummernschilder. (Harald Skär)

demografische Entwicklung vor allem im Westen des Kreises, Wirtschaftsförderung und die Schaffung einer neuen Identität für die Bürger des Kreises. Diel möchte die Kreisverwaltung stärker als Dienstleistung für die Bürger positionieren, und er vergaß nicht zu betonen, dass er sich auch auf die Zusammenarbeit mit dem Ersten Beigeordneten Hans-Dirk Nies, seinem Kontrahenten bei der Landratswahl freue.

Ein besonderes Lob zollte Diel seinem Vorgänger Velten: wie er den Übergang an der Verwaltungsspitze gestaltet habe, „das war wunderbar". Noch bis zum 7. Juli bleibt die Bildungsstätte Ebernburg Diels Arbeitsgeber.

Danach wird Karl-Otto Velten Gelegenheit haben, sich engedenk einer gesundheitlichen Einschränkung neu zu orientieren. Er will und soll dem Kreis erhalten bleiben (wie, das ist offen), weshalb Beigeordneter Nies nicht von einer Abschieds- oder gar Entlassungsurkunde sprechen wollte, sondern nur von einer Verabschiedung. Nies sagte: „Sie haben diesen Landkreis gelebt", Velten sei „darin aufgegangen" und nur wenige Menschen hätten sich so sehr in den Dienst des Kreises gestellt. Ihm gebühre der Dank aller Bürger, weil Velten hinsichtlich der Schulen, der „Herzenssache" Feuerwehr und Katastrophenschutz, der Chefsache Fremdenverkehr und der Entwicklung der Verwaltung in den 18 Jahren als Landrat Außergewöhnliches geleistet habe. CDU-Kreistagsfraktionschef Ralf Hippert sprach von der „Ära Velten" und betonte, dass der scheidende Landrat stets die Arbeit, nicht sich selbst in den Mittelpunkt gestellt habe. Für viele gemeinsame Lösungen und die angenehme Zusammenarbeit bedankte sich Hippert, der das „komplexe Gefüge" der Aufgaben eines Landrats vor Augen führte: Bürger und Politiker erwarten einen reibungslosen Ablauf, „und am Ende soll auch das Finanzbudget noch stimmen".

Nahelandkalender 2010

Die Landräte des Kreises Bad Kreuznach

1816-1818	Peter Josef Damian Bitter, Kreiskommissar u. Staats-Prokurator
1818-1846	Ludwig Philipp Hout
(1846) 1847-1861	Gustav Wilhelm von Jagow
1855	Gottlieb Ludwig Wilhem Frhr. von Rosen (kommissarisch)
(1861) 1862-1902	Otto Ludwig Agricola
1903-1920	Erwin Otto Eduard von Nasse
1920-1933	Erich Müser
1924	Otto Ehrenberger (vertretungsweise)
1933-1936	Hellmuth Rademacher
1936; 1937-1940	Dr. Nikolaus Simmer
1940-16.03.1945	Konrad Noell
18.03.-31.03.1945	Philipp Palm
01.04.-31.08.1945	Fritz Sieben
01.09.-31.09.1945	Heideloff
1946-1967	Philipp Gräf
1967-1990	Hans Schumm
1990-1991	Walter Zuber
1991-2009	Karl-Otto Velten
2009	Franz-Josef Diel

„DER KREIS KREUZNACH FÜR TREUE DIENSTE"

Vergoldete Ehrenbekundung, um 1890
Im Inneren das Portrait der heute unbekannten Trägerin.
(Privat)

HEUTE

Der Landkreis Bad Kreuznach heute – Beiträge zum Jubiläumsjahr 2016

1816 bis 2016

Weitere Beiträge zum Jubiläumsjahr
finden sich im Naheland-Jahrbuch 2016.

Unser Landkreis gestern und heute

Landrat Franz-Josef Diel

Die politische, soziale und wirtschaftliche Entwicklung der Bundesrepublik Deutschland prägte nach dem 2. Weltkrieg maßgeblich die Entwicklung unseres Landkreises. So hat das frühere Landratsamt und die spätere Kreisverwaltung nach und nach wichtige öffentliche Aufgaben in der kommunalen Selbstverwaltung und als Untere Landesbehörde, übernommen.

Heute ist der Landkreis in der Verantwortung für die kreiseigenen Schulen, soziale Sicherung, Jugend und Familie, Natur- u. Umweltschutz, Gesundheitsfürsorge, Feuerwehr- und Katastrophenschutz, Bauwesen und die Kreisstraßen. Durch diese vielfältigen Aufgaben sind hohe qualitative Anforderungen in den verschiedenen Ämtern an die Mitarbeiter/-innen der Kreisverwaltung gestellt. Innerhalb der Verwaltung sind Kommunikation, Teamfähigkeit, Finanz-, Personal-, Prozess- und Organisationsmanagement, Controlling, ähnlich wie in der freien Wirtschaft, keine Fremdwörter, sondern bestimmen die notwendigen Entscheidungsprozesse im alltäglichen Verwaltungshandeln.

Es war sicherlich ein langer, manchmal auch schwieriger Weg von der ehemals preußischen obrigkeits-hoheitlichen Verwaltung bis zu einem modernen bürgernahen und kundenorientierten Dienstleister.

Vordringliche Aufgabe des Landkreises war und ist es, zwischen den verschiedenen strukturellen Verhältnissen von Städten, Verbandsgemeinden und Gemeinden im Sinne der Daseinsfürsorge für die Bevölkerung ausgleichend zu wirken.

Aufgrund seiner anhaltenden schwierigen finanziellen Situation, ausgelöst durch immer weiter steigende Kosten der Jugend- und Sozialhilfe, ausgehend vom Konnexitätsprinzip ist der Landkreis dringend auf die Hilfe von Bund und Land angewiesen.

Die wirtschaftliche Entwicklung unseres Landkreises in den vergangenen Jahren verlief durchaus positiv. Die negativen Folgen der Konversion sind allmählich überwunden, in der Stadt Bad Kreuznach sogar durch Erschließung neuer Gewerbegebiete und attraktiver Wohngebiete zu einem Erfolgsmodell geworden. Aufgrund der Innovationskraft der Mitarbeiter/-innen vieler Klein- und mittelständischer Betriebe werden aus unserem Landkreis qualitativ hohe Produkte in die ganze Welt exportiert. Darauf können wir stolz sein!

Trotz dieser positiven Entwicklung geht die Schere zwischen dem Ostteil unseres Landkreises, direkt angrenzend an das prosperierende Rhein-Main-Gebiet mit hervorragender Infrastruktur, Bevölkerungswachstum und dem Westteil, beginnend hinter Bad Sobernheim bis nach Kirn, immer weiter auseinander.

Deshalb muss im Zuge der Regionalentwicklung der weitere zügige Ausbau der B 41 als Lebensader des Nahetals und der Ausbau der Hunsrückspange vom Hochmoselübergang bis nach Fischbach-Weiherbach vorangetrieben werden.

Nur so kann der in manchen Dörfern prognostizierte Rückgang der Bevölkerung in diesem Bereich gestoppt werden.

Unterstützen kann dabei die Entwicklung eines nachhaltigen, sanften Gesundheitstourismus in einer reizvollen Natur- und Kulturlandschaft.

Hier gilt es gemeinsam, die vorhandenen Potentiale zu nutzen und entsprechend zu vermarkten.

Sehr erfreut bin ich über die positive Entwicklung unserer Regionalmarke „SooNahe" und die vielen nationalen und internationalen Auszeichnungen unserer Nahe-Winzer.

Die zunehmende Digitalisierung unserer Lebens- und Arbeitswelt stellt uns heute und zukünftig vor neue große Herausforderungen. Das papierlose Büro, der Roboter im Arbeitsprozess, ist keine Science-Fiction Vision, sondern heute schon Realität.

Wir sollten dieser technischen Revolution unter dem Stichwort „Industrie 4.0, Gesellschaft 4.0" offen entgegentreten, dann werden wir sie auch meistern.

Dabei wird die Bildung, beginnend in der Kindertagesstätte, über Schule, Beruf, Studium, ergänzt durch Fort- und Weiterbildung noch mehr als bisher an Bedeutung gewinnen. Hier sind wir in unserem Landkreis von den äußeren Rahmenbedingungen her gut aufgestellt.

Eine der schwierigsten Herausforderungen für unseren Landkreis und seine Bevölkerung ist in den kommenden Jahren die Bewältigung der Flüchtlingskrise. War bisher die Unterbringung der Flüchtlinge schon nicht einfach, so wird die Integration mit Spracherwerb von Menschen aus anderen Kulturen eine Herkulesaufgabe sein. Auf der einen Seite sehe ich die Chance, durch viele junge Flüchtlinge den demografischen Wandel abzumildern, andererseits dürfen wir die Bürger/-innen mit dieser Aufgabe nicht ständig überfordern. Hier gilt es für uns als Verwaltung mit den Städten und Gemeinden klare Strukturen zu schaffen, Inhalte, Regeln und Ziele in unserer Zivilgesellschaft festzulegen.

Mein Dank gilt allen, die sich bis heute mit ihrer tatkräftigen Hilfe eingebracht haben. Wir stehen heute in einer Zeitepoche, manche sagen auch Zeitenwende, wo die Gefahr besteht, dass Europa zerbricht, Krieg wieder als Mittel der Politik gesehen wird und die Welt dadurch aus den Fugen gerät. Deshalb kommt es heute mehr denn je darauf an, die unsere Verfassung und freiheitliche Demokratie prägenden Werte der Subsidiarität, Solidarität und Personalität aufrechtzuerhalten.

Trotz allem freu ich mich auf unser 200-jähriges Jubiläum, danke allen, die in dieser Zeit politisch, sozial und wirtschaftlich Verantwortung für das Gemeinwohl getragen haben und wünsche mir, dass der Zusammenhalt in unserer Bevölkerung durch dieses Jubiläum gestärkt wird.

Unsere heimische Landschaft

Rainer Seil

Innerhalb des Bundeslandes Rheinland-Pfalz nimmt unser linksrheinisch gelegener Landkreis geografisch eine zentrale Lage ein. Das gilt auch in landschaftlicher Hinsicht. Insgesamt umfasst das Kreisgebiet 863,71 Quadratkilometer. Die Ost-West-Ausdehnung erstreckt sich auf 42 km, die Nord-Süd-Ausdehnung auf 40 km. Die Höhenunterschiede bewegen sich im Kreisgebiet zwischen 80 und 657 m ü. NN, worin einerseits große landschaftliche Vielfalt, andererseits der Anteil an Mittelgebirgs- und Beckenlandschaften zum Ausdruck kommt.

Der Landkreis Bad Kreuznach hat an fünf Landschaften Anteil, im Norden am **Rheinischen Schiefergebirge** (Hunsrück), im Osten am **Rheinhessischen Hügelland** und im Süden am **Meisenheimer Bergland**. Mitten durchfließt die Nahe das Kreisgebiet. Landschaftlich gehören das **Untere** und das **Mittlere Nahetal** dazu. Das meist enge Nahetal mit seinen zahlreichen charakteristischen und unverwechselbaren Felsbildungen macht schon allein die Einzigartigkeit und besondere Attraktivität unseres Raumes aus.

Seit der letzten Kreisreform 1969/70 hat unser Landkreis keinen Anteil mehr am Mittelrheintal bei Bingerbrück, der allerdings schon damals äußerst gering war. Dafür hat der Kreis seit der letzten rheinland-pfälzischen Kommunalreform im Süden einen territorialen und landschaftlichen Zuwachs erfahren, so dass die Nahe nicht mehr ein Grenzfluss darstellt, den sie vor allem seit dem 19. Jahrhundert nach dem Wiener Kongress stellenweise bildete. Unter dieser historisch bedingten, nicht jedoch topografisch vorgegebenen Grenze litt vor allem die Kreisstadt Bad Kreuznach, da ihr durch die damals nahen bayerischen, hessen-homburgischen und hessen-darmstädtischen Territorien das wirtschaftliche Hinterland fehlte.

Die im saarländischen Selbach unweit des Bostalsees in 435 m ü. NN entspringende Nahe ist insgesamt 116 km lang. Sie betritt westlich von Kirn unmittelbar an der östlichen Stadtgrenze von Idar-Oberstein das Kreisgebiet und verlässt es an der nördlichen Gemarkungsgrenze von Laubenheim wieder.

Nördlich der Nahe hat der Landkreis Bad Kreuznach Anteil am Hunsrück und dessen Ausläufern, wozu landschaftlich der weitflächige Soonwald und das Soonvorland gehören. Im Soonwald liegt der Ellerspring, mit 657 m ü. NN die höchste Erhebung im Landkreis Bad Kreuznach. Kernstück bildet das weite, zusammenhängende Waldgebiet des Soonwaldes, an das sich westlich der Lützelsoon und im Osten der Binger Wald anschließt, der sich bis zum Mittelrheintal erstreckt. Rechnet man landschaftlich noch das Soonvorland dazu, dann wird das Kreisgebiet nördlich der Nahe von West nach Ost gerechnet von Hahnenbach, Gaulsbach, Ellerbach, Gräfenbach und Guldenbach maßgeblich geprägt. Bei den Gesteinen herrschen Quarzit und Schiefer vor. Beide Gesteine verwittern zu nährstoffarmen Böden, weshalb der Wald die Region nachhaltig prägt. Ursprünglich handelte es sich in unserer Region um ein reines Laubwaldgebiet mit hohem Buchen-, aber auch bedeutendem Eichen- und Hainbuchenanteil. Erst die Forstwirtschaft hat vor allem seit dem Ende des 18. Jahrhunderts schnellwüchsige, aber standortfremde Koniferen, voran Fichten („Preußenbaum"), gepflanzt. Die einstige „Verfichtung" der Höhen des Quarzitrückens war und ist zum Teil immer noch landschaftsbestimmend. Die schweren Stürme 1989/90 brachten eine große Zäsur in den Nadelwaldungen und lösten in der heimischen Forstwirtschaft ein Umdenken aus. Mittlerweile liegt der Schwerpunkt auf der Begründung von weniger sturmgefährdeten Laub- und Mischwäldern. In den tiefer gelegenen Regionen, voran im Soonvorland und in den Tälern der Nahe und ihren Nebenbächen herrschte von Natur aus ein Eichen-Mischwald vor. Die lange praktizierte Niederwaldwirtschaft förderte einseitig vor allem die Eiche. Eichenlohe war wichtiger Rohstoff für die in Kirn, Stromberg oder Kreuznach betriebenen Gerbereistandorte. Die gerbstoffreiche Eichenlohe wurde in Lohmühlen zu Gerbmittel vermahlen.

Im Soonvorland herrschen dagegen bessere Böden vor. Damit nehmen ländliche Siedlungen breiteren Raum ein, während dagegen der nördlich gelegene Soonwald von Einzelgebäuden und wenigen Gehöften abgesehen fast unbesiedelt ist. Das Klima ist wesentlich milder als auf dem Soonwaldrücken. An sonnenexponierten Hängen musste daher der Wald dem Weinbau weichen. Abgesehen von der Unteren Nahe, die unterhalb von Bad Kreuznach landschaftlich beginnt und der weiten Sobernheimer Talsenke ragen beiderseits des Flusses im engen Nahetal steile Felsen empor. Unmittelbar vor Münster-Sarmsheim (Landkreis Mainz-Bingen) zweigt das Trollbach-tal ab. Hier verläuft die heutige Kreisgrenze. Bekannt wurde dieses kleine Seitental nördlich der Nahe vor allem durch die besonders auffälligen und skurrilen Trollfelsen, die aus Konglomeraten bestehen. Durch dieses Tal verläuft auch parallel zum Gulden-bachtal die insgesamt 323 km lange A 61, eine wichtige linksrheinische Autobahnver-bindung von Schwanenhaus (Niederlande) zum Autobahndreieck Hockenheim.

Besonders markant und unverwechselbar ist die vom Vulkanismus und der Nahe selbst in Jahrmillionen geformte Landschaft um Bad Münster am Stein. Mit 209 m Höhe ist der Rotenfels in Mitteleuropa die höchste Steilwand nördlich der Alpen. Erst in Skandinavien (Norwegen) gibt es wesentlich höhere Steilwände. Der Rotenfels ist 1,2 km lang. Beim rötlichen vulkanischen Gestein handelt es sich um Rhyolith, früher Quarzporphyr genannt. In unmittelbarer Nähe bei Bad Münster am Stein ragt der Rheingrafenstein empor. Nicht nur die atemberaubende Kulisse rund um Rheingra-fenstein und Rotenfels verdient Beachtung weit über das Kreisgebiet hinaus. Neben den dortigen Heilquellen ist diese unverwechselbare Felsenlandschaft ein Kernstück für den heimischen Tourismus, was schon der Fremdenverkehr des 19. Jahrhunderts besonders zu schätzen wusste. Auch die naturnahe, bemerkenswerte Vegetation hat eine nähere Würdigung verdient. Für mitteleuropäische Verhältnisse wachsen auf dem Felsplateau und in steilem Abhang besondere Pflanzen. Bei den Bäumen ist das Vorkommen des Felsenahorns (Acer monspessulanum) herauszustellen, der sonst rund um das Mittelmeer in Europa, Kleinasien und Teilen von Nordafrika gedeiht. Die-ser Baum erreicht auf der Gans bei Bad Münster am Stein stattliche Ausmaße.

Auch das weitere Nahetal ist von Natur aus von weiteren markanten Felsbildungen und Erhebungen geprägt. Wenngleich wesentlich kleiner dimensioniert, ist auch der Kafels bei Norheim geologisch und landschaftlich erwähnenswert. Auch er ist vulka-nisch entstanden.

Weiter naheaufwärts wird das Tal so eng, dass kaum nennenswerte Straßen im Nahe-tal selbst verlaufen, wohl aber die Eisenbahnlinie von Bingerbrück nach Saarbrücken. Sehr eindrucksvoll präsentiert sich die Felsenlandschaft und Vegetation bei Schloß-böckelheim, am Lemberg und beim Hellberg nahe Kirn. Besonders charakteristisch sind die natürlichen Gesteinshalden, wie sie sich beispielsweise im Salinental, aber auch am Hellberg befinden. Im Volksmund heißen diese Steinhalden „Rosseln".

Im Südwesten des Kreisgebietes hat der Landkreis Bad Kreuznach Anteil am Mei-senheimer Bergland. Diese südlich der Nahe befindliche Landschaftseinheit ist ein

Teil des Glan-Alsenz-Berglandes, welches ein im Vergleich zum Soonwald und dessen Vorland ein unruhiges Landschaftsbild ausweist. Der Volksmund prägte daher die Bezeichnung „bucklige Welt". So vielfältig wie die Landschaftsformen sind auch die Gesteine. Es finden sich Gesteine vulkanischer Herkunft und auch typische Ablagerungsgesteine (Sandstein, Tonstein, Konglomerate). Im Laufe von Jahrmillionen haben die Fließgewässer sich je nach Gesteinshärte eingeschnitten und für den heutigen Betrachter eine abwechslungsreiche Landschaft hinterlassen. Besonders große Höhenunterschiede gibt es im Mündungsbereich der Alsenz, die wenig später bei Bad Münster am Stein-Ebernburg (seit 2014 Stadtteil von Bad Kreuznach) in die Nahe fließt. Der Landkreis Bad Kreuznach hat auch Anteil am Glan, der Meisenheim durchfließt und bei Odernheim in die Nahe einmündet.

Ganz im Osten geht das Kreisgebiet in das Rheinhessische Hügelland über, das sich von den anderen vier vorgestellten Landschaften deutlich unterscheidet. Was sofort auffällt, ist die Tatsache, dass es sich hier um eine fast waldfreie Landschaft handelt, bei der heute vor allem die Sonderkultur Weinbau vorherrscht. Siedlungsgeschichtlich ist diese durch mildes Klima bestimmte Region schon sehr lange und intensiv menschlich überprägt. Die Anfänge gehen auf die Jungsteinzeit vor ca. 3000 Jahren zurück und reichen von Kelten, Römern zu den Germanen (Franken) wovon die vielen -heim-Siedlungen an der Unteren und Mittleren Nahe Zeugnis ablegen. Die Orte am Soonwald und im Meisenheimer Bergland sind teilweise siedlungsgeschichtlich jünger (Endungen mit -hausen, -roth, -schied, -bach und -schwang).

Geologisch ist die rheinhessische Landschaft vergleichsweise jung. Es herrschen fruchtbare Lößböden vor, die auch den Anbau von anspruchsvollen Ackerfrüchten wie Weizen, Braugerste und Zuckerrüben ermöglichen.

Eine landschaftliche Besonderheit bildet die „Rheinhessische Schweiz" bei Neubamberg. In der Zeit des Rotliegenden drangen magmatische Massen hervor und bildeten eine bucklige Oberflächenform aus. Dazwischen liegen Täler mit steilen Flanken wie z.B. das Appelbachtal. Die Böden sind hier stellenweise für die Landwirtschaft so ungünstig, so dass sich hier wieder kleine Waldinseln befinden.

Die vorangegangene Abhandlung zeigt deutlich, dass der Landkreis Bad Kreuznach auf relativ kleinem Raum äußerst abwechslungsreiche Landschaftsformen aufzuweisen hat, die in den Nachbarkreisen ihre Fortsetzung finden.

Rheinhessische
Heidelandschaft
in der Nähe von
Neu-Bamberg
(Uli Holzhausen)

Burg Montfort
im WInter
(Marco Rohr)

Der Disi-
bodenberg
(Marco Rohr)

Der Lemberg mit Oberhausen
a. d. N. (Marco Rohr)

Der Rotenfels
im WInter
(Uli Holzhausen)

Unser Landkreis in Zahlen

Rainer Seil

Bevölkerung

Im Jahre 2012 hatte der Landkreis Bad Kreuznach eine Bevölkerung von 155431 Einwohnern in 119 Ortsgemeinden. Das entspricht 64500 Haushalten.

Im Jahre 1950 lebten dagegen 114837 Einwohner im Kreisgebiet. Das waren 35396 Haushaltungen. Davon waren 57,2 Prozent evangelisch, 41,0 Prozent katholisch. Lediglich 1,8 Prozent bekannten sich zu keiner Konfession. Die Zahl des Jahres 2012 zeigt eine völlig andere Entwicklung auf. Mit 48,56 Prozent bilden die evangelischen Christen immer noch die Mehrheit, die Zahl der Katholiken liegt bei 35,13 Prozent. Der Anteil der sonstigen Religionen und Konfessionslosen hat sich dagegen auf von 1,8 Prozent auf 16,31 Prozent erhöht!

Legt man die Gesamtbevölkerungszahl von 1950 (114837 Einwohner) und 2012 (154431 Einwohnern) zugrunde, so lässt sich zwar eine Zunahme feststellen. Diese Zahlen müssen jedoch differenziert betrachtet werden, gerade auch im Hinblick auf den demografischen Wandel.

Noch in den 1950ern und 1960er Jahren hatte ein starkes Bevölkerungswachstum stattgefunden. Im Jahre 1959 lebten 123721 Personen im Kreisgebiet. Der Anteil der Vertriebenen betrug 14,8 Prozent. Zum Jahresende 1964 war die Bevölkerung auf 131183 Prozent gewachsen. Der Anteil der Heimatvertriebenen lag bei 8,5 Prozent. Bei einem Vergleich mit dem Jahr 1964 zeigt sich, dass seit dieser Zeit bis 2012 kein nennenswertes Bevölkerungswachstum mehr stattgefunden hat. Bereits Mitte der 1980er Jahre verzeichnete der Kreis 145400 Einwohner.

Um 1971 gab es in Deutschland den letzten natürlichen Bevölkerungszuwachs. Seitdem kehrt sich die Bevölkerungspyramide um. Seit den 1990er Jahren liegt die Kinderzahl pro Frau bei 1,4. Das ist zu wenig, um die Elterngeneration zu ersetzen. Hierzu wären statistisch betrachtet 2,1 Kinder je Frau erforderlich.

Die Bevölkerung wird somit nach allgemeinen Prognosen zurückgehen und die Alterszusammensetzung künftig einen immer höheren Anteil an über 65jährigen aufweisen. Bis 2030 wird die Bevölkerung um 7 Prozent abnehmen, wenn auch innerhalb des Kreisgebietes mit regionalen Unterschieden. Der schwächste Rückgang wird für Bad Kreuznach vorausgesagt (1 %). Wesentlich stärker wird die Bevölkerungsabnahme in der VG Meisenheim ausfallen: Bis minus 21 Prozent. In Meisenheim begann die Stagnation der Bevölkerungszahlen und Abwanderungstendenz vor allem der jüngeren Generation schon in den 1960er Jahren. Wesentlich anders verlief die Entwicklung im Umkreis der Stadt Bad Kreuznach. Beispiele hierfür sind mehrere Orte im östlichen Teil der Verbandsgemeine Rüdesheim, z.B. Rüdesheim, Hargesheim, Roxheim, aber auch Orte an der B 41, z.B. Waldböckelheim.

Selbstverständlich handelt es sich um Momentaufnahmen. Die langfristige Auswirkung des sich abzeichnenden äußerst komplexen demografischen Wandels, etwa auf bestehende Kindergärten, Schulstandorte, weitere vergleichbare Einrichtungen und zusätzliche Infrastruktur für die alternde Bevölkerung bedarf weiterer Analyse, Beobachtung und soweit möglich gestalterisch-dirigierender Planung.

Wirtschaft

In den letzten Jahrzehnten haben in der Wirtschaftsstruktur des Kreises Bad Kreuznach große Veränderungen stattgefunden.

Bis in die 1960er Jahre war von den wenigen Städten, insbesondere im Nahetal (Bad Kreuznach, Bad Münster-am-Stein-Ebernburg, Sobernheim, Kirn) abgesehen, Landwirtschaft hauptsächlich in den agrarisch strukturierten Dörfern vorherrschend.

Neben reiner Landwirtschaft mit entsprechender Viehhaltung herrschte allgemein der gemischte Betrieb vor. Insbesondere die reine Landwirtschaft und die entsprechende Viehhaltung, vor allem beim Großvieh (Glanvieh, Rotbunte), erfuhren in den letzten Jahren eine starke Einbuße. In den klimatisch günstigeren Regionen nördlich und südlich der Nahe spielte der Weinbau eine bedeutende Rolle. Der Weinbau ist auch weiterhin von großer Bedeutung, doch die Anzahl der Winzerbetriebe ist gleichwohl rückläufig. Dennoch kann von einer kleinstrukturierten Landwirtschaft gesprochen werden, deren Anfänge auf die Realerbteilung zurückgehen.

Mittlerweile nehmen Land- und Forstwirtschaft im Kreisgebiet lediglich 2,3 Prozent ein. Die noch heute bestehenden Wirtschaftsstrukturen hatten sich schon in groben Zügen in den 1980er Jahren herausgebildet. Um 1985 bestimmte das produzierende Gewerbe mit 49 Prozent Wertschöpfung das Wirtschaftsleben, gefolgt von Dienstleistungen (31%), Handel- und Verkehr (15 %) sowie Land- und Forstwirtschaft (5 %).

An erster Stelle stehen Dienstleistungen (48,9 Prozent), gefolgt von produzierendem Gewerbe (32,1 Prozent) und Handel und Verkehr (16,7 Prozent). Wichtigste Industriestandorte sind neben Bad Kreuznach, Kirn, Bad Sobernheim, Meisenheim und Langenlonsheim. Doch ist seit den 1980er Jahren vieles im Umbruch.

Kirn war einst fast ausschließlich von ledererzeugender Industrie, Bierproduktion und seinen Steinbrüche wirtschaftlich geprägt. Seitdem vollzog sich ein Wandel hin zu lederverarbeitender Industrie. Die Hartsteinindustrie (Zentrum der südwestdeutschen Hartsteinwerke) und die Bierproduktion sind noch immer in Kirn vertreten. Hinzugekommen sind weitere Gewerbebetriebe, Handel, Märkte und Kunststoffverarbeitung (Simona).

Bad Sobernheim mit einem einst ländlichen Umfeld vollzog den Wandel hin zu einer Industrie- und Handelsstadt sowie zum Felke-Kurort. Seit der deutschen Wiedervereinigung ist auch hier ein großer Wandel erfolgt. 1961 war Sobernheim noch Standort der Bundeswehr mit dem NATO-Flugplatz Pferdsfeld. Dieser wurde ebenso wie die Garnison der Bundeswehr im Rahmen der Konversion völlig aufgegeben. Zwischenzeitlich ist am Stadtrand im Nahetal ein Handel- und Gewerbebetrieb entstanden mit günstiger Verkehrsanbindung an die B 41.

Meisenheim am Glan ist Mittelzentrum in einem eher ländlich orientierten Umland mit besonderem Schwerpunkt auf Dienstleistungen, Bildung, Möbel und Lagertechnik.

Wingert bei
Niederhausen
(Marco Rohr)

Anteilmäßig mögen zwar mittlerweile (um 2012) Land- und Forstwirtschaft mit 2,3 Prozent des Wirtschaftsaufkommens gering erscheinen, doch in über 50 Prozent der Orte des Landkreises wird Wein angebaut. Die Rebfläche beträgt derzeit im Kreisgebiet 5278 ha und gehört größtenteils zum Weinbaugebiet Nahe. Im südöstlichen Kreisgebiet werden Rheinhessen-Weine produziert. In der Mitte der 1980er Jahre lag die Rebfläche noch bei 5500 ha. Sie hat sich demnach seitdem nur wenig verringert.

Verkehr

In den letzten Jahrzehnten wurde und wird die Verkehrsinfrastruktur im Kreisgebiet stetig verbessert und den jeweils notwendigen Bedürfnissen angepasst. Das gilt insbesondere für die wichtige West-Ost-Achse, die B 41, die stellenweise vierspurig ausgebaut ist. Hauptsächlich am östlichen Rand des Kreisgebietes bestehen Verbindungen zur A 61, die auf ca. 17 km das Kreisgebiet durchschneidet und ebenso gute Verbindungen zur A 60, welche die Verbindung mit dem überaus wichtigen Rhein-Main-Gebiet herstellt, während die A 61 nicht nur das Rhein-Main-Gebiet, Südwestdeutschland, sondern auch nach Nordwesten zum Raum Koblenz, Bonn und Köln verbindet.

Etwas schlechter werden die Verkehrsverbindungen nach Westen zu, wenngleich auch hier bessere Verkehrsanbindungen angestrebt werden, um weiteren möglichen Abwanderungen vornehmlich jüngerer Kreiseinwohner entgegenzuwirken, um der dort ohnehin schon tendenziell bestehenden Überalterung der Bevölkerung entgegenzuwirken.

Trotz starker Bemühungen, in unmittelbarer Wohnortnähe Arbeitsplätze (Gewerbegebiete), z. B. auch in Autobahnnähe (Stromberg, Waldlaubersheim) zu schaffen, ist der Landkreis Bad Kreuznach eine typische Auspendlerregion. 39 Prozent der Erwerbstätigen verdienen ihren Lebensunterhalt außerhalb des Kreisgebietes. Mit einer durchschnittlichen Arbeitslosenquote von etwa 7,1 Prozent ist die Zahl vergleichsweise hoch, etwa in Bezug zum angrenzenden Landkreis Mainz-Bingen. Verhältnismäßig hoch ist auch der Anteil an Personen, die soziale Transferleistungen beziehen.

Auch im Bereich der Eisenbahn ergaben sich Neuerungen. Die Verbindungen zum Rhein-Main-Gebiet wurden in den letzten Jahren verbessert, was zahlreichen Pendlern zugutekommt. Unter anderem ist geplant, die Hunsrückbahn wieder zu reaktivieren (Strecke Langenlonsheim-Simmern) mit einem Anschluss an den Flughafen Hahn, der im Rahmen der Konversion entstanden ist.

Tourismus

Ein nicht zu unterschätzender Wirtschaftsfaktor stellt zunehmend der Tourismus dar, bedingt durch die attraktive Landschaft mit Waldreichtum (Naturpark Soonwald-Nahe mit teilweise alten Buchenbeständen) und Weinbau.

Allerdings hat im Kreisgebiet der Fremdenverkehr von den Kurstandorten abgesehen keine lange Tradition. Der Schwerpunkt der Fremdenverkehrsentwicklung setzt erst nach dem Zweiten Weltkrieg ein. Noch um 1985 konzentrierte sich der Fremdenverkehr im Kreisgebiet mit über eine Million Übernachtungen auf die Kurstädte Bad Kreuznach und Bad Münster am Stein-Ebernburg (90 %). Dort reichen die Anfänge teilweise weit in die Zeit vor dem Zweiten Weltkrieg zurück. Schon 1833 suchten illustre Gäste und Prominente aus internationaler Politik und später Wirtschaft das Kurbad Bad Kreuznach auf. Seit der jüngst vollzogenen Fusion gehört Bad Münster am Stein-Ebernburg zur Kreisstadt Bad Kreuznach. Wie sich diese Neuerung auf den bisher getrennten Kursektor beider Städte auswirkt, wird die Zukunft zeigen.

In den letzten Jahren versuchen auch angrenzende Verbandsgemeinden verstärkt touristische Strukturen zu entwickeln und auszubauen, beispielsweise die Verbandsgemeinde Rüdesheim seit den 1990er Jahren mit „Sonne Burgen Wälder Wein".

Gleichfalls auf Tourismus setzt verstärkt die Stadt Stromberg, begünstigt vor allem durch die Nähe zur A 61. Städte mit schönen Stadtkernen sind neben der Kreisstadt auch Bad Sobernheim, Kirn und Meisenheim („Rothenburg am Glan").

Im Jahre 2013 suchten 43200 Gäste das Naheland auf. 86 Prozent sind Inländer. Über die Hälfte der ausländischen Gäste reisen aus den Niederlanden an. Im Durchschnitt verweilen die Touristen 3,9 Tage in der Region (Wochenend- und Kurzurlauber).

Der Aussichtsturm am Teufelsfels im Lützelsoon (Marco Rohr)

Meisenheim
am Glan
(Marco Rohr)

Die Wirtschaft im Landkreis Bad Kreuznach

Thomas Braßel

Der Landkreis Bad Kreuznach ist Standort zahlreicher Unternehmen aus unterschiedlichen Wirtschaftssektoren. Dies hängt maßgeblich mit den günstigen Standortbedin-
gungen, namentlich der Infrastruktur und den verhältnismäßig niedrigen Kosten für
Grund, Boden und Arbeitskräften, zusammen. Der entscheidende Standortfaktor ist
die Verkehrsinfrastruktur. Hier spielen das große Einzugsgebiet, die gute Anbindung
an zwei Flughäfen und vor allem die Nähe zum Rhein-Main-Ballungsraum eine wichtige Rolle. Eine verbesserte Bahnanbindung im Stundentakt lässt die Wirtschaftsräume weiter zusammenwachsen.

Das wirtschaftliche Rückgrat des Landkreises stellt nach wie vor der industrielle Sektor dar. Von den 40 größten Firmen im Kreis sind 22 Unternehmen dem produzierenden Gewerbe zuzurechnen. Hier werden ca. 30% der Bruttowertschöpfung erzielt, was im Bundesvergleich einen relativen hohen Wert darstellt. Der industrielle Schwerpunkt liegt bei den Automobilzulieferern. Hier arbeiten bei den drei größten Unternehmen ca. 10 % der sozialversicherungspflichtig Beschäftigten.

Bei den Branchen sind neben Maschinenbau, Gummiverarbeitung, Elektrotechnik, Filtertechnik, Stahlverformung, chemische und Leichtmetallindustrie, der Verarbeitung von Steinen und Erden und der optischen Industrie auch die Leder-, Kunststoff- und Holzverarbeitung sowie die Ernährungsindustrie im Landkreis tätig.

Ergänzt wird der industrielle Sektor durch eine Vielzahl kleinerer und mittlerer Handelsbetriebe. Neue Arbeitsplätze werden bedingt durch den strukturellen Wandel vorwiegend im Dienstleistungsbereich entstehen. Dabei bilden die eher traditionellen Bereiche im Handwerk, Gewerbe und Weinbau/Landwirtschaft eine starke Basis, die den Strukturwandel positiv beeinflusst und neue Chancen eröffnet.

Die Land- und Forstwirtschaft ist nach wie vor von Bedeutung, auch wenn sie hier rückläufig ist. Derzeit verfügen knapp 2.000 landwirtschaftliche Betriebe über eine Nutzfläche von über 33.000 Hektar. Der Weinbau mit seiner 2.000-jährigen Tradition spielt jedoch im Landkreis Bad Kreuznach eine zentrale Rolle, so wird in mehr als der Hälfte aller Gemeinden Weinbau betrieben. Insgesamt sind rund 1.100 Weinbaubetriebe mit ca. 4.100 Hektar Rebfläche im Landkreis tätig, darunter insbesondere im Weißweinbereich auch einige der renommiertesten Winzer/Weingüter weltweit.

Die hohe Lebensqualität im Landkreis mit den drei Bädern Bad Kreuznach, Bad Münster am Stein-Ebernburg und Bad Sobernheim führt dazu, dass die Wirtschaftssektoren Gesundheit, Wellness, Tourismus, Weinbau und Gastronomie eine große Rolle spielen. Der Kreis hat dabei eine überdurchschnittliche Ausstattung an Gesundheitseinrichtungen. Dazu gehören nicht nur Kurkliniken, sondern eine relativ große Anzahl von Krankenhäusern und Spezialkliniken.

Insbesondere in Bad Kreuznach und Umgebung ist hier das schnell erreichbare Angebot an Krankenhäusern, Arztpraxen und Wellness-Anbietern in den letzten Jahren stetig verbessert worden. Ca. 30% der Beschäftigten sind in der Gesundheitsbranche tätig und ermöglichen durch wissenschaftliche Forschung und modernste medizinische Anwendung optimale Versorgungsvoraussetzungen. In Verbindung mit dem Tourismussektor und der Weinwirtschaft kann hier zukünftig das Kompetenz- und Wachstumsfeld „Gesundheit/Tourismus" zu einem regionalen Alleinstellungsmerkmal entwickelt werden.

Der langfristige Strukturwandel der Wirtschaft ist dadurch gekennzeichnet, dass neue Arbeitsplätze in den letzten Jahren im Saldo ausschließlich im Dienstleistungsbereich geschaffen wurden. Im Zusammenhang mit dem Strukturwandel ist auch die Konversion eines der wichtigen Themen im Landkreis. Betroffen hiervon sind vor allem die Wirtschaftsstandorte Bad Kreuznach und Bad Sobernheim. Aufgrund des Abzugs von amerikanischen und deutschen Streitkräften ist zunächst ein großer Ausfall an Kaufkraft entstanden, der nun durch die Neuansiedlung von Unternehmen und die Schaffung von Wohnraum kompensiert wurde. Diese struktur- und wirtschaftspolitisch einzigartige Chance für die Stadtentwicklung hat insbesondere die Stadt Bad Kreuznach mit der Inwertsetzung zahlreicher Konversionsflächen genutzt und profitiert so mit in den letzten Jahren stetig steigenden Beschäftigten- und Einwohnerzahlen.

Da die Region wirtschaftlich sehr heterogen strukturiert ist und somit über keine herausragenden Alleinstellungsmerkmale verfügt, liegt die Herausforderung für die Wirtschaftsförderung im bestandsorientierten Binnenmarketing. Um dieses optimal zu fördern, ist dabei die Vernetzung der einzelnen regional engagierten Wirtschaftszweige unabdingbar sowie das Zusammenspiel zwischen städtischen und ländlichen Regionen.
Mit der Anerkennung der Lokalen Aktionsgruppe (LAG) Soonwald-Nahe (ausschließlich aus dem Landkreis Bad Kreuznach) als europäischen LEADER-Region, können nun ab dem Frühjahr 2016 erstmals EU-Fördermittel für einen längeren Zeitraum (bis 2022) für ländliche Entwicklungsprojekte generiert werden. Im Vordergrund stehen hier die Themen Ausbau und die Vernetzung von Gesundheits-, Tourismus- und Weinwirtschaft sowie die Stärkung des bürgerschaftlichen Engagements und ein Mobilitätskonzept.

Ein weiterer großer und branchenübergreifender Aufgabenbereich für die Wirtschaft im Landkreis Bad Kreuznach ist das Thema Fachkräftesicherung. Die in der Mehrzahl kleinen und mittelständischen Unternehmen, darunter viele exportorientierte Spezialisten, setzen dabei zunehmend wieder auf betriebseigene Ausbildung. Dies kann jedoch nur zum Teil zur zukünftigen Fachkräftesicherung beitragen, da der Anteil potenzieller Auszubildender demografisch bedingt in den nächsten Jahren weiter abnehmen wird.
Das Qualifikationsproblem; über das viele Unternehmen im Bezug auf Bewerber heute bereits klagen, wird zunehmend durch ein Quantitätsproblem verschärft werden. Hervorgegangen aus drei Arbeitsmarktkonferenzen haben hier die Arbeitsagentur

Gewerbepark
Waldlaubersheim
(Torsten Strauß)

Bad Kreuznach und die Wirtschaftsförderung des Landkreises ein Orientierungsprojekt auf den Weg gebracht, um insbesondere allen Schulabgängern eine bessere Orientierung über den regionalen Stellenmarkt anzubieten.

Neben dem hochwertigen Printprodukt, welches direkt an die Zielgruppe geliefert wird, ist das Projekt „jobzzone" auch eine multimediale Plattform, auf der Unternehmen sich, ihre Leistungsfähigkeit und ihre Angebote für Auszubildende in einer internetbasierten Präsentation und mobil darstellen können.

Ein wichtiger Aspekt dabei ist auch, dass das Potenzial an jungen Menschen der Region erhalten bleibt, wenn sie hier in den heimischen Unternehmen einen Ausbildungsplatz finden. So können Arbeitsplätze erhalten und neue geschaffen werden und letztendlich auch Steuern gezahlt werden, die der Kreis dringend benötigt. Die Arbeits- und Fachkräfte sind auch die Voraussetzung, um im demografischen Wandel und im Wettbewerb der Regionen bestehen zu können.

Neben den bestehenden Unternehmen als Zielgruppe müssen auch für neue Unternehmen und Existenzgründer sowie Nachfolger wichtige Grundvoraussetzungen gegeben sein, um sich erfolgreich in der Region zu etablieren und neue Arbeitsplätze zu schaffen. Zur Hilfestellung wurde ein Existenzgründernetzwerk auf den Weg gebracht. Initiiert von den Wirtschaftsjunioren Bad Kreuznach und den Wirtschaftsförderungen von Stadt und Landkreis Bad Kreuznach ist hier eine Bündelung der Aktivitäten erfolgt. Mit dem innovativen Konzept der „Waschstraße zum Erfolg" werden am jährlich stattfindenden Existenzgründertag umfangreiche Informationen zielgerichtet an die Zielgruppe gerichtet. Rund 30 Partner (Banken, Kammern, Kommunen, Berater, private Anbieter) informieren über die zahlreichen Möglichkeiten im Bereich der Existenzgründung, Förderung und Unterstützung. Zukünftig wird hier auch der wichtige Bereich der Unternehmens- und Betriebsnachfolge thematisch mit angebunden.

Zusammenfassend betrachtet, verfügt der Landkreis Bad Kreuznach über eine gute Infrastrukturausstattung und befindet sich durch seine Nähe zum Rhein-Main-Gebiet in einer guten Ausgangsposition.
Vorteilhaft sind die deutlich geringeren Kosten für Bauen, Wohnen und Leben sowie eine attraktive Kulturlandschaft, das hohe Freizeitangebot und eine überdurchschnittlich ausgeprägte Gesundheitswirtschaft. Die heimischen Unternehmen bieten interessante Ausbildungs- und Arbeitsplätze und somit sind die Voraussetzungen für ein „gutes" Leben und Arbeiten im Landkreis Bad Kreuznach gegeben.

Beziehungen zwischen Verwaltungen der Stadt und des Kreises sind vielfältig

Hansjörg Rehbein

Die Beziehungen und Verbindungen zwischen den Verwaltungen einer großen kreisangehörigen Stadt und der des Landkreises sind sehr vielfältig.
In der Jugendhilfe beispielsweise verbindet die Stadt mit dem Landkreis Bad Kreuznach eine traditionell gute Zusammenarbeit. Über viele Jahre wurde ein stabiles Netzwerk geknüpft, es gibt einen regen Austausch in vielen Arbeitskreisen und Diskussionen über Entwicklungen, die gemeinsam vorangetrieben werden. Die seit über 60 Jahren gemeinsam betriebene Erziehungsberatungsstelle von Stadt und Kreis ist ein Vorzeigebeispiel für die gelungene Kooperation. Auch bei Adoptionen besteht ein

gemeinsames Angebot. Das Zusammenwirken insgesamt ist breit gefächert: Fortbildung der Tagesmütter, Fachberatung in den Kindertagesstätten, Jugendsozialarbeit und Jugendarbeit, um nur einige Beispiele zu nennen.

Auch die Wirtschaftsförderung der Stadt Bad Kreuznach und des Landkreises haben gemeinsam noch viel vor! Einige wichtige Projekte wurden bereits gemeinsam umgesetzt und zeigen, wie erfolgreich eine Zusammenarbeit zwischen Stadt und Landkreis sein kann. So ist die Stadt Bad Kreuznach zum Beispiel Mitgesellschafter in der Wirtschaftsförderung GmbH des Kreises. Bei der gemeinsam von Stadt und Kreis organisierten Existenzgründermesse können sich potentielle Gründer umfangreich informieren. Die Messe ist jedes Jahr ein großer Erfolg.

Die Veranstaltung „Nacht der Ausbildung", bei der sich Jugendliche in der Stadt Bad Kreuznach und dem Landkreis bei Unternehmen direkt über Ausbildungsmöglichkeiten informieren können, wurde beim Landeswettbewerb „Mittelstandsfreundliche Kommunen Rheinland-Pfalz 2014" mit dem Tandempreis des Wirtschaftsministeriums Rheinland-Pfalz ausgezeichnet. Es freut uns, dass jedes Jahr mehrere hundert Jugendliche gemeinsam mit ihren Eltern in den Unternehmen unterwegs sind und die Zahl der teilnehmenden Betriebe stetig weiter wächst.

Die enge, arbeitsteilige Verknüpfung von städtischer und kreisweiter Ökonomie lässt sich auch im Tourismussektor vorzüglich belegen. Der Landkreis Bad Kreuznach zählte im Jahr 2014 etwas mehr als eine Million Übernachtungen. Circa 271.000 Gäste besuchten die Region. Bad Kreuznach ist einer von 26 Orten mit den unterschiedlichen Fremdenverkehrsprädikaten im Kreisgebiet. Dieses regionale Umfeld ist für den nachhaltigen Erfolg der Tourismuswirtschaft unserer Kreisstadt eine wesentliche Voraussetzung. Und so muss es als Geniestreich des Landrates Hans Schumm gelten, dass es ihm mit seinem Amtskollegen aus Birkenfeld gelungen ist, im Jahr 1991 die Naheland-Touristik GmbH aus der Taufe zu heben. 21 Gesellschafter gibt es, darunter auch die Stadt Bad Kreuznach, doch die Motoren und Taktgeber dieser touristischen Regionalagentur sind die Landkreise.

Mit dem Naheradweg wurde ebenso ein wichtiges Stück touristischer Basisinfrastruktur geschaffen, sowie mit der Gründung des Naturparks Soonwald-Nahe und seiner Fernwanderwege in Kooperation mit dem Rhein-Hunsrück-Kreis. Unentbehrlich ist auch die Arbeit, die die Naheland-Touristik in Sachen Strategieentwicklung und Wissenstransfer, als überörtlicher Projektträger und als Partner der Rheinland-Pfalz-Tourismus GmbH leistet. Das Land und die verschiedenen Partner auf europäischer Ebene sehen die Regionen als ihre Ansprechpartner. Die Naheland-Touristik ist somit ein wichtiges Bindeglied in der vertikalen Gliederung der Tourismusorganisationen und Tourismusförderung, ohne das auch die Stadt Bad Kreuznach nicht auskommt.

Auf dem Nahe-
Radweg unterwegs
(M. Attenberger)

Gemeinsam mit dem Verein für Heimatkunde für die Stadt und den Landkreis Bad Kreuznach bilden Stadt und Kreis ein Kuratorium für das Schloßparkmuseum und die Römerhalle. Das Gremium wurde 1963 damals noch für das Karl-Geib-Museum gegründet. Das Kuratorium steht dem Museumsdirektor beratend zur Seite und beschließt über die Verwendung der finanziellen Mittel, die im städtischen Haushalt für den Betrieb dieser beiden Museen vorgesehen sind. Neben Oberbürgermeisterin, Landrat und Museumsdirektor als „geborene Mitglieder" gehören jeweils drei Personen aus Stadtrat, dem Kreistag und dem Verein für Heimatkunde dem Kuratorium an. Mit der Heimatwissenschaftlichen Zentralbibliothek im Wolfgangschor, der heute zum Gymnasium an der Stadtmauer in Bad Kreuznach gehört, hält der Kreis seit 1990 eine für Forschung und Regionalgeschichte einzigartige Kultureinrichtung mit einem wertvollen historischen Bücherbestand vor, die das Angebot der nahe gelegenen öffentlichen Bibliothek der Stadt ergänzt. Zusammen mit der Kreisbildstelle und dem Stadtarchiv bildet die Heimatwissenschaftliche Zentralbibliothek eine wesentliche Voraussetzung für die Möglichkeit stadt- und regionalgeschichtlicher Forschung und Wissensvermittlung.

Auch bei der Weiterbildung gibt es eine gute Zusammenarbeit zwischen Stadt und Kreis. So gehören dem Kreisbeirat für Weiterbildung auch die Volkshochschule Bad Kreuznach und die Kreisvolkshochschule an. Der Beirat trifft sich zwei Mal im Jahr und befasst sich mit Themen wie beispielsweise gemeinsame Infoveranstaltungen und Inklusion.

„Wir haben gemeinsame Herausforderungen. Daher ist ein Meinungs- und Informationsaustausch mit den Kolleginnen und Kollegen des Kreises sehr wichtig", sagt Oberbürgermeisterin Dr. Heike Kaster-Meurer und gratuliert dem Landkreis Bad Kreuznach zum 200 jährigen Bestehen.

Leitbild der Kreisverwaltung Bad Kreuznach

Entwickelt von den Mitarbeiterinnen und Mitarbeitern

Auf dem Weg zur lernenden Organisation

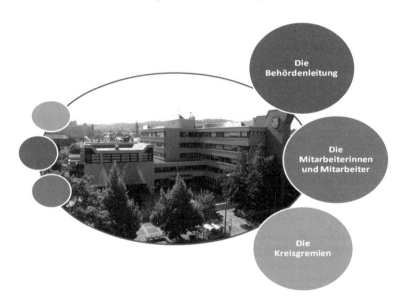

Die Behördenleitung

Die Mitarbeiterinnen und Mitarbeiter

Die Kreisgremien

Gemeinsam für die Menschen in unserem Landkreis

Präambel

Wir

- **Personenkreis**
  sind die Mitarbeiterinnen und Mitarbeiter der Kreisverwaltung, die sich als dienst-
  leistungsorientiertes Team verstehen

- **Inhalt**
  haben dieses Leitbild gemeinsam erstellt und Leitsätze bezüglich unseres täglichen Miteinanders und Handelns, unserer Werte und Ziele entwickelt

- **Fortschreibung**
  entwickeln unser Leitbild in einem kontinuierlichen Prozess weiter

- **Umsetzung**
  richten unseren dienstlichen Alltag nach den Grundsätzen dieses Leitbildes aus,
  um für unsere Bürgerinnen und Bürger ein kompetenter und zuverlässiger Partner
  zu sein

Unser Selbstverständnis

Wir

- handeln lösungsorientiert und zielgerichtet im Rahmen der politischen und rechtlichen Vorgaben
- sind ein leistungsfähiges, freundliches und motiviertes Team
- legen besonderen Wert darauf, interne Abläufe und die Kommunikation, im Sinne der Qualitätsverbesserung und zum Wohl der Allgemeinheit, ständig zu optimieren
- gehen verantwortungsvoll mit den uns zur Verfügung stehenden Ressourcen um
- übernehmen Verantwortung für unser Handeln gegenüber der Gesellschaft, der Umwelt und unseren Bürgerinnen und Bürgern
- stehen konstruktiver Kritik offen gegenüber, freuen uns aber auch über Lob und Anerkennung

Unser Miteinander

Wir

- nutzen unsere individuellen, sozialen, fachlichen und methodischen Kompetenzen zur Erreichung gemeinsamer Ziele
- unterstützen uns gegenseitig bei der Aufgabenerfüllung
- setzen als Führungskräfte auf ein vertrauensvolles Miteinander, binden die Mitarbeiterinnen und Mitarbeiter in wichtige Entscheidungsprozesse mit ein, erkennen deren Leistungen an und motivieren sie
- fördern die persönliche Einsatzbereitschaft als Voraussetzung für eine gute Zusammenarbeit auf Grundlage gegenseitiger Anerkennung und Wertschätzung
- legen Wert auf einen zügigen Informationsfluss sowie ehrlichen kollegialen Austausch, auch im Rahmen unserer ämterübergreifenden Zusammenarbeit
- achten andere Meinungen und Standpunkte bei der täglichen Arbeit, bringen aber auch angemessene Kritik ein

Personalentwicklung, Gleichstellung, Integration

Wir

- sehen die Personalentwicklung als wichtigen Bestandteil unseres dienstlichen Alltages
- treiben die Gewinnung, Qualifizierung und Begleitung von Führungskräften voran
- achten auf die individuellen Grenzen der Belastbarkeit und fördern gesundheitserhaltende Arbeitsbedingungen
- stärken unsere Kompetenzen durch zielgerichtete und praxisbezogene Aus-, Fort- und Weiterbildung
- bieten eine angemessene Personal-, Büro- sowie IT-Ausstattung
- fördern die Vereinbarkeit von Familie und Beruf
- setzen uns für die Chancengleichheit von Frauen und Männern sowie die Integration behinderter Menschen ein

Gesundheitstag der Kreisverwaltung

Ausbildung unserer Azubis

Gemeinsam für unsere Bürgerinnen und Bürger

Wir

- begegnen unseren Bürgerinnen und Bürgern freundlich, sachlich und verbindlich

- nehmen die Anliegen unserer Bürgerinnen und Bürger ernst

- sind während der Servicezeiten für unsere Bürgerinnen und Bürger erreichbar

- bieten einen umfassenden, flexiblen Service und gewährleisten eine gewissenhafte, zeitnahe Aufgabenerfüllung

- erarbeiten im Dialog mit allen Beteiligten individuelle Lösungswege, unter Beachtung der gesetzlichen Rahmenbedingungen

- werben um gegenseitiges Vertrauen sowie Verständnis für unsere Arbeit und erwarten einen respektvollen Umgang

- legen unsere Entscheidungen transparent und verständlich dar

- informieren rechtzeitig und umfassend über aktuelle Themen aus der Verwaltung unseres Landkreises

- fördern die Integration ausländischer Mitbürgerinnen und Mitbürger

Das Bürgerbüro
in der Kreis-
verwaltung

Zusammenarbeit mit den Kreisgremien

Wir

- setzen auf einen offenen, sachkundigen und konstruktiven Dialog mit den Kreisgremien
- informieren die Kreisgremien rechtzeitig und umfassend über wichtige Inhalte und Themen
- bereiten die Entscheidungen der Kreisgremien sach- und fachgerecht vor
- unterbreiten den Kreisgremien Lösungsvorschläge und zeigen Alternativen auf
- beraten die Kreisgremien bei der Entscheidungsfindung
- setzen deren Beschlüsse zeitnah um und sorgen für die nötige Transparenz im Rahmen der Öffentlichkeitsarbeit

Die Mitglieder des neuen Kreistages nach der Wahl im Mai 2014

Unsere Ziele

Wir

- sind neuen Ideen gegenüber aufgeschlossen und offen für Veränderungsprozesse, um eine ständige Weiterentwicklung der Verwaltung und damit auch unseres Landkreises zu erreichen
- setzen uns zum Ziel, die Qualität unserer Arbeit kontinuierlich zu verbessern

- wünschen uns zufriedene Bürgerinnen und Bürger und setzen alles daran, dies, im Rahmen unserer Möglichkeiten, nachhaltig zu gewährleisten
- haben das Ziel, den Landkreis als Wirtschaftsstandort zu stärken, durch eine aktive Wirtschaftsförderung und Vernetzung der verschiedenen Initiativen, Kammern, Verbände und Betriebe
- passen unser Leistungsangebot flexibel an die Bedürfnisse unserer Bürgerinnen und Bürger an und suchen den direkten sowie persönlichen Kontakt zu Multiplikatoren und Funktionsträgern
- streben die konsequente Umsetzung unseres Leitbildes an, wohl wissend, dass dies für uns eine ständige Herausforderung bedeutet

Der Kreishaushalt im Jubiläumsjahr 2016

Die Finanzwirtschaft der Kommunen im Lande Rheinland-Pfalz ist in den letzten 20 Jahren durch negative Finanzierungssalden gekennzeichnet.

Auch der Landkreis Bad Kreuznach ist in erheblichem Maße überschuldet. Bereits bei Erstellung der ersten Bilanz -nach neuem Haushaltsrecht- zum 31.12.2008, wies der Kreis bei einem Bilanzvolumen von rd. 298 Mio. € ein „nicht durch Eigenkapital gedeckten Fehlbetrag" in Höhe von rd. 3,9 Mio. aus. Dieser Fehlbetrag ist zum 31.12.2013 auf einen Betrag in Höhe von rd. 62,4 Mio. € angewachsen.

Dieser Fehlbetrag resultiert aus den Jahresverlusten:

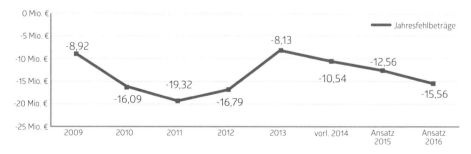

Im Haushaltsjahr 2016 werden wiederum die Kosten für den Bereich „Kinder, Jugend, Familie und Soziales" erheblich ansteigen. Dieser ohnehin seit den letzten Jahren zu verzeichnende Kostenanstieg, wird im Jahr 2016 durch die Kosten für die hohe Zahl an Flüchtlings- und Asylbegehrenden noch verstärkt.

Da die Unterbringung der Schutzsuchenden, insbesondere aus den Kriegsgebieten in Syrien und Afganistan, tw. auch aus afrikanischen Staaten, im Kreis nicht mehr nur in Wohnungen erfolgen kann, richtete der Kreis bereits im Jahr 2015 in einer ehemalige Schule und einem angemieteten leerstehenden Einkaufmarkt, Übergangseinrichtungen für rd. 150 bis 180 Flüchtlinge ein.

Bei geplanten Gesamterträgen i.H.v. rd. 224 Mio. € und Gesamtaufwendungen i.H.v. rd. 239 Mio. € ergibt sich auch für das Haushaltsjahr ein Jahresverlust i.H.v. rd. 15 Mio. €.

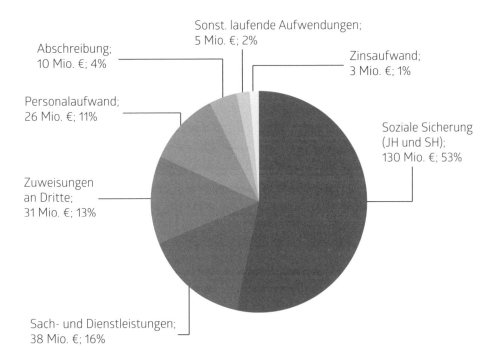

Die Erlöse entwickeln sich weiter positiv. Dies ist insbesondere auf die steigenden Gewerbesteuern und Einkommenssteuern zurückzuführen, die als Grundlage für die Ermittlung der Kreisumlage dienen. Die Kreisumlage ist neben den Schlüsselzuweisungen aus dem Kommunalen Finanzausgleich und den Erstattungen des Landes für Kosten der sozialen Sicherheit, die wichtigste Einnahmequelle des Kreises.

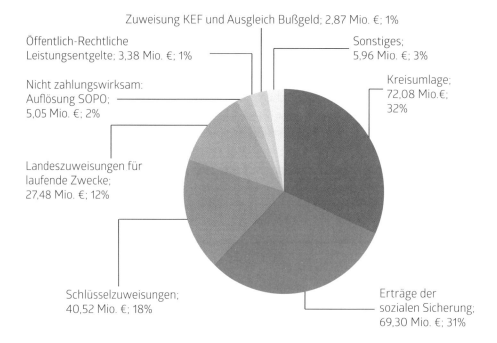

Zuweisung KEF und Ausgleich Bußgeld; 2,87 Mio. €; 1%

Öffentlich-Rechtliche
Leistungsentgelte; 3,38 Mio. €; 1%

Sonstiges;
5,96 Mio. €; 3%

Nicht zahlungswirksam:
Auflösung SOPO;
5,05 Mio. €; 2%

Kreisumlage;
72,08 Mio.€;
32%

Landeszuweisungen für
laufende Zwecke;
27,48 Mio. €; 12%

Schlüsselzuweisungen;
40,52 Mio. €; 18%

Erträge der
sozialen Sicherung;
69,30 Mio. €; 31%

Durch die allerdings in stärkerem Maße steigenden Kosten für die soziale Sicherung und den nicht adäquat ausgestatteten kommunalen Finanzausgleich wird der Kreis aber auch im Jubiläumsjahr 2016 wieder „rote Zahlen" schreiben. Dies führt in der Folge auch zu höheren Krediten, die somit eine Verschiebung der Kostenlast in die Zukunft darstellt.

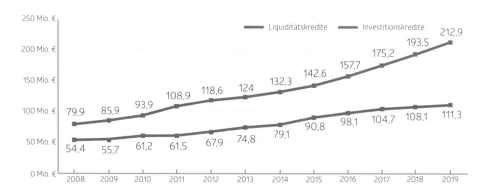

Dennoch versucht der Kreis bei all diesen Zwängen, insbesondere in die Bildungsinfrastruktur zu investieren. So sollen im Jahr 2016 insgesamt rd. 10 Mio. € in Schulsanierungen und Kindertagesstättenbau fließen. Auch die Kreisstraßen sollen mir rd. 2,6 Mio. € abschnittweise saniert werden. Für Anschaffungen im Bereich der Feuerwehr und des Rettungswesen sind rd. 0,8 Mio. € eingeplant.

Die Teilnahme des Landkreises Bad Kreuznach am „Kommunalen Entschuldungsfonds" Rheinland-Pfalz (KEF-RP)

In der Gemeinsamen Erklärung vom 22. September 2010 zwischen der Arbeitsgemeinschaft der kommunalen Spitzenverbände und der Landesregierung zum "Kommunalen Entschuldungsfonds Rheinland-Pfalz (KEF-RP)" wurde vereinbart, ab 2012 ein Entschuldungsprogramm einzurichten, das den Gemeinden und Gemeindeverbänden über eine Laufzeit von 15 Jahren helfen wird, ihre bis zum Stichtag 31. Dezember 2009 aufgelaufenen Liquiditätskredite deutlich zu reduzieren. Diese Kredite müssen bedient werden und drohen weiter anzusteigen, wenn keine effektiven Gegenmaßnahmen getroffen werden. Es bedarf daher einschneidender, langfristig angelegter und nachhaltiger Maßnahmen, die einerseits nicht nur die bestehenden Liquiditätskredite begrenzen und absenken, sondern gleichzeitig auch den drohenden Aufbau von neuen Liquiditätskreditverpflichtungen nach Möglichkeit verhindern. Jede Kommune entscheidet grundsätzlich eigenverantwortlich im Rahmen der kommunalen Selbstverwaltung, ob sie am Entschuldungsfonds teilnimmt.

Die Finanzierung des Fonds ist zu einem Drittel (1,275 Mrd. Euro) von den Kommunen selbst (z.B. durch Einsparungen im Haushalt, Steuer- oder Umlageerhöhungen etc.) zu leisten, ein weiteres Drittel wird aus dem kommunalen Finanzausgleich aufgebracht und stammt somit von der Solidargemeinschaft der kommunalen Familie, das letzte Drittel kommt aus dem Landeshaushalt. Es ist zu berücksichtigen, dass die kommunalen Liquiditätskredite regional und strukturell höchst unterschiedlich verteilt sind. In vielen Fällen wird eine weitestgehende Entschuldung erreicht werden können, in anderen Fällen wird dies nicht gelingen, sondern es wird lediglich eine Abmilderung der Verschuldungsentwicklung erzielt werden können. Diese Maßnahme ist ein wichtiger Schritt, dem weitere Schritte folgen müssen.

Der Kreistag hat in seinen Sitzungen 2011/12 die Maßnahmen zur Teilnahme am Kommunalen Entschuldungsfonds Rheinland-Pfalz beschlossen. Der Anteil des Landkreises Bad Kreuznach am Jahresanteil (1/3 von 4.151.223 €) beträgt 1.383.741 € und ist 15

Jahre lang von 2012-2026 zu erbringen. Die Gesamtjahresleistung des KEF-RP für den Kreis Bad Kreuznach beträgt rd. 4,2 Mio. € (3 x 1,4 Mio. €).

Weitere Informationen finden Interessierte auf der Homepage der Kreisverwaltung.

Treuhandvertrag unterzeichnet

Neu gegründete Stiftung dient dem Zweck kulturelle und soziale Aktivitäten im Kreis Bad Kreuznach finanziell zu unterstützen

Am 23. August 2013 unterzeichneten Landrat Franz-Josef Diel und der Vorstandsvorsitzende der Sparkasse Rhein-Nahe, Peter Scholten, einen Treuhandvertrag für eine gemeinnützige Stiftung des Landkreises Bad Kreuznach.

Zweck der Stiftung ist die Förderung kultureller und sozialer Betätigungen im Landkreis Bad Kreuznach. Dazu gehören insbesondere:

a) kulturell
- die Förderung von Kunst und Kultur
- der Erwerb und die Sicherung von Kulturgütern
- der Erhalt des kreiseigenen Kulturgutes
- die Förderung internationaler Partnerschaften mit Partnergemeinden und –kreisen des Landkreises Bad Kreuznach, insbesondere im Bereich des Jugendaustausches, zur Verbesserung der Völkerverständigung

b) sozial
- die Förderung karitativer Einrichtungen und Gruppen
- die Förderung von Selbsthilfegruppen
- die Förderung der Jugendarbeit
- die Unterstützung der Partnergemeinden und -kreise bei der Sozial- und Jugendarbeit

Zur Erreichung des Stiftungszwecks kann die Stiftung mit anderen Einrichtungen zusammenarbeiten. Ein Rechtsanspruch auf Förderung aus Stiftungsmitteln besteht nicht. Die Sparkasse Rhein-Nahe stellt als Erststifter 50.000,-- € zur Verfügung. Die eingehenden Spenden werden angelegt und können für die in der Satzung festgehaltenen Zwecke verwendet werden.
Die Stiftung ist gemeinnützig.
Vorsitzender der Stiftung ist Landrat Franz-Josef Diel.

2014: „Wir freuen uns"

Kreisverwaltung Bad Kreuznach erhält Zertifikat für bestehende und auszubauende familienbewusste Personalpolitik

Der Landrat, Führungskräfte und der Personalrat positionieren sich bereits seit längerer Zeit für eine familienbewusste Personalpolitik und für die strategische Implementation. Um dies durch die Mithilfe von externen Partnern professionell ausbauen zu können, wurde der Kontakt zur berufundfamilie gemeinnützigen GmbH gesucht; durch die Mithilfe soll darüber hinaus ein tragfähiges Zukunftskonzept erarbeitet werden. Schon in den ersten Gesprächen im Dezember 2013 attestierte die Auditorin dem Landkreis eine gute familienbewusste Personalpolitik, die bei anderen Zertifikatsträgern tlw. erst in Re-Auditierungen umgesetzt wurden. „Die Kreisverwaltung macht bereits sehr viel; die Verwaltung startet auf einem hohen Level, den andere erst im Prozess des Audit erreichen wollen. Dies wird ein spannender Prozess beim Landkreis Bad Kreuznach". Hierzu ist zu erklären, dass das audit berufundfamilie sich als eine Entwicklung versteht, der zum Ziel hat die (beim Landkreis bereits bestehende) beruf- und familienfreundliche Personalpolitik stets weiter fortzuschreiben, auszubauen und weiter zu entwickeln. Hierzu fanden im Frühsommer drei ganztägige Workshops statt. Beteiligte waren Führungskräfte, verschiedenste Mitarbeiter, die Personalvertretung und Personalverantwortliche. Hierbei wurden zunächst der Bestand der Angebote zur Vereinbarkeit von Beruf und Familie begutachtet und weiterführende Ziele einer familienbewussten Personalpolitik definiert.

Folgende Maßnahmen sind bereits vorhanden:

- flexible Arbeitszeiten mit zwei verschiedenen Zeitkonten
- verschiedenste Teilzeitmodelle, um möglichst vielen Wünschen der Mitarbeiter zu entsprechen
- Möglichkeit der unterhälftigen Beschäftigung während der Elternzeit
- Familienpflegezeit
- familiengerechte Teamorganisation
- Vertretungsregelungen
- Konfliktseminare
- Betriebliches Gesundheitsmanagement
- Ansprechpartner und Beratung für Elternzeitler/innen und Beurlaubte
- Organisationsleitbild

Ziel der Auditierung ist u.a. die Mitarbeiterzufriedenheit auszubauen. Es ist Wille, z.B. durch die Schaffung von mehr Zeitsouveränität, die Zufriedenheit der Beschäftigten zu erhöhen und dadurch eine stärkere Bindung zu erreichen. Damit einhergehend wird sich eine weitere Erhöhung der Produktivität erhofft. Ziel ist es darüber hinaus, die vorhandenen Maßnahmen strukturiert und kontinuierlich zu verbessern, damit die Mitarbeiterinnen und Mitarbeiter Beruf und Familie noch besser vereinbaren können. Die in den Workshops konkretisierten Ziele sollen durch konkrete Maßnahmen in den nächsten drei Jahren umgesetzt werden. Dies sind beispielsweise:

- ✓ Optimierung der flexiblen Arbeitszeit (Erweiterung des Gleitzeitrahmens)
- ✓ Ausweitung der Vertretungsregelungen
- ✓ Ausweitung des betrieblichen Gesundheitsmanagements
- ✓ Erarbeitung von Richtlinien zur Einführung alternierender Telearbeit
- ✓ Sensibilisierung der Führungskräfte zur Vereinbarkeit von Beruf und Familie
- ✓ Kontakthalteprogramm für länger abwesende Beschäftigte (z.B. Elternzeit)
- ✓ Maßnahmen zur Kinderbetreuung, Pflege und Lebensberatung werden von den Fachabteilungen angeboten

Die Kreisverwaltung Bad Kreuznach ist einer der größten Arbeitgeber der Region. Neben den klassischen Verwaltungsberufen gibt es auch verschiedene technische Berufe sowie Berufe im Sozial-, Gesundheits- und Veterinärbereich. Zum Zeitpunkt der Auditierung waren 580 Mitarbeiterinnen und Mitarbeiter beschäftigt. In Rheinland-Pfalz sind bislang 61 Arbeitgeber durch die berufundfamilie gemeinnützige

GmbH zertifiziert. Die Kreisverwaltung Bad Kreuznach freut sich nunmehr als 10. Kommunalverwaltung in Rheinland-Pfalz zertifiziert zu sein.

2015: Aktionsplan des Kreissozialamtes gewürdigt

Der Landkreis Bad Kreuznach hat vom Bundesinnenministerium für Arbeit und Soziales eine Urkunde erhalten, welche den Aktionsplan des Kreissozialamtes zur Umsetzung der UNO-Behindertenrechtskonvention würdigt. Bereits im Jahre 2010 hatte das Kreissozialamt einen Aktionsplan für den Bereich des Sozialhilferechts, besonders den der Eingliederungshilfe für Menschen mit Behinderung erstmals verfasst. Dieser wurde 2014 fortgeschrieben und den Kreisgremien vorgestellt. Parallel zu der Erstellung der Aktionspläne des Sozialamtes läuft seit 2008 innerhalb des Landkreises ein Prozess der regionalen Teilhabeplanung. Im Rahmen der regionalen Teilhabeplanung wurden bereits vielfältige, vor allem ambulante Eingliederungshilfen im Landkreis entwickelt, um den Menschen mit Behinderung ein möglichst inklusives Leben in einer selbstbestimmten Wohnform zu ermöglichen.

Freuten sich über die Urkunde: (v. l.) Hans-Dirk Nies (1. Kreisbeigeordneter), Marion Eckart (stellvertretende Leiterin des Sozialamtes, Curd Rothmann (Leiter des Sozialamtes) und Landrat Franz-Josef Diel.

Soziale Arbeit an Schulen – eine erweiterte Konzeption der Schulsozialarbeit

Der Landkreis Bad Kreuznach hat 2011 eine kluge Entscheidung getroffen und zeigt seither große Initiative und Eigenleistung mit dem niedrigschwelligen Jugendhilfeangebot „Soziale Arbeit an Schulen" am Lernort Schule. Nach der politischen Vorgabe wurde ein flächendeckendes Angebot an allen Schulformen für alle Schüler/-innen etabliert. Vor dem Hintergrund einer Trägervielfalt (Subsidiarität) findet insbesondere die Vernetzung und (Weiter-)Qualifizierung der Akteure Berücksichtigung. Hierfür wurde eigens eine Koordinierungsstelle im Landkreis eingerichtet. Zentrale Aufgabe der Fachkräfte der Sozialen Arbeit an Schulen sind lebensbegleitende Unterstützungsangebote und -maßnahmen für Kinder und Jugendliche zur Bewältigung schulischer und alltagsbezogener Anforderungen bzw. im Übergang von Schule und Beruf. Darüber hinaus werden neue und erfahrene Fachkräfte durch einen fachlichen Diskurs in Fach- und Servicetagen sowie Qualitätszirkeln gestärkt. Die Vernetzung und Entwicklung der Professionalisierung ist ein wichtiger Schritt zur Stärkung der kommunalen Bildungslandschaft im Zusammenwirken von Jugendhilfe und Schule und der Qualitätssicherung dieses vielfältigen und -schichtigen Angebotes.

Der Prozess der Systematisierung, Qualifizierung und Weiterentwicklung der konzeptionellen Grundlage für die Soziale Arbeit an Schulen wird auch weiterhin von der FH Köln beratend unterstützt. Soziale Arbeit an Schulen ist eine der intensivsten Formen der Kooperation von Jugendhilfe & Schule. Hiermit wird Wissen gesichert und Synergieeffekte erzeugt, um den Landkreis als Bildungslandschaft weiter zu stärken. Eine Fortführung und Sicherung der Sozialen Arbeit an Schulen bis Dezember 2018 hat der Kreistag bereits beschlossen.

Jugendschutz

Der Landkreis Bad Kreuznach führte im Rahmen der Kampagne "Ja zum Jugendschutz" für minderjährige Veranstaltungsbesucher zum 1. Mai 2013 als erster Landkreis bzw. Kommune in Rheinland-Pfalz den PartyPass ein. Der PartyPass ist eine gute Möglichkeit für Jugendliche unter 18 Jahren an Festen teilzunehmen. Jeder Veranstalter, der Wert auf Jugendschutz legt, hatte bislang die Möglichkeit, den Personalausweis einzubehalten, um einen Überblick über die anwesenden Jugendlichen zu haben. Das geht seit Oktober 2010 nicht mehr, seit das Personalausweisgesetz geändert wurde. Der PartyPass kann kostenfrei unter www.partypass.de downgeloadet und im pdf-Formular ausgefüllt werden. Dann nur noch ausschneiden, falten, fertig!
Mit der sog. PartyPass-Box, die jedem Ordnungsamt im Landkreis zur Verfügung gestellt wurde, konnte der Umgang mit dem PartyPass erleichtert werden. So können z. B. Schulen, Vereine, Verbände etc. sich diese kostenfrei ausleihen und im Rahmen von Aktionstagen sich auf anstehende Feste und Feiern adäquat vorbereiten.

Die PartyPass-Box ist eine Kiste mit allen benötigten Materialien wie Drucker, Laminiergerät, Fotoapparat etc. zur professionellen Herstellung von PartyPässen für eine geplante Veranstaltung. Hinweis: Der PartyPass sollte weiterhin in Verbindung mit den gängigen Farbbändchen angeboten werden. Mit dem Einsatz des PartyPasses entfällt die Erziehungsbeauftragung. Der PartyPass wird sehr gut von den Jugendlichen im Landkreis in der Praxis angenommen und akzeptiert, sodass der Landkreis im Bundesdurchschnitt, was die Downloads betrifft, im vorderen Feld liegt.

Frauen auf dem eigenen Weg

Kreuznacher UnternehmerinnenMesse bietet Frauen neue Perspektiven der Erwerbstätigkeit

Sabine Messer

„Möchte ich meine eigene Chefin sein?", dies fragten sich im Landkreis Bad Kreuznach jährlich viele Frauen, ohne dass es eine spezielle Beratung oder Netzwerk für sie gab.
„Das ist schade und verschenkt wertvolle Potenziale!" erklärte Anne Albert, Beauftragte für Chancengleichheit am Arbeitsmarkt bei der Agentur für Arbeit in Bad Kreuznach im Jahr 2008 und suchte sich Mitstreiterinnen bei der Landesregierung, den Gleichstellungsstellen im Landkreis Bad Kreuznach und der Beratungsstelle Frau & Beruf in Idar-Oberstein. „Frauen brauchen Mut und Inspiration, um ihre Chancen zu erkennen.", darin war sich das Team schnell einig. Was Frauen in der Selbstständigkeit leisten und wie viel Fantasie sie in ihre Geschäftsidee investieren, sollte der Öffentlichkeit in der Region präsentiert werden – so vielfältig wie die Frauen selbst.
Die Messeveranstaltung begann mit 30 Ausstellerinnen noch unter dem Namen „Frauenmesse". Keine der Organisatorinnen wusste damals, ob überhaupt jemand kommen würde. Aber die Messe fand Resonanz in der Öffentlichkeit und wurde

Messestand 2012
auf der Kreuznacher
Unternehmerinnen-
Messe in der Jakob-
Kiefer-Halle

Sabine Sieger,
Systemisches
Coaching Sieger,
Bad Kreuznach
auf der Messe
2011

auch unter den Ausstellerinnen als so belebend empfunden, dass regelmäßige Netzwerktreffen im Forum „Frauen sind selbständig" zusätzlich zu den jährlichen Messeterminen stattfinden.

Aber es gab auch Unverständnis: Warum eine solche Veranstaltung speziell für Unternehmerinnen? Repräsentative Umfragen zeigten aber, dass Frauen sich in der Phase der Entscheidungsfindung über ihre berufliche Zukunft ein auf sie zugeschnittenes Beratungs- und Unterstützungsangebot wünschen. Der Austausch zwischen Existenzgründerinnen und etablierten Unternehmerinnen schien die Entscheidungsgrundlage vieler Frauen um wichtige Aspekte zu bereichern. Weibliche Lebensläufe verlaufen anders als männliche. Es liegt oft eine andere Berufswahl zugrunde, ein stärkeres Sicherheitsbedürfnis und nicht zuletzt die Vereinbarkeit mit der Familie sind Überlegungen, die für Frauen im Mittelpunkt stehen. Zudem gründen Frauen anders: Als Einzelunternehmen, im Dienstleistungsbereich und mit weniger Kapital. „Aber Frauen haben oft die tragfähigeren Konzepte, das zeigen die

Unternehmerin
Anke Borggräfe,
Lumenagentur auf
der Messe 2013
(Foto: Beate Vogt-
Gladigau)

Fakten", so eine Vertreterin des Ministeriums für Wirtschaft, Klimaschutz, Energie und Landesplanung in Mainz im Rahmen der Messe.

Frauen finden den Weg auf den Arbeitsmarkt. Ihr Anteil nimmt in den letzten 20 Jahren stetig zu. Zwei Drittel der Frauen im erwerbsfähigen Alter gehen heute einer Erwerbstätigkeit nach. „Eine Geschäftsgründung ist dabei eine Möglichkeit der eigenen Existenzsicherung. Ihre Unternehmen bereichern zudem die regionale Wirtschaft, schaffen wohnortnahe Arbeitsplätze im ländlichen Raum und bieten häufig bessere Bedingungen für die Vereinbarkeit von Familie und Beruf", betont Kreisbeigeordnete Gerlinde Huppert-Pilarski.

In den folgenden Jahren stieg die Nachfrage der Existenzgründerinnen stetig, so dass ein neuer größerer Ausstellungsraum gesucht wurde. Der Kreis der Frauen, die ihren eigenen Weg gehen, zeigte eine zunehmende Vielfalt: Von der Winzerin, Innenarchitektin, Fotografin, Versicherungsmarklerin, Rechtsanwältin, Bauunternehmerin, Maßschneiderin, bis zur Konditorin, Dolmetscherin, Grafik-Designerin, Unternehmensberaterin, Hausmeisterin und nicht zuletzt alle Berufe um das „Feine zum Leben". Damit der Weg zum eigenen Geschäft kalkulierbar wird, vermittelten die verschiedenen Workshops der Messe Wissenswertes im Bereich Gründungsförderung, Haftung, Werbung und Akquise.

Nach den drei erfolgreichen Veranstaltungen entwickelte sich der Wunsch Erreichtes zu fixieren und neue Möglichkeiten der Zusammenarbeit zu finden. Die Idee des **Branchenbuches im Jahr 2011** war geboren. Mit großer Anstrengung und den beiden Designerinnen Daniela Hoffmann und Nicole Strottner ist es gelungen, den

Das Branchenbuch 2011 – Unternehmerinnen, Freiberuflerinnen und Existenzgründerinnen in der Region

Kunden ein regionales Nachschlagewerk den Kunden in die Hand zu geben. „Sie werden darin erkennen, dass Frauen als Unternehmerinnen auf dem Vormarsch sind. Frauen als Gründerinnen haben stark zugenommen – und das erfolgreich." betont die Gleichstellungsbeauftragte Sabine Messer. Das ansprechend gestaltete Nachschlagewerk präsentiert 80 Unternehmerinnen, Existenzgründerinnen und Freiberuflerinnen der Region. „Ein ganz besonderes Anliegen ist uns auch", so die Gleichstellungsbeauftragte „Kunden die Möglichkeit zu eröffnen, sich direkt an von Frauen geführte Betriebe zu wenden."

Die stetige Weiterentwicklung der Messe brachte zahlreiche neue Ausstellerinnen und Ideen. Im Jahre 2012 wandelte sich die Frauenmesse zur Kreuznacher UnternehmerinnenMesse. Die Förderung der Landesregierung machte weiterhin eine breite Öffentlichkeitsarbeit möglich, nun auch im Internet. Gleich zwei Ressorts der Landesregierung waren 2013 auf der Messe vertreten. „Dies zeigt die besondere Bedeutung für die Wirtschaft und die Erwerbstätigkeit von Frauen", so Gudrun Thomas-Wolf vom Ministerium für Wirtschaft, Klimaschutz, Energie und Landesplanung.
Das Grußwort sprach Ministerin Irene Alt, Ministerium für Integration, Familie, Kinder, Jugend und Frauen. Sie lobte die Kreuznacher Unternehmerinnen für ihren Mut, sich einer noch untypischen Herausforderung zu stellen und forderte Rollenbilder in den Köpfen aufzulösen. „Die Praxis zeigt, dass Männer gerne mehr Zeit für die Familie hätten und Frauen gerne mehr arbeiten möchten. Die Kreuznacher Unternehmerinnen übernehmen eine regionale Vorbildfunktion und zeigen interessierten Frauen wie es gehen kann." so die Ministerin.

Ausgezeichnete
Unternehmerin
Bilge Caner 2013

Staatsministerin Irene Alt, Ministerium für Integration, Familie,
Kinder, Jugend und Frauen, Mainz,
auf der Kreuznacher UnternehmerinnenMesse 2013

von links: zusammen am Stand von hanz-online: Staatsministerin Irene Alt, Ministerium für Integration, Familie, Kinder, Jugend und Frauen, Mainz, Gudrun Thomas-Wolf, stellv. Abteilungsleiterin,
Ministerium für Wirtschaft, Klimaschutz, Energie und Landesplanung, Thomas Gierse, hanz-online,
Antje Lezius, MdB, Anke Borggräfe, Lumenagentur, Gerlinde Huppert-Pilarski, Kreisbeigeordnete
des Landkreises Bad Kreuznach

Ein weiterer Programmpunkt der Messe: Bilge Caner startete 2007 solo mit Koch-kursen und Catering, heute beschäftigt die Inhaberin von „Bilges Küche" und Lieb-haberin osmanischer Spezialitäten 12 Mitarbeiterinnen und Mitarbeiter. Die Besu-cher verliehen der sympathischen Türkin 2014 die Auszeichnung als Unternehmerin mit der interessantesten Geschäftsidee.

Zu einem informativen Gespräch an den Ausstellungsständen trafen sich die Vertre-terinnen und Vertreter des öffentlichen Lebens und die Unternehmerinnen. Beide Seiten lobten den konstruktiven Austausch und die Breite des Netzwerkes. „Die UnternehmerinnenMesse stärkt weibliche Potenziale in der Wirtschaft und damit die ganze Region." bilanziert eine Existenzgründerin.

Zukünftig wird das erfolgreiche Projekt durch einen intensiveren Austausch gestärkt. Eine Viel-zahl an Netzwerken für Frauen und Männer wird sich am 11. November 2016 zu einem Netzwerk-tag „Finde das Netzwerk, das zu dir passt" im Kreishaus treffen. Sie sind herzlich eingeladen.

Aktuelles im Netz: www.kreis-badkreuznach.de/kreisverwaltung/aemter/
buero-des-landrats/gleichstellung/

Personalvertretung im Wandel der Zeit

Lilli Lenz

Die Vertretungsrechte der Mitarbeiterinnen und Mitarbeiter werden in den Kom-munalverwaltungen durch das Personalvertretungsgesetz geregelt. Historischer Vorläufer dieser Gesetzgebung war das Betriebsrätegesetz von 1920, dass allen Angestellten und Arbeitern der Verwaltungen bedeutende Vertretungsrechte ein-räumte. Die Beamten hingegen sollten in der Weimarer Zeit wegen des öffentlich rechtlichen Charakters ihres Dienstverhältnisses „nach näheren reichsgesetzlichen Bestimmungen besondere Beamtenvertretungen" erhalten. Dies scheiterte jedoch immer wieder daran, dass sich der Reichstag während der parlamentarischen Behandlung der Regierungsentwürfe auflöste. Daher blieben die Beamten zunächst ohne eine gesetzliche Personalvertretungsregelung.

Nach dem zweiten Weltkrieg kam es 1947 zur rheinland-pfälzischen Betriebsräteverordnung aus dem sich 1952 das Betriebsverfassungsgesetz entwickelte. Das Bundespersonalvertretungsgesetz von 1955 enthielt neben den Bestimmungen für das Personal des Bundes auch Bestimmungen über die Personalvertretungen der Länder – das Personalvertretungsgesetz des Landes RLP trat dann am 01.10.1958 in Kraft.

Seitdem werden zur Vertretung der Interessen der Beschäftigen Personalvertretungen gebildet.

Dienststelle und Personalvertretung arbeiten unter Beachtung der Gesetze und Tarifverträge vertrauensvoll zusammen.

Anekdoten aus der Personalratsarbeit:

Die Arbeit in der Nachkriegszeit stellte die Beschäftigten vor besondere Herausforderungen. So stellte 1948 ein Bote des Landratsamtes über den Betriebsrat den Antrag auf neue Schuhe. „Da meine Schuhe soweit ruiniert sind, dass ich nicht noch einige Tage gehen kann, bitte ich höflichst, mir eiligst ein Paar Schuhe zu beschaffen. Als Bote bin ich dringend auf ein Paar feste Straßenschuhe angewiesen, um die vielen Stadtgänge erledigen zu können."

Laufend gab es knifflige Angelegenheiten zu lösen, wie der folgende Beschluß des Personalrats vom 14.12.1962 zeigt:

„Herr Kreisoberrechtsrat [...] hat in der heutigen Sitzung mündlich vorgetragen, dass an den Hausmeister infolge einer Beanstandung des Rechnungshofes für die Heizperiode eine unentgeltliche Überlassung von Heizungsmaterial nicht mehr möglich sei. Da aber auch Herrn [...] für die Mehrstunden, die ihm durch seine Hausmeistertätigkeit entstehen, eine Entschädigung nicht gezahlt werden kann, beabsichtigt die Verwaltung, Frau [...] die während des Urlaubes die Vertretung ihres Ehemannes übernimmt, eine entsprechende Entschädigung zu zahlen. In einer Dienstanweisung für den Hausmeister sei enthalten, dass bei Beurlaubung des Hausmeisters eine besondere Vertretungskraft nicht zur Verfügung gestellt werden kann und dass die Familienangehörigen die Vertretung unmittelbar übernehmen müssen.

Mit Rücksicht darauf, dass Herr [...] beabsichtigt, demnächst in den Ruhestand zu treten, wolle man von einer Änderung seiner Dienstanweisung absehen. Aus sozialen Gründen hält man es jedoch für richtig, dass man an seine Ehefrau eine Entschädigung für die Vertretung ihres Ehemannes zahlen müsse. Der Personalrat befürwortet die beabsichtigte Regelung."

Heute spricht man vom Bürger als Kunden, der in einer Verwaltung zuvorkommend und höflich bedient werden muss. In einem Vermerk des Betriebsrates vom Dezember 1949 zum Thema „Publikumsverkehr an Nachmittagen" heißt es dagegen:

„Der Sachbearbeiter wird die nun einmal anwesenden Leute aus Rücksichtnahme abfertigen schon aus dem Grund, um ihnen den doppelten Weg zu ersparen. Hierbei sollte man jedoch für die Folge unterscheiden zwischen Einheimischen und Auswärtigen. Die Einheimischen (d. H. die Bewohner der Stadt Kreuznach) ausgenommen Schwerkriegsbeschädigte müssen jedoch unter dem Hinweis, dass an Nachmittagen die Büros für Publikumsverkehr nicht zugänglich sind, abgewiesen werden."

Auch das Thema Nachwuchsgewinnung/Nachwuchsmangel war schon immer aktuell. Im Februar 1961 wird bei der Übergabe von Bewerbungen weiblicher Interessenten von der Verwaltung mitgeteilt: „In diesem Jahr sollen 3 weibliche Lehrlinge eingestellt werden, von denen 2 Handelsschülerinnen und eine andere Schülerin berücksichtigt werden soll. Weitere Bewerbungen liegen hier nicht mehr vor. Auch Anforderungen bei der Städt. Handelsschule bzw. Höheren Handelsschule blieben erfolglos."

Und wie sieht es aktuell aus bei der Kreisverwaltung?

Die Anliegen der Bürger haben einen anderen Stellenwert. Auf Entscheidungen der Verwaltung folgen oft lange Rechtsstreits. Der Bürger ist mündig und selbstbewusst gegenüber der Verwaltung und nimmt Entscheidungen nicht widerspruchslos hin. Die rechtliche Würdigung von Sachverhalten, die Auslegung von Gesetzen und Verordnungen – alles wird komplizierter, umfangreicher und im Zeitalter des Internets mit Digitalisierung, Datenschutz und Transparenzgesetz immer schnelllebiger und „gläserner".

Die Arbeit der Verwaltung ist interessant und vielseitig. Von Themen wie Abfallwirtschaft bis Windkraft nehmen wir jede gesellschaftliche Schwingung im Sozialbereich und in der Wirtschaft, bis hin zum Thema Asylbewerber/Flüchtlinge mit großer Anstrengung wahr. Dabei geben die gesellschaftlichen und rechtlichen Veränderungen den Takt vor. Die Verwaltung hat sich gemausert – zu einem Dienstleister, der für alle Fragen des täglichen Lebens auf unterschiedlichste Art und Weise Antworten geben muss.

Damit sind wir am Puls der Zeit und immer aktuell.

Dieser Herausforderung stellen wir uns jeden Tag – mit allen unseren Mitarbeiterinnen und Mitarbeitern.

Die Mitglieder des Betriebsrates der
Kreisverwaltung 1956 (KMZ)

„Neueinstellung Höhergruppierung Akzeptiert" Karikatur aus einem Festbuch von 1956 (KMZ)

Der Personalrat seit 2013 (Bild KV): Udo Spyra, Torsten Kunz, Markus Stein Daniel Bauer, Heiko Franzmann, Sabrina Stein, Tim Grossarth Kathrin Klemp, Lilli Lenz, Anna Hinckel, Daniela Pöppke

Partnerschaften des Kreises Bad Kreuznach

Tempelhof-Schöneberg (Berlin)

Seit 1963 bestehen partnerschaftliche Beziehungen zu Berlin-Schöneberg. Vor einigen Jahren fusionierten die Stadtbezirke Tempelhof und Schöneberg und so hat der Landkreis jetzt eine Partnerschaft mit zwei Bezirken. Vielfältige Kontakte, Aktivitäten und Besuche prägen seit fast 50 Jahren die Partnerschaft.

Immer wieder waren es vor allem Jugendliche, die nach Berlin oder Bad Kreuznach reisten. Schülerlotsen, Schulklassen, Vertreter der Sportjugend, Jugendfeuerwehren, Theater- und Musikgruppen. Eine Konstante waren auch die regelmäßigen Seniorenfahrten. Ausstellungen im Schöneberger Rathaus und in der Landesvertretung Rheinland-Pfalz in Berlin zeigten der Bevölkerung die facettenreichen partnerschaftlichen Aktivitäten. Winzer gewannen in Berlin viele Freunde für den Nahewein.

Aus den Anfängen der Berlin-Schöneberger Partnerschaft: Die dreizehnköpfige Delegation des Kreises Bad Kreuznach nach der Kranzniederlegung an der Berliner Mauer 1964. Hellmuth Mühlender, Hans Schumm, Peter Schöck, Peter Stupplich, Franz Keber, Erich Döhl, Heinrich Schneider, Philipp Gräf, Paul Anheuser, Hermann Reimann, Dr. Erhard Melsbach, Fritz Bamberger, Albert Schmidt (v. l. n. r.)

Im Januar 2007 reiste der Bauern- und Winzerverband Mandel nach Berlin um den Rebschnitt eines Weinberges durchzuführen. Das Bild zeigt die Arbeiten mit Weinkönigin Tanja I. im Vordergrund. Traditionsgemäss wird diese Rebfläche von Vertretern der Heimatgemeinde der amtierenden Weinkönigin gepflegt.

Berliner Gäste
besuchen das
OrgelART-
Museum 2003

Im „Goldenen Saal" des Schöneberger
Rathauses empfing im Januar 2015
Bezirksbürgermeisterin Angelika
Schöttler (vorne) eine Delegation aus
dem Landkreis Bad Kreuznach. V. l.:
Bundestagsabgeordnete Antje Lezius,
Landrat Franz-Josef Diel, Rainer
Jäck, Bad Sobernheims Verbands-
gemeinde-Bürgermeister Rolf Kehl

Kiryat Motzkin (Israel)

Der Landkreis Bad Kreuznach war einer der ersten, der nach Aufnahme der diploma-
tischen Beziehungen zwischen Israel und der Bundesrepublik Deutschland im Jahr
1969 freundschaftliche Beziehungen zu Kiryat Motzkin (in der Bucht von Haifa gelegen) knüpfte. Landrat Hans Schumm wurde für seine besonderen Verdienste um
die Partnerschaft und der Aussöhnung zwischen Israel und Deutschland mit der Eh-
renbürgerschaft der Stadt Kiryat Motzkin ausgezeichnet. Landrat Karl-Otto Velten
wurde der Stadtschlüssel überreicht.

Der Jugend gehört die Zukunft und sie wird sie auch gestalten. Deshalb war vor allem
der kontinuierliche Jugendaustausch zwischen den beiden Kommunen das große Ziel
der Aktivitäten. Jugendbegegnungen mit Schulklassen, Jugendtanzgruppen, Jugend-
orchestern, Sportgruppen und Pfadfindern fanden ebenso statt wie Besuche von
kirchlichen Gruppen und Vertreter der Kommunalpolitik.

Jugendliche aus Kiryat
Motzkin auf dem Rhein-
grafenstein 2006.

Ein Jugend-
musikorchester
unter Leitung
von Haim Vinar-
ski aus Kiryat
Motzkin war
zu Besuch im
Landkreis Bad
Kreuznach und
erlebte hierbei
einen tollen Tag
auf dem Rhein.

Bei einem Gastbesuch
in Kiryat Motzkin/
Israel überreicht
Landrat Franz-Josef
Diel dem Bürger-
meister vom Kiryat
Motzkin, Haim Zuri,
das Glas-Zinn-Wappen
des Landkreises.

Szczytno (Polen)

Nach dem Wegfall des sog. Eisernen Vorhangs zwischen den West- und Osteuropäischen Staaten hatte Deutschland die große historische Chance, mit seinem nun direkten Nachbarn Polen freundschaftliche Kontake zu knüpfen. Wie so oft, waren es am Anfang 1991 private Kontakte, die sehr schnell zu offiziellen Beziehungen führten. Seit 1993 bestehen freundschaftliche Kontakte zu dem polnischen Landkreis Szczytno, dem früheren Ortelsburg, 200 km nördlich von Warschau gelegen. Szczytno liegt in dem landschaftlich sehr reizvollen Gebiet von Masuren, dem „Land der tausend Seen".

Die vielfältigen Aktivitäten der Partnerschaft erstrecken sich u. a. auf einen regen Jugendaustausch, besonders auf der Ebene der Jugendverbände und der Schulpartnerschaften. Große Aktivitäten im Bereich der humanitären Hilfe und der kulturelle und kommunalpolitische Austausch sind weitere Schwerpunkte.

Draisinenfahrt während der deutsch-polnischen Jugendbegegnung 2009.

Landrat Jarosław Matłach aus Szczytno überquert mit seiner Delegation die Nahe am Barfußpfad in Bad Sobernheim.

Die naheländische Kreisjugendfeuer-wehr und Vertreter des Landkreises Bad Kreuznach besuchen im Juli 2010 Szczytno.

Auf dem Erntefest in Swietajno 2015 wurde Landrat Franz-Josef Diel für seine Verdienste um die Partnerschaft im Bereich der Jugendfeuerwehren von Szczytno und dem Kreis Bad Kreuznach zum Ehrenkom-mandanten der Feuerwehren in Masuren ernannt. Neben dem Landrat sitzt Dolmetscher Richard Lopatka.

Das Goldene Buch des Landkreises Bad Kreuznach

Vor 50 Jahren, am 4. Mai 1966, bestand der Landkreis Bad Kreuznach seit 150 Jahren. Anlässlich dieses Ereignisses ließ Landrat Philipp Gräf das „Goldene Buch des Landkreises" von der Firma Meka Kunstgrafik, Klumpar und Merz KG aus Frankfurt-Rödelheim anfertigen. Es enthält eine Einführung in die geschichtliche Entwicklung des Landkreises. Zusätzlich erhielten alle dazugehörigen Gemeinden einen eigenen Eintrag. Sämmtliche Texte, Wappen und Ortsansichten wurden damals kunstvoll in das Ehrenbuch gemalt. Noch heute strahlen die Farben wie neu. Anlässlich ihres Besuches trugen sich unter anderem die rheinland-pfälzischen Ministerpräsidenten Carl Ludwig Wagner und Rudolf Scharping sowie die zahlreichen Delegationen im Rahmen der Partnerschaften ein.

Die handgefertigten Einträge für die Gemeinden Spall und Wallhausen.

Der Vorsitzende der SPD-Landtagsfraktion Werner Klein trägt sich am 07.08.1981 in das Goldene Buch der Kreisverwaltung ein. Links Landrat Hans Schumm. (KMZ)

In die Jahre gekommen: Renovierung des Großen Sitzungssaales 2014

Der "Große Sitzungssaal" im 1. OG der Kreisverwaltung wurde im Jahr 2014 umfassend renoviert.

Bei dem Umbau wurden die Original-Stoff-Wandbespannungen aus dem Jahre 1974 gegen Akkustik-Panelen aus Kirschbaumholz ausgetauscht, die Deckenkonstruktion neu gestaltet und die gesamte Medientechnik erneuert. Ebenso musste die Heizungs- und Lüftungsanlage ausgetauscht werden. 425 000 Euro an Gesamtkosten mußten für diese Maßnahme aufgewendet werden.

Die "Gute Stube" des Kreishauses wird zu Sitzungen der Kreisgremien, Einbürgerungsfeiern, Tagungen externer Veranstalter sowie auch zu Messen und Ausstellungen an mehr als 100 Tagen im Jahr genutzt.

Nach Abschluß der dringend notwendig gewordenen Renovierungsmaßnahme präsentiert sich nun der Große Sitzungssaal mit neuer Decke, neuer Vertäfelung, neuem Mobiliar und moderner Technik.

Der Große Sitzungssaal im Gewand der 70iger Jahre.

Die Heimatwissenschaftliche Zentralbibliothek des Landkreises Bad Kreuznach

Eine mehr als 25jährige Erfolgsgeschichte

Die spätgotische Klosterkirche der Franziskaner wurde 1472 durch Pfalzgraf Friedrich von Simmern und Kurfürst Friedrich I. gestiftet. Das 1689 niedergebrannte und 1715 wiederaufgebaute Langhaus wurde 1945 zerstört. Erhalten blieb nur, wenn auch bis auf die Grundmauern ausgebrannt, der Chor. Hieran hat der Landkreis 1953 als erste substanzerhaltende Baumaßnahme das Kreuzrippengewölbe und das Dach mit Dachreiter wiederhergestellt.

Erste Überlegungen über die künftige Verwendung der Ruine wurden 1968 von den Kreisgremien und Vertretern des inzwischen neu errichteten Gymnasiums angestellt. Man beschloß 1974, in Absprache mit dem Landesamt für Denkmalpflege in Mainz, zunächst das Fischblasenmaßwerk der Fenster zu restaurieren. 1985 folgten weitere Sanierungsarbeiten wie die Abdichtung des Außenmauerwerkes und Einbau eines Rohbodens. 1987 beschlossen die Kreisgremien den Chor zukünftig als Bibliotheksraum zur Unterbringung der alten Gymnasialbibliothek und der Büchersammlung des Vereins für Heimatkunde für Stadt und Kreis Bad Kreuznach e. V. auszubauen. Der Raum sollte gleichzeitig für kleinere kulturelle Veranstaltungen wie Vorträge und Konzerte Verwendung finden.

Architektonische Zielsetzung war es den gotischen Chor aus dem 15. Jahrhundert mit zeitgemäßen architektonischen Mitteln neu zu inszenieren. Die Verwendung von Stahl- und Glaselementen in Verbindung mit akzentuierten Lichquellen eröffnen nun einen freien Blick zu den über drei Ebenen angeordneten, mit Laufstegen horizontal und einer Spindeltreppe vertikal erschlossenen „Bücherpaketen".

Nach einer 1 ½ jähriger Planungszeit im Kreisbauamt konnte im Mai 1989 mit den Um- und Ausbauarbeiten begonnen werden. Die Baukosten betrugen 750 000 DM.

Mit der im Juni 1990 eröffneten Heimatwissenschaftlichen Zentralbibliothek wurde eine öffentliche Forschungseinrichtung geschaffen, die Literatur und Informationen aus allen Bereichen der regionalen Landes- und Heimatkunde sammelt, erschließt und vermittelt.

Sie ist eine Einrichtung zur Förderung von Forschung, Studium sowie beruflicher Weiterbildung mit einem aktuellen Bestand von etwa 60 000 Titeln. Die Einrichtung entwickelte sich Dank des Einsatz von EDV zu einer effektiv arbeitenden Forschungstätte. Seit Bestehen der HWZB nahmen etwa 33 000 Personen unser Angebot in Anspruch.

Heimatwissenschaftliche
Zentralbibliothek
des Landkreises
Bad Kreuznach

Hospitalgasse 6,
St.-Wolfgang-Chor
55543 Bad Kreuznach

Tel.: 0671-27571
Email: julius.reisek@
kreis-badkreuznach.de

Öffnungszeiten:

Dienstag / Donnerstag
15.00 bis 17.00 Uhr

Mittwoch / Freitag
10.00 bis 12.00 Uhr

Der sogenannte „Nürnberger" galt Wahrzeichen von Merxheim und verbrannte 1870. Die Farblithographie von 1867 stammt aus dem reichhaltigen Fundus der HWZB.

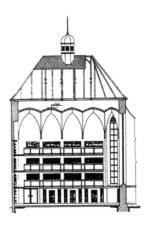

Neuer Seminarraum der Heimvolkshochschule Schloss Dhaun 2006

Bauherr: Zweckverband Schloss Dhaun

Beim Bauen in historischer Umgebung sollte der alten Bebauung Respekt gezollt werden. Deshalb galt das wesentliche Planungsziel, Neu und Alt miteinander zu verbinden. Die Architekten des kreiseigenen Bauamtes Sylvia Bauer und Baudirektor Hans Bergs setzten diese Vorgaben gekonnt um. Fugen und Einschnitte grenzen den Neubau ab. Die Glasfassade zum Schlosshof bietet durch ihre Transparenz ein Miteinander von Drinnen und Draußen. Durch die Dachbegrünung fügt sich das Bauwerk auch aus Sicht der Parkanlage nahtlos und harmonisch in die Vegetation ein. Die historische Linde überspannt mit ihren Zweigen das Ensemble.

Die Baukosten für den Innen- und Außenbereich betrugen 166 500 Euro. Seit 2006 ist das Objekt in Nutzung.

Blick auf die alten Bastionen von Schloss Dhaun (KMZ)

Blick in den
Innenhof
(KMZ)

Der trans-
parent
gehaltene
Innenraum
(KMZ)

Johann Lafer's Schul- mensa – Eröffnung mit Bildungsauftrag

Wolf-Dieter Schumann

Fernsehkoch Johann Lafer eröffnete am 9.11.2012 im Gymnasium am Römerkastell in Bad Kreuznach die erste „Schulmensa mit Bildungsauftrag". Das Projekt food@du-cation, „Wissen was schmeckt", soll jetzt bundesweit Schule machen. Der Anspruch ist hoch: Sterne-Koch Johann Lafer zeigt mit seinem Modellprojekt, dass Schulver-pflegung in Deutschland ein Höhepunkt des Tages an den Schulen sein kann – und muss. Seine erklärte Absicht dabei ist, das Essverhalten der Schüler sowohl durch ein entsprechendes Speiseangebot, als auch durch eine ganzheitliche Ernährungsbildung nachhaltig zu verbessern.

Sternekoch Johann Lafer |

Durch ein neu eingeführtes Ganztagsangebot bestand damals am Gymnasium am Rö-merkastell in Bad Kreuznach der Bedarf zum Bau einer Mensa. Landrat Franz-Josef Diel freute sich sehr, dass das Projekt in Anwesenheit von über 300 Gästen erfolgreich an den Start gehen konnte und er hofft nach wie vor, dass diese Idee „Schule macht". Die fest angestellte Schul-Oecotrophologin M. Sc. Tina Gareis klärt die Schüler über gesundes Essen auf und fungiert als Schnittstellenmanagerin zwischen der Mensa

Essens-
ausgabe

und der schulischen Ernährungs- und Verbraucherbildung. Zu ihren Zielen gehört u.a. bei den Schülern das Bewusstsein für gutes, frisches und gesundes Essen zu schärfen und zu erweitern. Im Rahmen einer Koch-AG und eines Mensabeirates sind die Schüler eng in die Speiseplangestaltung der Mensa eingebunden. So wird das Konzept der Ernährungsbildung mit dem des Verpflegungsangebotes verzahnt – Bildung und Gesundheit folglich „essbar" miteinander verknüpft. „Sie sind ja schließlich unsere zukünftigen Kunden", bringt es Johann Lafer auf den Punkt. In seiner Schulmensa, die ihm eine Herzensangelegenheit sei, gibt es normales, frisches und saisonales Essen. Die Mensa ist zu 100% sein Unternehmen, in das er, aber auch der Landkreis und das Land, sehr viel Geld investiert haben. Von Beginn an setzt er auf volle Transparenz. Mit seinen 30 Mitarbeitern beweist er täglich, dass sich auch Schulkinder für gutes Essen begeistern lassen – und dass für höchstens 3,99 € pro Gericht. Einen Euro da-

Blick in die
Schülerküche

Mensasaal |

| Außenansicht

Stirnseite des |
Gebäudes |

von gibt der Landkreis dazu. Die Kosten für die Modellmensa betrugen rund 4 Mio. €, die vom Kreis Bad Kreuznach finanziert und vom Land Rheinland-Pfalz mit 2,8 Mio € gefördert wurden. Seit November 2012 können sich die rund 1.200 Schüler des Gymnasiums auf ein umfassend neues Verpflegungskonzept freuen. Die „Genuss-Mensa" definiert sich nicht nur über gesunde, geschmackvoll Speisen, sondern soll ein gemütlicher, entspannter Ort der Begegnung werden – ausdrücklicher Wunsch der Schüler. Die Mensa, oder besser gesagt, das Schulrestaurant, befindet sich in einem neuen Gebäude in Holzbauweise mit Passivhausstandard. An den großzügigen Speiseraum gliedern sich die Küche und der Versorgungstrakt an. Der Speiseraum hat zur Südseite hin eine große Glasfront, die den Blick auf die angrenzende Terrasse bzw. den Schulhof freigibt. Naturbelassene Baustoffe wie Eichenholz, farbige Filzelemente und Stuhlskulpturen geben dem Raum eine einzigartige Atmosphäre. Moderne Küchentechnik steht Johann Lafers Team aus zehn Festangestellten und mehreren Aushilfen sowie ehrenamtlichen Helfern vor und hinter der Essensausgabe zur Verfügung. Anfänglich waren es etwa 200 Schüler, die regelmäßig in der Mensa essen, mittlerweile sind es über 500. Die Schüler haben die Wahl zwischen einem Tagesgericht, einer vegetarischen Speise und einem Aktionsgericht.

Die Meisenheimer sind so richtig in Feierlaune

Zur Jubiläumsfeier 700 Jahre Stadtrechte 2015

Harald Gebhardt

Ausgiebig feierten die Meisenheimer dieser Tage den 700. Jahrestag der Verleihung der Stadtrechte durch Kaiser Ludwig der Bayer am 22. März 1315 an den Grafen Georg von Veldenz für den Ort Meisenheim. Und bei einem großen Festakt in der mit mehreren Hundert Zuhörern voll besetzten Schlosskirche feierte viel Prominenz mit. „Eine ganze Stadt ist auf den Beinen und feiert sich selbst – und das zu Recht", lobte Staatssekretär Günter Kern das Engagement der Meisenheimer: „Viele Menschen engagieren sich in ihrer Heimat. Das ist auch ein Beleg, dass die Gemeinde intakt ist." Doch auch die Herausforderungen der Zukunft gerade im Hinblick auf den demografischen Wandel gelte es zu meistern: „Die Menschen im ländlichen Raum dürfen nicht das Gefühl haben, im Abseits zu stehen." Die Landesregierung werde Meisenheim auf dem Weg begleiten, versicherte er. Welches touristische Kleinod die Glanstadt ist, betonte nicht nur Landrat Franz-Josef Diel: „Meisenheim ist wie ein aufgeschlagenes Buch der Geschichte – der Kultur-, der Bau- und der Sozialgeschichte." Und als Touristenmagnet wichtig für den gesamten Landkreis: „Nirgendwo im Kreis Bad Kreuznach hat der Tourismus in den vergangenen Jahren so zugenommen, wie in Meisenheim."

Einen Bogen über 700 Jahre Meisenheimer Stadtgeschichte bis zur Gegenwart mit der aktuellen Diskussion über die Gebietsreform spannte Altbürgermeister und Vorsitzender des Volksbildungswerkes Meisenheim, Werner Keym. Er selbst wurde für seine außergewöhnlichen Verdienste um die Stadt mit dem Stadtehrenring ausgezeichnet. Gleichermaßen gekonnt, wie unterhaltsam würzte Keym seinen Festvortrag mit kurzen, kommentierenden persönlichen Anmerkungen – Nadelstiche, die die Zuhörer mit Beifall honorierten. Er stellte seine Rede unter das Motto „Zukunft braucht Herkunft". Meisenheim im Jahr 2015 lasse sich nicht verstehen ohne die Jahre 1315 und 1815. Die Verleihung der Stadtrechte hatte positive Folgen: Meisenheim erhielt eine Selbstverwaltung, durfte zum Schutz eine starke Ringmauer mit Wehrtürmen und befestigte Stadttore bauen, außerdem Märkte abhalten. Dadurch wurde die Stadt zum wirtschaftlichen Mittelpunkt des Glantals.

Das zweite einschneidende negative Ereignis für Meisenheim – nebst seiner endgültigen Trennung von der Pfalz 1815 – war die Auflösung des Kreises Meisenheim 1932. Heute steht für Meisenheim die nächste Verwaltungsreform vor der Tür. Wieder einmal geht es um erhoffte Einsparungen durch größere Verwaltungseinheiten, um eine Fusion der benachbarten kleinen Verbandsgemeinden Meisenheim und Alsenz-Obermoschel. „Aber diesmal wollen die Bürger mitreden und mitentscheiden. Sie sind keine Untertanen mit beschränkter Einsicht, sie sind mündige Bürger mit eigenem Verstand", so Keym.

Bei einer Bürgerbefragung in der VG Meisenheim 2012 sprachen sich 91 Prozent der Bürger für eine Fusion mit den Nachbarn aus. Bei einem Bürgerentscheid in der VG Alsenz-Obermoschel stimmten 68 Prozent für einen Wechsel in den Kreis Kreuznach. „Jetzt ist eine einmalige Chance, eine willkürliche Grenze zu beseitigen, die eine ganze Region in ihrer Entwicklung nachhaltig gestört hat und noch stört. Daher mein Apell an alle Verantwortlichen: Führen wir zusammen, was zusammen gehört," so Keym. Er regte einen Namensvorschlag für die neue Verbandgemeinde an, der Zukunft mit Herkunft verbindet.: „Verbandsgemeinde Pfalz-Meisenheim".

Präsentation
alter Seiler-
technik auf dem
Markt. (Roswitha
Kexel)

Die Anfertigung schmiede-
eiserner Rosen war eben-
falls zu bestaunen.
(Roswitha Krexel)

Weberinnen
zeigten ihr
Können.
(Roswitha
Kexel)

Naturpark Soonwald-Nahe

Kooperationsprojekt für Erholung und Naturschutz

Marco Rohr – Geschäftsführer Trägerverein Naturpark Soonwald-Nahe e. V.

Die Region um Soonwald und Nahe besitzt eine Anziehungskraft für Besucher mit den unterschiedlichsten Interessen. Ob Wandern, Radfahren, Kultur oder Entspannung – den Aktivitäten sind keine Grenzen gesetzt. Um den Erholungswert der Region zu steigern und zugleich Konflikte zwischen Freizeitnutzung und Erhaltung der Landschaft zu bewältigen, wurde gemeinsam mit dem Rhein-Hunsrück-Kreis der Naturpark Soonwald-Nahe entwickelt:

Was ist ein Naturpark?

Die 104 Naturparke in Deutschland sind großräumige Landschaften, die überwiegend aus Landschafts- und Naturschutzgebieten bestehen. Sie nehmen ca. 25% der Fläche der Bundesrepublik Deutschland ein und bewahren und entwickeln Natur und Landschaft mit und für Menschen. Naturparke eignen sich besonders für Erholung und Naturerleben.

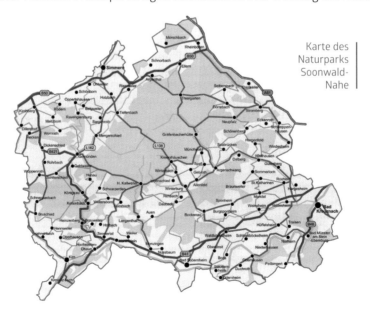

Karte des Naturparks Soonwald-Nahe

Naturparke verbinden den Schutz und die Nutzung von Natur und Landschaft. Die Balance zwischen intakter Natur, wirtschaftlichem Wohlergehen und guter Lebensqualität wird durch Naturparke angestrebt. Sie sind damit Vorbildlandschaften für die Entwicklung ländlicher Regionen insgesamt und bieten die Chance, auf einem Viertel der Fläche Deutschlands nachhaltige Entwicklung voranzutreiben.

Im Naturpark Soonwald-Nahe genießen die beiden Kernzonen Großer Soon und Lützelsoon als großflächige Waldzonen einen besonderen Schutz. Sie dienen der Erholung in der Stille und werden als "Ruheraum" durch besondere Auflagen geschont.

Räumliche Ausdehnung

Der Naturpark fasst mit dem Soonwald und den nordwestlich und südöstlich angrenzenden Vorflächen (Simmerner Mulde, Soonwaldvorstufe und Unteres Nahehügelland) Landschaften zusammen, die hinsichtlich der naturräumlichen Gliederung und der Funktionen im Rahmen von Naherholung und Regionalentwicklung eine Einheit bilden.

Naturräumliche Gliederung des Naturparks

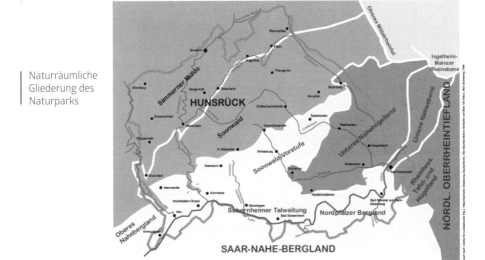

Wesentlicher Bestandteil des Naturparks sind die Landschaftsschutzgebiete Soonwald (27.400 ha), Hoxbach-, Gräfenbach-, Ellerbachtal (10.200 ha) und Nahetal (6.800 ha). Der Naturpark hat insgesamt eine Größe von 73.500 ha; darin enthalten sind die

Kernzonen Großer Soon (8.137 ha) und Lützelsoon (919 ha). 121 Kommunen liegen im Naturpark, davon 85 im Landkreis Bad Kreuznach und 36 im Rhein-Hunsrück-Kreis.

Auf dem Weg zum Naturpark

Ab dem Jahr 2000 fanden auf kommunaler Seite zunächst Gespräche zur Vorbereitung eines Naturparks – der vom Land verordnet werden muss – statt. Nach positiven Signalen der rheinland-pfälzischen Umweltministerin Klaudia Martini wurden von den Landräten Karl-Otto Velten (Bad Kreuznach), Bertram Fleck (Simmern) und Regierungspräsident a.D. Gerd Danco erste Initiativen gestartet. In zahlreichen Veranstaltungen informierte man in der Region über die Möglichkeiten eines Naturparks. Als Ansprechpartner für einen projektbegleitenden Arbeitskreis, in den alle involvierten Interessengruppen eingebunden waren, wurde in beiden Kreisverwaltungen eine Naturpark-Geschäftsstelle installiert.

Gründungsversammlung 2005 in Mengerschied (1. v. l. Bertram Fleck, 2. v. l. Gerd Danco, 5. v. l. Margit Conrad, 6. v. l. Karl-Otto Velten)

2002 wurde dann vom Land das formelle Verfahren zur Verordnung eines Naturparks eröffnet. Gleichzeitig gründete sich in der Region bereits der "Trägerverein Naturpark Soonwald-Nahe", zu dessen Vorsitzenden Gerd Danco gewählt wurde (seit 2006 wechseln sich die Landräte der Landkreise Bad Kreuznach und Rhein-Hunsrück turnusmäßig im Vorsitz ab). In mehreren Arbeitsgruppen wurden erste Projektideen konkretisiert (Wanderwege, Naturparkkarten, Internetpräsentation) und das Leitbild "Wald – Wein – Wohlfühlen" entwickelt. 2005 wurde die Landesverordnung von Ministerin Margit Conrad bei einer festlichen Gründungsversammlung unterschrieben – der Naturpark Soonwald-Nahe war nun auch formell "geboren".

Naturpark
SOONWALD-NAHE

Logo des Naturparks
Soonwald-Nahe

Projekte

Aus der Vielzahl von Projekten, die der Naturparkträger realisiert hat, seien nur einige exemplarisch erwähnt. Rund um das Thema Wandern wurden zwei Themenwege ausgewiesen, die ganz unterschiedliche Zielgruppen ansprechen:

Soonwaldsteig
am Teufelsfels

Auf dem **Weinwanderweg Rhein-Nahe** steht das gesellige Wandern entlang der Nahe mit Einkehr in den Straußwirtschaften im Mittelpunkt – hier präsentiert sich die Nahe von ihrer besten Seite. Die zeigt der Soonwald den Gästen des **Soonwaldsteigs**, die abseits der ausgetretenen Wege die schmalen naturbelassenen Pfade und die Stille des Naturparks suchen. Der mit dem Deutschen Wandersiegel ausgezeichnete Soonwaldsteig war einer der ersten Premiumwanderwege der Region.

Gut gelaunt auf dem Heimbergturm: Landrat Karl-Otto Velten (rechts) und Ortsbürgermeister Rudolf Staab, Schloßböckelheim

Vom **Heimbergturm** aus bietet sich ein grandioses Panorama in den südlichen Natur-park. Der elegante Aussichtsturm wurde mit Douglasien-Stämmen aus dem Soonwald errichtet und stellt eine weithin sichtbare Landmarke dar, die zu einem Spaziergang rund um den geologisch, botanisch und faunistisch interessanten Heimberg einlädt.

Trekkingcamp im Soonwald nahe der Ellerspring

Eines der jüngsten Projekte sind die **Trekkingcamps** im Soonwald. Ob Wanderer oder Familienausflug – hier ist jeder willkommen, der die Natur ganz nah erleben will. Der Standard ist einfach, denn in den naturnahen Camps ist die Erholung in der Stille Programm. Das alles in wunderschöner Lage: Mitten unter uralten Buchen, auf einer geheimnisvollen Lichtung in der Nähe der höchsten Erhebung des Soonwalds oder unterhalb eines alten Aussichtsturms.

Tümpel im Soonwald –
neuer Lebensraum für
Pflanzen und Tiere

Auch reine **Natur- und Artenschutzprojekte** sind fester Bestandteil der Naturpark-
arbeit. In Kooperation mit den Forstämtern wurden zahlreiche Tümpel und Weiher
angelegt oder renaturiert – eine Besonderheit im Soonwald, der eigentlich keine stehenden Gewässer aufweist. Auf diese Art leistet der Naturparkträger auch einen Beitrag zur Erhöhung der Biodiversität.

Zusammenwachsen einer Region

Nach über 10 Jahren Projektarbeit zeigt sich, dass der neue Naturpark deutlich zu
einer Stärkung der regionalen Identität über den Soonwald hinweg beigetragen hat.
Barrieren zwischen Hunsrück und Naheregion konnten auf vielen Ebenen überwunden werden. Der Naturpark fördert ein "Wir-Gefühl" und stärkt die Zusammenarbeit
in der Region. Er ist eine Plattform, um alle Beteiligten an einen Tisch zu holen und
sich besser kennen zu lernen.
Einen weiteren Vorteil für Kommunen und Initiativgruppen bieten Fördermittel, die
für Projekte akquiriert werden können. Nur die besten Konzepte setzen sich durch.
Und ein gemeinsames Konzept ist immer erfolgreicher als viele einzelne.

Das Rheinland-Pfälzische Freilichtmuseum Bad Sobernheim: Erleben, wie es wirklich war

Ganz in der Nähe des mittelalterlichen Städtchens Bad Sobernheim an der Nahe – genauer gesagt im malerischen Nachtigallental – zeigt das Rheinland-Pfälzische Freilichtmuseum auf besonders anschauliche Weise, wie die Menschen in Rheinland-Pfalz auf dem Lande während der vergangenen fünf Jahrhunderte gelebt, gewohnt und gearbeitet haben. Hierzu sind für die verschiedenen rheinland-pfälzischen Landschaften vier Museumsdörfer entstanden. Knapp 40 historische Gebäude wurden vor Ort Stein für Stein, Holz für Holz abgebaut, dann im Freilichtmuseum originalgetreu wieder aufgebaut und bis ins Detail eingerichtet.
Das Rheinland-Pfälzische Freilichtmuseum Bad Sobernheim ist ein ideales Ausflugsziel für die ganze Familie einschließlich Hund. Kinder sind gern gesehene Gäste. Problemlos lässt sich hier ein spannender und erlebnisreicher Tag voller neuer Einblicke und Erkenntnisse verbringen. Besonders gilt das für die diversen Aktionstage.

Informationen unter Tel.: 06751/855880 oder www.freilichtmuseum-rlp.de.

Eine NAHEliegende Kultursäule

Die Künstlergruppe Nahe, vorgestellt von Siglinde Knopp-Simon

„Die Künstlergruppe wurde im Jahr 1961 als Künstlergruppe der Stadt und des Kreises Bad Kreuznach gegründet. Seit 1966 ist sie als Verein Künstlergruppe Nahe e.V. eingetragen. Die Künstlergruppe ist ein Forum für Künstler aus der Region, in dem Kontakte untereinander gepflegt werden, ein Forum, das Menschen Möglichkeiten gibt, mit Kunst in Berührung und mit Künstlern ins Gespräch zu kommen. Sitz des Vereins ist Bad Kreuznach ...“

Mit dieser sachlichen Kurzbeschreibung stellt sich die KGN (Künstlergruppe Nahe) im Internet vor. Wie kam es zur Gründung, welche Künstlerpersönlichkeiten haben in ihr Spuren hinterlassen, welche Rolle spielt sie im Kulturleben von Stadt und Landkreis. All diese Aspekte zu beleuchten, soll in diesem Text versucht werden. Im Jahr 1961 war der Krieg gerade 16 Jahre vorbei. Ein Land, das am Boden lag, musste wieder aufgebaut werden und das kostete viel Kraft, Zeit und Geld, für die Kunst blieb wenig davon übrig. Viel passierte in diesem Jahr: Kennedy kam an die Macht, der Russe Gagarin flog als erster Mensch ins All, der Eichmannprozess begann, das erste Kernkraftwerk in Deutschland ging ans Netz, Schering brachte die Antibabypille auf den Markt, die Mauer wurde gebaut und der Kalte Krieg begann, R. Mößbauer erhält den Pysiknobelpreis ... Und am 17. März 1961 treffen sich im Cafe Wahl in Bad Kreuznach 12 Menschen, die den Grundstein für die „Künstlergruppe der Stadt und des Kreises Bad Kreuznach" legen. Interessant ist, dass die Initiative dazu nicht von einem Künstler ausging, sondern von dem damaligen Kurdirektor **Dr. Werner Küstermann**, der die Kunst als „harmonisierende Kraft" ansah, die dem Heilungsprozess seiner Kurgäste förderlich sei. Außerdem war es ihm ein Anliegen, die untereinander vorhandenen Animositäten der Künstler aufzubrechen, die jeder für sich in ihren Ateliers arbeiteten und sich den Rücken zuwandten. Dieses Anliegen fiel auf sehr fruchtbaren Boden und so finden sich neben **Paul Nobis**, dem späteren 1. Vorsitzenden, **Carl Kastenholz, Gerda Simon, Karl Steiner, Ingrid Wagner-Andersson, Jakob Melcher, Hanna Cauer, Cäcilie Hagenauer-Danz, Liesel Meyer-Bucher, Willibald Hamburger** und **Günter Daniel** auf der Liste der Gründungsmitglieder vom 17. März. Bald darauf stoßen weitere Künstler dazu, u.a. das **Ehepaar Eichenauer, Willi Austel, Albert Link** und **Karl Kaul**. Aus der Resonanz, die die neue Gruppe unter den Künstlern findet, lässt sich schließen, dass sich ein Bedürfnis nach lebendigem Meinungsaustausch, nach Gemeinsamkeit, aber auch nach Vergleich der Arbeiten in gemeinsamen Ausstellungen angesammelt hatte, das bis heute anhält. So erweiterte sich der Kreis im Laufe der Jahre immer mehr, Künstler der oberen Nahe, aus dem Koblenzer und Mainzer Raum schlossen sich der Gruppe an. U. a. seien genannt **Horst Frick**, dem von Anfang an die Kontakte zur französischen Partnergruppe in Bourg en Bresse sehr am Herzen lagen, **Karl-Heinz Brust**, ein umtriebiger Initiator der Kirner Kunstszene und **Hannelore Hilgert**, die mit vielen neuen Ideen Impulse zur Erneuerung und Weiterentwicklung der Gruppe gab.

Seit dem ersten Jahr der Gründung stellt sich die Gruppe in jährlichen Ausstellungen den kunstinteressierten Menschen vor, meist sind es in Frühjahr und Herbst Präsentationen aller Künstler und dazwischen Ausstellungen in kleinerer Besetzung. Der erste Ausstellungsort ist die Eingangshalle zum Kurhaus, wo die Werke auf mit Packpapier beklebten Stellwänden (normalerweise zum Aufhängen von Wahlplakaten benutzt!) dem Betrachter präsentiert werden. Später wechselt man in den großen Sitzungssaal des Kreistages und seit 1997 stellt die Stadt der Gruppe den neu geschaffenen Kunstraum „Install" bei den Museen im Rittergut Bangert zur Verfügung. Diese Entwicklung hätte **Franz Eichenauer** gefallen, der der KGN bis zu seinem Tod 1995 fast 30 Jahre vorstand und der mit viel Engagement selbstbewusst und unermüdlich für deren Belange kämpfte.

Nicht nur für die örtliche Gruppe setzte er sich ein, sondern förderte mit Herzblut auch die Verbindung zur Künstlergruppe „Amicale Artistique de Bourg" (heute umbenannt in ArtCite de Bourg) der Partnerstadt von Bad Kreuznach in Frankreich. Seit 1964 findet ein reger Austausch statt, der sich nicht nur auf die künstlerische Ebene beschränkte, sondern zu intensiven Freundschaften und gegenseitigem Verständnis führte nach all dem Schrecken der gemeinsamen Vergangenheit. Seit nunmehr 51 Jahren besteht diese besondere Beziehung, die von den Nachfolgern im Vorsitz **Horst Frick** und **Hannelore Hilgert** engagiert weiter fortgeführt wurde. Für die neue Vorsitzende **Maria Kauffmann**, die im Februar 2015 ihr Amt antrat, ist deren Sicherung und Intensivierung ebenfalls ein wichtiger Aspekt ihres Amtes.

Wie wird die KGN in der Öffentlichkeit wahrgenommen? Das Presseecho ist im Laufe der Jahre sehr unterschiedlich. In den 80er und 90er wird die Gruppe oft als zu konservativ kritisiert, man vermisst die kritische Auseinandersetzung mit neuen Kunstströmungen, mit der Umwelt und die Bezüge zur Gegenwart. Manche Mitglieder schienen in ihrem Schaffen unbeweglich geworden zu sein, aber es gab auch andere, die sich ständig weiterentwickelten. Seit 2002 versuchte man der Erstarrung durch Themenausstellungen entgegenzuwirken. Da spiegelte sich der

11. September in der Kunst, da hießen die Vorgaben u.a. Selbstporträt, ZeitRäume, Alter, Spiegelungen.... **Hannelore Hilgert** griff in ihrer Amtszeit außerdem die Idee von Lehrern am Lina Hilger Gymnasium auf, die Jugend mit einzubeziehen und regte sie an, sich zusammen mit den Künstlern z.B. mit den Gedichten der jüdischen Lyrikerin Rose Ausländer (2010) oder mit dem Thema Aufbruch (2014) zu beschäftigen. Heraus kam eine faszinierende Mischung aus Essays und Kunstwerken, die manchen Besucher erstaunte.

Junge Menschen einzubeziehen und offen sein für ihre neue Sicht der künstlerischen Darstellungen, aber auch Bewährtes zu erhalten, Auseinandersetzungen untereinander als fruchtbar zu empfinden, Abschottungen entgegenzutreten, nur so kann eine Gruppe lebendig bleiben. Dies hat die KGN bisher unter all ihren Vorsitzenden geschafft und so besteht die berechtigte Hoffnung, dass sie auch weiterhin eine NAHE-liegende Säule der lebendigen Kultur im Kreis Bad Kreuznach bleiben wird.

Mit Perspektive in die Zukunft blicken die neue Präsidentin der Künstlergruppe Nahe, Maria Kaufmann und ihre Vize Ellen Weyrauch (3. u. 2. v. l.) – eingerahmt im wörtlichen Sinn und von den Vorstandsmitgliedern Inge Kientzler (l.), Klaus Frauenkron (2. v. r.), Inge Simon (3.v.r.) sowie Angela Sohler (r.). (Beate Vogt-Gladigau)

Kultur im Einklang mit der Natur

Steinskulpturenmuseum und Skulpturenpark der Fondation Kubach-Wilmsen

Angela Nestler-Zapp
Fotos: Uli Holzhausen

Zu den kulturellen Highlights im Kreis Bad Kreuznach gehört das Steinskulpturen-museum mit Skulpturenpark der Fondation Kubach-Wilmsen, dessen Entstehung von den Verantwortlichen des Kreises konstruktiv begleitet wurde. 2010 eröffnet, zieht das Museum nicht nur ein regionales, sondern auch ein internationales Publikum an. Seit der Fusion mit Bad Kreuznach im Jahr 2014 gehört es zum Ortsteil Bad Kreuz-nach-Bad Münster am Stein/Ebernburg.

Stifter des Museums sind Anna Kubach-Wilmsen und Wolfgang Kubach, die ab Mitte der sechziger Jahre als Bildhauerteam Kubach-Wilmsen in Bad Münster am Stein tä-tig waren. Von ihrem riesigen Freilichtatelier aus fanden die von ihnen geschaffenen Skulpturen weltweit den Weg in Galerien, Privatsammlungen und Museen. Wolfgang Kubach konnte die Eröffnung des Museums nicht mehr erleben, er starb 2007.

Der Entwurf für das Museum stammt von dem renommierten japanischen Architek-ten Tadao Ando, der sich – sowohl vom künstlerischen Schaffen des Bildhauerteams als auch von der großartigen Kulisse des Rotenfels beeindruckt – dieses vergleichs-weise kleinen Projekts annahm.

Der besondere Reiz des Museums liegt in der Verbindung der Fachwerkkonstruktion einer historischen Scheune aus der Region mit der für Ando typischen reduzierten Betonarchitektur aus feinstem Sichtbeton, der durch ein Lochraster, das sich aus technischen Notwendigkeiten der Schalung ergibt, rhythmisiert wird. Der Zugang er-folgt durch eine schmale und biegungsreiche Wegeführung, was der inneren Samm-lung des Eintretenden und seiner Konzentration auf das Wesentliche dienen soll. Drei Freilichthöfe, einer davon mit einem Wasserbecken, das die Architektur reflektiert, bilden einen spannungsreichen Kontrast von Enge und Weite.

Museum und Steinskulpturenpark beherbergen das Werk von Kubach-Wilmsen aus sechs Jahrzehnten, in dem bis Anfang der 80er Jahre weißer Marmor oder dunkler Basalt dominiert. Der Erwerb einer Sammlung farbiger Marmorplatten aus aller Welt im Jahr 1982 führte zum Werkkomplex der Steinbücher, deren „Text" Struktur, Maserung und individuelle Farbvariationen von Steinen aller fünf Kontinente bilden. Nicht mehr der künstlerische Gestaltungswille ist Ausgangspunkt für die Formgebung, sondern die künstlerische Form wird der Natur des Steins untergeordnet. In diesem Sinne entsteht seither eine Bibliothek der Erde mit immer neuen Editionen.

Auch die Skulpturen der nächsten Künstlergeneration sind im Bereich des Museums präsentiert. Livia Kubach firmiert zusammen mit Michael Kropp als Team Kubach-Kropp, dessen gemeinsames künstlerisches Schaffen in ganz anderer Weise der Erkundung und Sichtbarmachung der verborgenen Eigenschaften des Steins gewidmet ist. Das von ihnen bevorzugte Material ist Granit, Synonym für Homogenität und Schwere, dem sie Leichtigkeit und Transparenz verleihen. Dieses geschieht durch das Öffnen des steinernen Gefüges und die Auflösung des Volumens, das in neue rhythmische Gliederungen überführt wird.

Zusätzlich zur ständigen Ausstellung ist jedes Jahr eine Sonderausstellung wechselnden Bildhauern gewidmet. Zum Programm des Museums gehören außerdem Führungen, ein breites Spektrum von Veranstaltungen und das jährliche Museumsfest.

Großer Bahnhof für die Kunst – Der Künstler-bahnhof Ebernburg

Angela Nestler-Zapp

Auch der bis 2014 zum Kreisgebiet gehörige Künstlerbahnhof Ebernburg gehört durch die Fusion zum Ortsteil Bad Kreuznach-Bad Münster am Stein/Ebernburg. Im ehemaligen Bahnhofsgebäude der Alsenz-Bahn sind eine Künstlerwohnung sowie Atelier- und Ausstellungsräume für Stipendiaten eingerichtet. Auf diese Weise hat das Gebäude eine sinnvolle Nutzung erhalten, die auch die Pflege und den Fortbestand dieses Baudenkmals gewährleistet. Der Betrieb des Künstlerbahnhofs wird ermöglicht durch das Engagement des Fördervereins und die Stiftung Rheingrafenstein.

Der Künstlerbahnhof, der im vergangenen Jahr sein 35-jähriges Bestehen feiern konnte, war der zweite seiner Art nach dem Bahnhof Rolandseck bei Bonn. Seit seiner Gründung im Jahr 1979 führt er Künstler und Kunstinteressierte zusammen, ist Ort der Begegnung, des Austauschs und damit ein wichtiger Bestandteil des kulturellen Lebens der Region. Nachdem Rolandseck 2007 als Arp-Museum neu eröffnet wurde, kommt dem Künstlerbahnhof Ebernburg ein Alleinstellungsmerkmal zu.

Bisher hat er ca. 150 Stipendiaten aus dem In- und Ausland beherbergt. Bei allen erscheint dieses Stipendium als wichtige Station ihres künstlerischen Werdegangs im Curriculum, was den Stellenwert dieser Institution dokumentiert.

Im Künstlerbahnhof residieren jährlich während der Sommermonate vier Stipendiaten, die am Ende ihres Aufenthaltes ihr Schaffen in einer Ausstellung präsentieren. Auch in den Wintermonaten finden Ausstellungen zur zeitgenössischen Kunst sowie weitere Kulturveranstaltungen statt.

Außenansicht des Künstlerbahnhofes (Jost-Henner Schwedes)

Ausstellungsraum im Künstlerbahnhof (Jost-Henner Schwedes)

Die Sportgeschichte des Landkreises Bad Kreuznach im Überblick

Wolfgang Scheib, Sportkreisvorsitzender Sportbund Rheinland, Sportkreis Bad Kreuznach

Die ersten Sportvereine waren Turn- und Schützenvereine, zu denen der Turnverein Kreuznach (1848), der Turnverein Meisenheim (1848) und die Kreuznacher Schützengesellschaft (1847) gehören.

Infolge der revolutionären Vorgänge 1848/49 wurden Turnvereinsgründungen untersagt, Turnvereine politisch überwacht und mitunter sogar aufgelöst. Nach 1860 erfolgte eine Lockerung dieser Haltung, die zur Gründung folgender Vereine führte:

- 1862 TuS Kirn
- 1867 TV Sobernheim
- 1876 Creuznacher Ruderverein
- 1877 MTV Bad Kreuznach
- 1880 Angelsportverein Nahe Bad Kreuznach
- 1884 VfL Bad Münster
- 1886 TuS Bosenheim
- 1887 TV Ebernburg
- 1890 TV Odernheim
- 1891 TV Kallenfels
- 1892 TuS Stromberg
- 1895 TV Hennweiler
- 1896 VfL Staudernheim, TuS Waldböckelheim, TV Rehborn

Alle Turnvereine waren Mitglied im 1862 gegründeten Mittelrheinkreis / Bezirk Rheinpreußen. Das erste Turnfest im Kreis Kreuznach fand als 8. Kreisturnfest des Mittelrheinkreises vom 20. bis 22.08.1873 in Kreuznach statt. 1880 gründeten die Turner an der Nahe den Nahe-Idartal-Gau. Aus den alten Unterlagen geht hervor, dass aus dem Bereich des heutigen Kreises Bad Kreuznach der TV Kreuznach mit 230 Mitgliedern und der TuS Kirn mit 50 Mitgliedern gemeldet waren. 5 Jahre später wurde der „Untere Nahegau" gegründet. Das Ziel all dieser Vereine war die sogenannte „Körperertüchtigung" und meist nur den Männern vorbehalten. Turnen bedeutete damals Laufen, Werfen, Springen, Hangeln, Klettern Gymnastik usw., also alles, was den Körper „ertüchtigt".

Vor über 100 Jahren entwickelte sich eine zunehmende Sportvielfalt, zu der auch das Fußballspielen gehörte. 1905 entstand der erste Tennisverein, 1912 ein Radfahrverein, 1921 ein Schachverein, 1926 der Deutsche Alpenverein und 1927 der erste Reitverein.

Während des 3. Reiches unterlagen auch die Sportvereine der Gleichschaltung. Nach dem 2. Weltkrieg 1945 waren alle früheren Sportvereine zuerst einmal verboten. 1947 erlaubte die Besatzungsmacht die Gründung von sogenannten „Allsportvereinen", die als Abteilung auch Gymnastik anbieten durften, wie z. B. der 1947 wiedergegründete VfL Bad Kreuznach. In der Französischen Besatzungszone war ab 1949 auch die Wiedergründung von Turnvereinen erlaubt: 1949 bildeten sich der MTV Bad Kreuznach und der TuS Kirn, 1950 der TV Meisenheim und 1951 der TV Odernheim.

In den fünfziger und sechziger Jahren wurde die Vereinslandschaft durch die Gründung von Angelsport-, Flugsport-, Handball- und Schützenvereinen größer. Das Handballspielen verlagerte sich damals vom Feld in die Halle. Auf Grund fehlender großer Sporthallen gaben einige Vereine bzw. Handballabteilungen den Spielbetrieb wieder auf.

Heute hat fast jedes Dorf im Landkreis seinen Sportverein. Die Palette der Sportangebote wird immer reicher:

- Ballspiele – vom Fußball über Handball, Basketball, Volleyball, Tennis bis zum Tischtennis.
- Kampfsport – vom Boxen über Ringen, Judo bis zur Selbstverteidigung,
- vom Fechten über Golf, Boule, Tauchen bis zum Motorsport,
- vom Wassersport – dem Schwimmen, Rudern, Paddeln und Angeln bis zu
- Turnen, Leichtathletik, Schießen, Reiten usw.

Gegenwärtig sind über 50 verschiedene Sportarten im regionalen Angebot. Besonders Fitness- und Gesundheitssport liegt im Trend.

Leistungssport im Kreis Bad Kreuznach

Herausragende Leistungen in den Olympischen Disziplinen

- 1936 Berlin, Konrad Frey, Turnen (3 x Gold)
- 1996 Atlanta Michael Senft / Andre Ehrenberg
  Kanuslalom, Zweier-Canadier (Bronze)
- 2000 Sydney Thomas Schmidt, Kanuslalom (Gold)
- 2004 Athen Anna Dogonadze, Trampolin (Gold)

Behindertensportler aus unserem Kreisgebiet nahmen mit guten Platzierungen an den Paralympics, Welt- und Europameisterschaften teil. Auch in den „Nichtolympischen Disziplinen", wie z.B. bei Kampfsportarten und Mehrkämpfen, stellte der Kreis Bad Kreuznach viele Europa- und Weltmeister. Im Sportkreis Bad Kreuznach gehört die Sportart Fußball zum Sportbund Rheinhessen, alle anderen Sportarten gehören zum Sportbund Rheinland.

Sportbund Rheinland

- 216 Vereine mit über 43.000 Mitgliedern
  Größter Verein: VfL Bad Kreuznach mit über 2.500 Mitgliedern

Sportbund Rheinhessen

- 98 Vereine mit ca. 20.500 Mitgliedern

Im Kreis Bad Kreuznach sind 40,8 % der Gesamtbevölkerung im Vereins- und Verbandssport organisiert.

Bewegung ist Leben!

Der Sport im Kreis Bad Kreuznach bewegt nicht nur die Menschen, sondern er trägt zur Gesunderhaltung der Bevölkerung bei und leistet auch im Sozialbereich (Integration, Inklusion usw.) Wertvolles.

Das Kreisjugendamt veranstaltete 1963 in Zusammenarbeit mit dem Kreisschulamt und dem Sportamt der Stadt Bad Kreuznach zum Abschluß der Sommer-Bundesjugendfestspiele einen groß angelegten Kreisjugendtag im Möbusstadion. Mehr als 700 Jungen und Mädchen nahmen daran aktiv teil. (KMZ)

Vor dem Bad Kreuznacher Firmenlauf 2015: Die Teilnehmer der Kreisverwaltung

Trampolinturnen im MTV Bad Kreuznach

Ingrid Eislöffel

Gerhard Krüger gründete am 05. März 1972 die Abteilung Trampolinturnen im MTV 1877 Bad Kreuznach. Marianne Brandt unterstütze 2 Jahre später und übernahm 1978 die Abteilungsleitung. Das Training wurde intensiviert und der erste Rheinland-Pfalz-Meister-Titel konnte 1979 von Ralf Gehrke in der Schülerklasse in den MTV geholt werden. 1981 erfolgte der Durchbruch mit der Teilnahme an den Deutschen Einzel- und Synchronmeisterschaften. Seitdem konnten zahlreiche Erfolge erzielt werden.

1982 übernahmen Hilde und Peter Gehrke die Abteilung und führten die Arbeit von Marianne auch im Turngau und im Turnverband weiter. Ab 1984-1992 trainierte Hans-Martin Luther die Leistungsgruppe und übergab im Anschluss an seine Schützlinge Christof Emmes, Steffen Eislöffel und Pascual Robles. Steffen Eislöffel ist heute Cheftrainer des Bundesstützpunktes Trampolinturnen in Bad Kreuznach. Seit 1984 sind die Trampolinturner des MTVs aufgrund ihrer Leistungen konstant Mitglieder in verschiedenen Bundeskadern. Unter Tilly Grusdat, die 1986 das Abteilungszepter in der Hand hielt, wurde 1988 der Stützpunkt Trampolinturnen in Bad Kreuznach zum Leistungszentrum des LSB RLP ernannt und ist seit 2001 Bundesstützpunkt.

Die herausragenden Ergebnisse sind der Jugendeuropameistertitel im Synchron 1984, im Doppelmini-Tramp 1986+1988 mit der Mannschaft 2000 sowie die Europameistertitel 1987, 1989, 1991, 1993 und 1995. Bei den Weltmeisterschaften 1992 in Neuseeland gewannen Steffen Eislöffel, Pascual Robles, Jörg Gehrke und Heiko Berger (späterer Nachwuchstrainer des MTVs) den ersten Weltmeistertitel dieser Disziplin für Deutschland. 1994 in Portugal wurde der Titel der drei MTVler mit Uwe Marquard aus Dessau verteidigt.

Seit 1998 ist Trampolin im olympischen Programm aufgenommen. Anna Dogonadze startete nach dem Wechsel 1999 von Salzgitter nach Bad Kreuznach im Jahr 2000 bei der olympischen Premiere in Sydney. Nach Konrad Frey 1936 in Berlin hatte der MTV Bad Kreuznach wieder eine Olympiateilnehmerin. Anna erreichte trotz Erkrankung den 8. Platz. 2001 gewann sie bei den Weltmeisterschaften in Odense/DK die Goldmedaille und wurde somit erste Weltmeisterin Deutschlands in der Einzeldisziplin. 2004 holt Anna Dogonadze bei den Olympischen Spielen in Athen die Goldmedaille! Anfang 2005 entwickelte das Projekt-Team des BSP das Konzept „Wir starten durch" zur Talentsichtung, -findung und -förderung welches bis heute in Zusammenarbeit

verschiedener Kitas in Bad Kreuznach und der Turntalentschule „Anna Dogonadze"
weitergeführt wird. Die durchgängige Nachwuchsförderung wurde mit dem Preis
„Sterne des Sports" und drei Mal mit dem „Grünen Band" ausgezeichnet.

Im Dezember 2011 übergibt Tilly Gehrke die Abteilungsführung an den Abteilungsvor-
stand unter Stepahnie Bucher. Auch Peter Gehrke verabschiedet sich aus dem Amt
des Stützpunktleiters in den Ruhestand.

2012 findet die Qualifikation für die Europameisterschaften in Bad Kreuznach statt
und ein 9-köpfiges MTV-Team fährt nach St. Petersburg. Peter Drozdik konnte stolz

Martin Gromowski
und Kyrylo Sonn auf
dem Trampolin

Martin Gromowski
und Kyrylo Sonn
nahmen 2015
bei den Ersten
Europäischen
Spielen in Baku teil
und gewannen die
Bronze-Medaille im
Synchron.

mit der Bronzemedaille der Doppel-Mini-Mannschaft glänzen. Ebenso gewinnt Jessica Simon mit Anna Dogonadze Bronze im Synchron-Wettbewerb. Anna erturnt sich bei der EM noch ein letztes Mal die Qualifikation für die Olympischen Spiele in London. Für Trainer Steffen Eislöffel ist es eine Ehre und Auszeichnung für seine Arbeit der vielen Jahre zuvor, nun zum ersten Mal das olympische Flair vor Ort mitzuerleben und Anna zu ihrem letzten großen Auftritt bei Olympia in London zu begleiten. Anna belegte dort einen guten 10. Platz und beendet ihre Karriere.

Bekannt sind die Trampolinturner in Bad Kreuznach vor allem auch durch ihre Bundesliga-Zeit. 1988-1994 wurde die Mannschaft 7x in Folge Deutscher Vereinsmeister. Es folgten die Titel in den Jahren 1998, 2002, 2006 und 2009. Nach 25 erfolgreichen Jahren mit 11 Meistertiteln meldet der MTV Bad Kreuznach seine Mannschaft 2011 aus der 1. Bundesliga ab. Aber auch in der Einzeldisziplin, Synchron und mit der Mannschaft erreichen die MTVler zahlreiche Titel auf Landes- und Bundesebene. Beispielsweise ist Martin Gromowski, von klein auf in der Abteilung unter Steffen Eislöffel als Coach, mehrfacher Deutscher Meister. Auch international kann er einige Erfolge verzeichnen, wie z. B. die World-Cup-Silber-Medaille in Salzgitter 2009. Im April 2014 belegte Martin bei den Europameisterschaften Platz 6. Sein großes Ziel ist es, 2016 bei den Olympischen Spielen dabei zu sein.

Dennoch suchte die Abteilung weiter nach Möglichkeiten, den Fans und den Sponsoren weiterhin spannende Wettkämpfe zu Hause zu bieten. So organisierte die Abteilung Ländervergleichswettkämpfe mit Belgien, Holland, Dänemark und zuletzt sogar mit Weißrussland.

Aber nicht nur für die Top-Athleten bietet die Trampolin-Abteilung seit Jahren Spaß beim Fliegen. Auch die kleinsten dürfen schon seit 1997, beim zur 25-Jahrfeier ins Leben gerufenen „Jambo-Cup", der Vereinsmeisterschaft des MTVs ihr Können unter Beweis stellen. Die Nachwuchstalente wurden unter Marcel Mayer, Heiko Berger und nun seit 2013 Christian Bach trainiert. 2014 nahm Moritz Best in Daytona Beach / USA bei den Jugendweltmeisterschaften teil. Silva Müller, die 2014 aus Cottbus nach Bad Kreuznach wechselte sicherte sich dort die Goldmedaille der Jugendturnerinnen. Seit 2014 ist nach längerer Pause das Doppel-Mini-Tramp-Turnen wieder im MTV und auch im Turnverband Mittelrhein aktiv. So schafften es Damian und Nadia Iturri mit Hannah Edinger und Leon Vollrath auf das Deutsche-Meister-Treppchen ganz nach oben und konnten auch in 2015 den Titel verteidigen. Leon sicherte sich sogar Gold in der Einzeldisziplin.

Die Schülerinnen und Schüler turnen jährlich verschiedene Landes-Meisterschaften und eine Schülerliga Runde. Diese werden regelmäßig in der Trampolinhochburg in Bad Kreuznach ausgetragen. Ebenso finden regelmäßig Landes- und Bundeskaderlehrgangsmaßnahmen sowie Übungsleiteraus- und Fortbildungen im gut ausgestatteten Stützpunkt statt. Auch die Größten dürfen im Erwachsenen-Kurs das Gefühl vom Fliegen kennenlernen und auf dem Trampolin unter Anleitung Elemente üben.

Die soziale Ader der Trampolinfamilie lebt diese unter der Organisation von Steffen Eislöffel seit Jahren beim vorweihnachtlichen Glühweinstand in der Fußgängerzone aus. Der Erlös wird immer einem guten Zweck gespendet – und in den letzten Jahren durch den langjährigen Partner, den Kreuznacher Stadtwerken großzügig aufgerundet. Hier treffen sich oft auch einige ehemalige Trampoliner wieder, die zur aktiven Zeit nach Bad Kreuznach gewechselt sind. National und international erfolgreiche Sportler wie Stefan Reithofer, Nicole Maintz und Jessica Simon haben sich während der Trainingszeit in Bad Kreuznach fest verwurzelt. Stefan Reithofer fand im Sportamt der Stadt Bad Kreuznach seinen beruflichen Werdegang, Jessica Simon in der Argentur für Arbeit und Nicole Maintz ist als Leiterin des Sportkindergartens des MTVs weiterhin sehr nah am Trampolingeschehen dran. Auch Simon Henkel ehem. aktiver Bundesligaturner, unterstützt die Turner nun mit seiner Firma Henkel, vorm. Kleintz, im Förderverein der Trampolinabteilung.

Der Kreuznacher Hockey Club 1913 e.V. – wo Hockey und Fechten Spaß macht!

Stephan Rothländer

Im Jahre 2013 feierte der Kreuznacher Hockey Club sein 100. Jubiläum.

Das erste Spiel der Herren fand am 16. November 1913 auf den Sportplatz an der Lämmerbrücke, dem heutigen Gelände des RWE, statt. Noch im gleichen Winter gab es erste Ansätze für die Bildung einer Damen-Elf und sogar einer Schülermannschaft.

Nach dem Ersten Weltkrieg begann der Aufschwung des Hockeysports in Bad Kreuznach mit einem geregelten Spielbetrieb. 1920 besuchten über 1000 Zuschauer ein Demonstrationsspiel gegen Alemannia Worms und FV Kaiserslautern. 1923 fand im Salinental das 1. Internationale Oster-Hockey-Turnier statt. Der Zweite Weltkrieg unterbrach die sportliche Tätigkeit. Am 4.4.1946 kam es zur Neugründung des Vereines, der durch eine Leichtathletikabteilung (aktiv bis 1959) und eine Tischtennisabteilung (bis 1965) erweitert wurde. Vor allem in der Leichtathletik kam es Ende der 50er Jahre zu spektakulären Veranstaltungen im Salinental. Beim „Tag der Deutschen Meister" waren bis zu 4000 Zuschauer dabei. Die Fechtabteilung wurde am 1.3.1950 gegründet und konnte bis heute bei Landesmeisterschaften immer wieder beachtliche Erfolge verzeichnen. Zwischen 1950 und 1966 gewannen die KHC Spieler 8 mal die Rheinland-Pfalz-Meisterschaft, 5 mal die Damen im gleichen Zeitraum. Die ersten Herren spielten weiterhin bis 1981 in der zweithöchsten Klasse – der Regionalliga Süd. Danach gab es einige Rückschläge.

Die entscheidende Wende begann mit dem Neubau des Kunstrasens im Jahre 1992. Hierzu trugen die „Salinengeister" (eine Elternhockey-Mannschaft) bei, die neue Akzente setzte und sich sehr engagiert für die Nachwuchsarbeit einsetzte. Die sportlichen Erfolge stellten sich erneut ein: Aufstieg der Damen in die Regionalliga Süd und Teilnahme der weiblichen Jugend A bei der Deutschen Meisterschaft. Die Herren stiegen 2008 in die 1. Regionalliga auf und die Knaben A gewannen die Süddeutsche Meisterschaft. Ein Höhepunkt war der 3. Platz in der Halle bei der Deutschen Meisterschaft 2015 durch die U 18 Mannschaft. Im gleichen Jahr stieg die 1. Herren-Mannschaft in der Halle in die 2. Bundesliga auf.

Über 20 KHC'ler haben das Trikot der Deutschen Nationalmannschaft im Nachwuchsbereich getragen. Besonders erwähnenswert sind hierbei der Titel des Vize-Europameisters 2009 im U 18 Team mit Sebastian „Seppl" Behr und der Europameistertitel von Moritz Rothländer 2015 mit dem Deutschen Team U 18 in Santander/Spanien.

Gegenwärtig hat der KHC etwa 500 Mitglieder, davon über 300 Kinder und Jugendliche. Über 40 Trainer, Übungsleiter und Betreuer sind für insgesamt 25 Hockeymannschaften in allen Altersklassen tätig.

1967 wurde das vereinseigene Clubhaus im Salinental fertiggestellt und 2006 zum heutigen „Haus des Sports" ausgebaut. Das direkt an den Sportanlagen gelegene Haus ist durch Seminarräume mit Übernachtungsmöglichkeiten ein idealer Ort für Lehrgänge und Trainingslager. Dort veranstaltet der Verein jährliche Hockey-Camps. Zudem richtet der KHC regelmäßige Turniere, wie 2016 das 90. Internationale Oster-Hockey-Turnier, aus. Länderspiele im Salinental und Deutsche Meisterschaften im Nachwuchsbereich in der Halle gehören zur Tradition. Hierzu kommen zahlreiche Jugend- und Kinderturniere auf dem Feld und in der Halle.

Über 100 Jahre alt und kein bisschen müde steht der Kreuznacher Hockey Club für Fairness, Teamgeist, Jugendarbeit und Tradition.

Schnuppertraining unter dem Motto: Über 100 Jahre alt und kein bischen müde! (Stephan Rothländer)

Gold, Silber und Bronze für die Kanu-Hochburg Bad Kreuznach

Steffen Dietz

Im schönen Salinental, in dem sich auch das größte Freiluftinhalatorium Europas befindet, sind seit Jahrzehnten die Paddler unterwegs. Schon Anfang der 60iger Jahre wurden mit dem Herbstslalom Wettkämpfe in allen Alters- und Bootsklassen gefahren. Waren die Boote damals noch aus Holz mit einer Kunststoffbespannung, sind sich heute aus leichtem und dennoch haltbarem Kohlefaser- und Carbonmaterial, wie Rennwagen auf dem Nürburgring.

Die Nahe eignet sich hervorragend für den Kanusport. In Teilen ruhig und beschaulich, ideal für Anfänger. Dann schon herausfordernder und etwas wilder, hat sie insbesondere für Wanderkanufahrer ihren Reiz. Kanuslalom, der olympische Wettkampfsport, wird in Bad Kreuznach auf einer in das Flussbett integrierten Strecke trainiert und in Wettkämpfen gefahren. Dabei formt das Hochwasser im Winter und nach starken Sommerregen die Strecke immer etwas um, so dass jedes Frühjahr mit einem Bagger und sachkundigem Blick das Wasserspiel wieder neu geformt werden muss. Das geschieht im Einklang mit der Natur aus Steinen und Geröllmaterial und nicht aus Beton. Das macht auch den Reiz der Strecke aus, denn die Boote mögen die teilweise spitzen Steine gar nicht. Da muss der Kanute ein gutes Auge entwickeln und auf der Hut sein und eine „saubere Linie" fahren, um schnell und fehlerfrei die Stangen nach den sportlichen Regeln zu umfahren.

Diese sind im Kanuslalom, den es seit den 1930iger Jahren gibt, für den unbedarften Beobachter nicht immer leicht zu durchschauen. Wenn die Athleten mit ihrem 3,50 m langen Boot zwischen den Stangen, grün-weiße mit der Strömung und rot-weiße gegen die Strömung, befahren, dürfen diese nicht berührt werden, sonst drohen zwei Strafsekunden als Addition zur Fahrzeit, die möglichst kurz sein sollte. Verfehlt der Kanute gar ein Tor, bedeutet dieser Regelverstoß 50 Strafsekunden. Also gilt es, das „Wasser lesen" zu lernen, wie die Strömung um Verwerfungen und Steine Wellen, Walzen und Kehrwässer erzeugt, die richtigen Paddelschläge und -einsätze zum richtigen Moment zu setzen und möglichst schnell durch die Torstangen ohne Berührung zu fahren. Dabei braucht es Kraft, besonders in den Armen und Rumpfmuskulatur, Ausdauer, Gefühl und Talent, wenn es ein meisterlicher Lauf werden soll.

Bei den Regatten fahren die Teilnehmer in Ihren Alters- und Bootsklassen gegen die Zeit und damit gegeneinander. Im Kajak Einer (K1) sitzt man mit ausgestreckten Beinen und benutzt zur Fortbewegung ein Doppelpaddel, dass auf beiden Seiten des Bootes ins Wasser getaucht wird. Im Canadier Einer (C1) kniet der Athlet und verwendet ein spatenähnliches Stechpaddel, das er mal links, mal rechts vom Boot eintaucht, um je nach gewünschter Richtung das Boot vorwärts zu bewegen und zu steuern. Einen besonderen Reiz haben die Canadier Zweier (C2). Hier knien zwei Athleten hintereinander, was beim Paddeleinsatz und beim Steuern des Bootes eine sehr gute Koordination und Absprache bedarf.

Erfolgreiche Bad Kreuznacher Kanuten auf Landes- und Bundesebene gab es in den Jahrzehnten viele. International stechen hier die Weltmeisterschafts- und Olympiateilnehmer besonders heraus. Der Bad Kreuznacher Michael Senft konnte mit seinem Partner André Ehrenberg 1996 die Bronze-Medaille bei den olympischen Spielen in Atlanta (USA) im C2 gewinnen. Vier Jahre später sorgte die Gold-Medaille im K1 von Thomas Schmidt für ein gewaltiges Medienecho und Begeisterung der Bad Kreuznacher. 2004 verpasste Michael Senft mit seinem neuen Partner Christian Bahmann Bronze knapp. Beide gewannen bei der Weltmeisterschaft in Australien ein Jahr später souverän. Ricarda Funk, der neue Star am Bad Kreuznacher Kanu-Himmel, wurde 2014 mit jungen 22 Jahren bereits Europameisterin und 2015 Vize-Weltmeisterin. Damit ist die Hoffnung groß, bei der Olympia 2016 wieder in Bad Kreuznach eine Medaille feiern zu dürfen.

Michael Senft und Christian Bahmann gwinnen bei der WM 2005

Diese großen Vorbilder sorgen beim Nachwuchs ebenso für Bewunderung, als auch für Motivation. Drei Vereine arbeiten intensiv mit Kindern und Jugendlichen und bringen so dem „Bundesstützpunkt Nachwuchs Mitte" in Bad Kreuznach neue Talente. Der Stützpunkttrainer ist Olympiateilnehmer und Weltmeister Christian Bahmann. Er formt in der Kaderschmiede Athleten, schult und perfektioniert die technische Ausbildung und bringt professionelle Trainingsmethoden an junge Menschen. Diese gehen einem Sport nach, der Mut, Kraft, Disziplin und Technik ebenso braucht, wie die Bereitschaft, Sommer und Winter mit dem Element Wasser eine Einheit zu bilden. Bereits seit einigen Jahren sind die Bad Kreuznacher Nachwuchs-athleten wieder eine feste Größe in nationalen und internationalen Wettbewerben. Ein Aushängeschild für die Stadt und den Kreis in einer Sportart, die weit ab vom großem Tamtam des Fußballes oder elitärem Niveau des Golfes ist, dafür nah an der Natur, die den Charakter formt und Freundschaften entstehen lässt, die weit über die Grenzen von Bad Kreuznach hinaus gehen. Und wenn alljährlich die Kanuten zum Herbstslalom oder im Turnus zum Schüler-Länder-Pokal, und Süddeutscher- und Deutsche-Schüler-Meisterschaft ins Salinental kommen, sind sich alle einig – einen schöneren Platz für Kanuslalom, gibt es kaum auf dieser Welt.

Thomas Schmidt gewinnt die Goldmedaille 2000 in Sydney

Auswahlbibliographie

Alte Fotos aus dem Landkreis Bad Kreuznach: m. 131 Fotos des Kreismedienzentrums Bad Kreuznach und Texten. Ingelheim: Leinpfad-Verlag, 2000.

Ein Blick in die Geschichte 1816-1991: 175 Jahre Landkreis Bad Kreuznach. Ausstellung 10.-28. Mai 1991 im Foyer der Kreisverwaltung. 1991.

Faber, Karl-Georg: Die geschichtlichen Grundlagen des Landkreises Kreuznach 1966. (in: Landeskundliche Vierteljahrsblätter, 12)

Heimatchronik des Kreises Kreuznach. Köln: Archiv für Deutsche Heimatpflege, 1966.

Jungblut, Thomas: Die „altpreußischen" höheren Regierungsbeamten und Landräte in den Regierungsbezirken Koblenz und Trier 1850 bis 1914 im Rahmen der preußischen Personalpolitik. Diss. Uni. Mainz. 1989.

Koltes, Manfred: Das Rheinland zwischen Frankreich und Preußen. Studien zu Kontinuität und Wandel am Beginn der preußischen Herrschaft (1814-1822). Köln; Weimar; Wien: Böhlau, 1992. (Dissertationen zur neueren Geschichte, 22)

Krumm, Walter: Die Landräte des Kreises Bad Kreuznach im 19. Jahrhundert. 1983. (Heimatkundliche Schriftenreihe des Landkreises Bad Kreuznach, Bd. 15)

Lipps, Bodo: Entdeckungsreisen im Landkreis Bad Kreuznach. Historisches Sehenswertes. Bad Kreuznach: Kreisverwaltung, 1991.

Lipps, Bodo: Landkreis Bad Kreuznach. 1993. (in: Landesgeschichtlicher Exkursionsführer Rheinland-Pfalz, 3)

Mohr, Wolfgang: Der Landkreis Bad Kreuznach in alten Ansichten. Bad Kreuznach 1984. (Edition Sparkasse)

Reiniger, Wolfgang: Landkarten und Ortspläne des Kreises Bad Kreuznach. 1668-1897. Bad Kreuznach: Selbstverlag, 1987.

Reiniger, Wolfgang: Stadt- und Ortsansichten des Kreises Bad Kreuznach. 1523-1899. Bad Kreuznach: Selbstverlag, 1990.

Rheinland-Pfalz regional: Die Landkreise Bad Kreuznach, Birkenfeld und Mainz-Bingen. Hrsg. vom Statistischen Landesamt Rheinland-Pfalz. Bad Ems 2006. (Statistische Analysen, 2006.3)

Romeyk, Horst: Verwaltungs- und Behördengeschichte der Rheinprovinz 1914-1945. Düsseldorf: Droste, 1985. (Publikationen der Gesellschaft für Rheinische Geschichtskunde, LXIII)

Romeyk, Horst: Die leitenden staatlichen und kommunalen Verwaltungsbeamten der Rheinprovinz 1816-1945. Düsseldorf: Droste, 1994. (Publikationen der Gesellschaft für Rheinische Geschichtskunde, LXIX)

Schmitt, Friedrich: Die wirtschaftliche Entwicklung 1816-1914. Von der Landwirtschaft zu Gewerbe und Industrie als bestimmender Faktor im Kreis Kreuznach. (in: Bad Kreuznacher Heimatblätter, 1992.1-3)

Schütz, Rüdiger: Rheinland. Marburg: Herder-Institut, 1978. (Grundriß zur deutschen Verwaltungsgeschichte 1815-1945, Bd. 7)

Schuster, Gertrude Maria: Die Kriegsgefangenenlager Galgenberg und Bretzenheim. Kriegsgefangene berichten. Bad Kreuznach: Stadtverwaltung, 1987.

Stollenwerk, Alexander: Der Regierungsbezirk Koblenz während der großen Hungersnot im Jahre 1816/17. 1970/71. (in: Jahrbuch für Geschichte und Kultur des Mittelrheins und seiner Nachbargebiete, 22/23)

Uhlig, Harald: Landkreis Bad Kreuznach. Regierungsbezirk Koblenz. Speyer: Zechner, 1954. (Die Landkreise in Rheinland-Pfalz, 1)

Winkel, Hermann: Umweltbericht des Landkreises Bad Kreuznach. Stand 30. April 1986. Kreisverwaltung Bad Kreuznach (Hrsg.) 1986.

Verwaltungsberichte der Kreisverwaltung Bad Kreuznach:
1.1.1947-31.3.1949; 1. April 1949 bis 31. März 1950; Kalenderjahr 1950; 1.1.1951-31.3.1952; 1.4.1952-31.3.1953;
Bericht und Chronik vom 1.4.1953-31.12.1954.
Bericht und Chronik vom 1. Januar 1955 bis 31. März 1956.
Bericht und Chronik vom 1. Januar bis 31. März 1956.
1946-1956: Ein Rückblick der Kreisverwaltung Kreuznach. Sonderausgabe 1956.
Bericht und Chronik vom 1. April 1959 bis 31. Dezember 1964.
Rückblick 1970-1971.
Rückblick 1971-1972.
Rückblick 1975-1976.
Das neue Verwaltungsgebäude der Kreisverwaltung Bad Kreuznach 1976.
Rückblick 1977-1980.
Rückblick 1981-1985

Periodika / Schriftenreihen:

Bad Kreuznacher Heimatblätter. Beilage zum Oeffentlichen Anzeiger Bad Kreuznach. Verein für Heimatkunde für Stadt und Kreis Bad Kreuznach e. V. (Hrsg.) 1921 ff.

Naheland-Kalender. Kreisverwaltung Bad Kreuznach (Hrsg.) 1951 ff./heute Naheland-Jahrbuch

Umwelt-Schriftenreihe des Landkreises Bad Kreuznach

Heimatkundliche Schriftenreihe des Landkreises Bad Kreuznach

(Verzeichnis der noch lieferbaren Bände)

Band 3 Eiler Klaus: Handwerker und Landesherrschaft in Territorien zwischen Mosel und Nahe bis zur 2. Hälfte des 16. Jahrhunderts. Preis: 8,60 Euro

Band 8 Silbermann, Horst: Die wirtschaftliche Entwicklung des unteren Nahegebietes im 18. Jahrhundert. 1979. Preis: 5,10 Euro

Band 10 Schowalter, Elke: Bad Kreuznach als Sitz des Grossen Hauptquartiers im Ersten Weltkrieg. 1981. Preis: 5,-- Euro

Band 12 Wagner, Edgar: Der Weinbau an der Nahe. 1982. Preis: 8,20 Euro

Band 13 Blaufuß, Alfred: Charakteristische Pflanzengesellschaften und Pflanzen des mittleren und unteren Nahegebietes aus ökologischer und geographischer Sicht. 1982. (2., verb. Aufl. 1983) Preis: 10,10 Euro

Band 15 Krumm, Walter: Die Landräte des Kreises Bad Kreuznach im 19. Jahrhundert. 1983. Preis: 10,70 Euro

Band 16 Blaufuß, Alfred: Stand und Aufgaben des Naturschutzes im Landkreis Bad Kreuznach. 1983. Preis: 10,70 Euro

Band 16/1 Blaufuß, Alfred / Merz, Thomas: Ergänzungsband Stand und Aufgaben des Naturschutzes und zur Situation des Speierlings. 1992. Preis: 5,40 Euro

Band 17 Schwindt, Helmut: Kreuznach in der Revolution 1848/49. 1984. Preis: 10,70 Euro

Band 19 Winkel, Hermann: Regionale Versorgungsstruktur des Einzelhandels unter besonderer Berücksichtigung der Nahversorgung, dargestellt am Beispiel des Landkreises Bad Kreuznach. 1984. Preis: 10,70 Euro

Band 20 Vogt, Werner / Silbermann, Horst: Aufsätze zur Geschichte des Raumes an der unteren Nahe. 1985. Preis: 15,30 Euro

Band 21 Vogt, Werner / Silbermann, Horst: Studienbuch zur Regionalgeschichte des Landkreises Bad Kreuznach. 1986. Preis: 15,30 Euro

Band 22 Krumm, Walter: Register der Bad Kreuznacher Heimatblätter 1921-1985. 1986. Preis: 6,50 Euro

Band 22/1 Krumm, Walter: 1. Nachtrag zum Register der Bad Kreuznacher Heimatblätter 1986-1990. 1991. Preis: 6,10 Euro

Band 22/2 Krumm, Walter: 2. Nachtrag zum Register der Bad Kreuznacher Heimatblätter 1991-1995. 1996. Preis: 6,40 Euro

Band 23 Blaufuß, Alfred: Pflanzen der Berge im südlichen Hunsrück und der Nordpfalz. 1987. Preis: 10,70 Euro

Band 24 Mais, Edgar: Die Verfolgung der Juden in den Landkreisen Bad Kreuznach und Birkenfeld 1933-1945. 1988. Preis: 12,10 Euro

Band 25/1-2 Schreiber, Bernhard: Der Artenrückgang der Spermatophyten und Pteridophyten im Nahe-Hunsrück-Gebiet – Eine Pflanzengeographisch-ökologische Ursachenanalyse. 1990. Preis: 30,70 Euro

Band 26 Bohr, Helmut von: Die alte Bibliothek im Gymnasium an der Stadtmauer Bad Kreuznach. 1990. Preis: 6,10 Euro

Band 28 Molitor, Matthias: Jüdische Grabstätten im Kreis Bad Kreuznach. Geschichte und Gestaltung. 1995. Preis: 9,70 Euro

Band 29.2 Spengel, Gerd: Mühlen im Gebiet der mittleren und unteren Nahe. 1998. Preis: 37,50 Euro

Band 30 Schwindt, Helmut: Arbeiterbewegung und Industrialisierung in Stadt und Landkreis Kreuznach von 1848 bis 1918. 1999. (zugl. Schriftenreihe der Stadt Bad Kreuznach, 3) Preis: 15,34 Euro

Band 32 Mergenthaler, Gabriele: Die mittelalterliche Baugeschichte des Benediktiner- und Zisterzienserklosters Disibodenberg. 2003. Preis: 38,50 Euro

Band 33 Schwindt, Helmut: Die kommunistische Bewegung in Stadt und Landkreis Bad Kreuznach (1918/20-1933). 2004. Preis: 19,20 Euro

Band 34 Hauth, Ulrich: Die Stadt Kirn und ihr Umland. 2005. Preis: 35,25 Euro

Band 35 Freckmann, Klaus: Über die Architektur im Landkreis Bad Kreuznach. 2006. Preis: 39,00 Euro

Band 36 Koch, Heinz: Kurmusik in Kreuznach und Münster am Stein. 2009. Preis: 21,40 Euro

Band 37 Hauth, Ulrich: Von der Nahe in die Ferne. 2011. (zugl. Schriftenreihe der Kreisvolkshochschule Birkenfeld) Preis: 18,50 Euro

Band 38 Hildegard Bingensis / Kneib, Gottfried: Der heilige Disibod. Vita und Gesänge lateinisch und deutsch. 2013. Preis: 18,50 Euro

Kontaktadresse:

Kreisverwaltung Bad Kreuznach
Salinenstr. 47, 55543 Bad Kreuznach
Herr Reisek Tel.: 0671 803 1213, Fax: 0671 803 1249
Email: julius.reisek@kreis-badkreuznach.de

1816 bis 2016